一天一堂
社交提升课

陈楠华　王怡文◎编著

中国纺织出版社

内 容 提 要

现实生活中有很多人因为说话不注意方式，做事太直接或者不会察言观色而在求人办事时受挫。由此可见，提升社交能力对于在社会中摸爬滚打的人来说是多么重要的事。本书从如何赢得人心，如何调节氛围，如何揣摩他人心理，如何顺利与他人沟通等方面详细阐述了提升社交能力需要的各种技巧。希望通过阅读此书，让读者能够把自己培养成一个社交达人，抓住人生更多机遇，成就精彩人生。

图书在版编目（CIP）数据

一天一堂社交提升课 / 陈楠华，王怡文编著 .—北京：中国纺织出版社，2017.11 （2025.3重印）
ISBN 978-7-5180-3958-6

Ⅰ.①一… Ⅱ.①陈… ②王… Ⅲ.①心理交往—通俗读物 Ⅳ.① C912.11-49

中国版本图书馆 CIP 数据核字（2017）第 206276 号

责任编辑：闫 星　　特约编辑：李杨　　责任印制：储志伟

中国纺织出版社出版发行
地址：北京市朝阳区百子湾东里A407号楼　邮政编码：100124
销售电话：010－67004422　传真：010－87155801
http：//www.c-textilep.com
E-mail：faxing@c-textilep.com
中国纺织出版社天猫旗舰店
官方微博http：//weibo.com/2119887771
三河市金兆印刷装订有限公司印刷　各地新华书店经销
2017年11月第1版　2025年3月第5次印刷
开本：710×1000　1/16　印张：15
字数：200千字　定价：69.80元

前言

当今社会，人与人的交际日益频繁，每个人都无法避免地要与他人进行交流、沟通。而随着人际交往范围的不断扩大，接触到的形形色色的人也就会越来越多。对于一个人来说，与他人进行日常交流虽然算不上难题，然而，想要做到有效沟通并且与他人建立和谐的交际关系，恐怕并不是简简单单就能做好的事情，这需要你具有多方面的交际能力。比如，一个好性格，一种吸引人的个人魅力。拿破仑·希尔曾这样说：“有魅力的人，人人都爱和他交友；那些能够成功地创造财富的人往往拥有招财进宝的个性。良好的个人魅力是一种神奇的天赋，就连最冷酷无情的人都能受到他的感染。”魅力从何而来？魅力来自一个人的修养、学识、能力、处世、人品……社交，就是把自己的魅力展现出来，并且使别人能够被你吸引，愿意和你交往。当然，魅力并不是天生就有的，它也需要后天的修炼和提升，需要对心理学的了解和对人性的熟悉认知。

马克思说：“社会关系实际上决定着一个人能够发展到什么程度。”可见，对于每一个身处社会中的人来说，只有拥有高明的社交本领、良好的人际关系，我们才能收获他人的肯定、事业的成功，以及家庭的美满。一个人完美的社交能力不是与生俱来的，我们完全可以通过后天的学习和历练使自己能言善辩、处世自如。所以，从现在开始培养自己的社交能力吧。

本书引用诸多名人故事和典型案例，并在此基础上展开剖析。从职场到家庭，从心理学基础知识的介绍，到社交技巧的推荐，乃至于对自身心理、情绪的建议，都以生动浅显的语言娓娓道来，将人情道理、方法策略一展无余，希望读者朋友在阅读此书后，能够在现实生活中去运用这些知识，从而使自己成为交际场上最受欢迎的人！

编者

2016年7月

目 录

上篇 掌握受人欢迎的社交技巧

第01章 举手投足，用微妙的细节赢得他人心＼002

抛弃冷漠，让微笑成为你赢得人心的必杀技 ＼ 002

得体的肢体语言，让无声胜有声 ＼ 004

适度的声音，平缓的语调更抓人心 ＼ 007

用一个眼神获得对方的好感 ＼ 009

握手的礼节是你内在涵养的体现 ＼ 012

别松懈，不经意的一个姿势可能就毁坏了形象 ＼ 014

第02章 活跃氛围，走进对方的心＼017

制造暖人的寒暄，奠定交谈好气氛 ＼ 017

选对交谈方式，让谈话更符合对方心思 ＼ 019

看准对方情绪，制造不一样的交流氛围 ＼ 021

多说“我们”，从心里把彼此划到同一战线 ＼ 023

能说会道的你不如把机会多留给对方 ＼ 026

利用称呼贴人心，不经意间叫出他的名 ＼ 028

第03章　谈天说地，选对沟通话题才能在交谈中产生共鸣 \ 031

交谈的话题不如从对方的专业上谈起 \ 031

异性间谈什么话题才合适 \ 033

与长辈聊天的话题 \ 036

引导对方主动说出自己感兴趣的话题 \ 038

直触心底的话最能引起对方的交谈欲望 \ 040

八卦原理，人人都有好奇心 \ 042

第04章　适时表现自己，提升他人对你的欣赏度 \ 045

光说不练别人怎么能知道你有能力 \ 045

做个有气场的领袖式人物 \ 047

一些小噱头就能引起他人注意 \ 049

自夸不浮夸，学会往自己脸上贴金 \ 051

明星效应，总会带来更多关注 \ 053

延迟满足：关键时刻再挺身而出 \ 056

第05章　因地适宜，时刻都能成为他人想亲近的对象 \ 059

私人派对上，放下身份和他人打成一片 \ 059

商务晚宴上，场合虽正式但放松自己更重要 \ 061

公司聚餐时，话要多往同事心坎里说 \ 064

与客户见面时，多听多微笑多替客户想 \ 066

朋友聚会时，贴心话要说得够实在 \ 068

外出郊游时，休闲娱乐的轻松话题不能少 \ 070

第06章　趁机行事，巧妙获得他人的好感 \ 073

看穿对方的得意事，巧做“传话筒”让大家分享快乐 \ 073

对方情绪悲伤时，默默地让其感受到你的关怀 \ 075
对方出现失误时，恰是体现你尊重他的时机 \ 077
他人的秘密被揭穿，假装“糊涂”绝不八卦 \ 079
对方无所适从时，站出来主动帮助他 \ 081
当他人胆怯时，温暖地给对方鼓励 \ 084

中 篇　练就打动人心的社交口才

第07章　懂点心理学，赢得人际交往的博弈 \ 088

话不在多，关键要把话说到位 \ 088
管住自己的嘴，不搬弄是非 \ 090
做个会说的人，先要学会倾听 \ 092
学会称赞，让交际更顺畅 \ 094
对待优势，学会轻描淡写 \ 096
懂得察言观色，见机行事 \ 098

第08章　真诚赞美，精确到位的赞美让人欣喜 \ 101

一句赞美的话就能抓住对方的心 \ 101
面对陌生人也能自然地说出赞美话 \ 103
赞扬他人的话也有轻重缓急之分 \ 105
赞美之言越朴素越好，花俏话反而不中听 \ 108
捕捉被人遗漏的闪光点，做出别出新意的赞美 \ 110
借他人口说出自己的赞美之意效果更好 \ 112

第09章　说话有分寸，点到为止不让言语伤人 \ 115

揭人短处，谁还愿与你交往 \ 115
玩笑不可随便开，掌握分寸要牢记 \ 117

话该不该说，你清楚吗 \ 120
不要急于开口，请三思而后言 \ 122
慎重对待他人的隐私 \ 124

第10章 话只说三分，保持好警惕不忘防人之心 \ 127

话多之人要警惕，逢人只说三分话 \ 127
同情心不能随意泛滥，看清楚对象再行动 \ 129
并非所有的人都适合听你发牢骚 \ 131
学会识人，避免在交际中上当 \ 133
关系再密切，也要顾及对方脸面 \ 135
适当收敛锋芒，免遭他人嫉妒 \ 137

第11章 培养幽默魅力，让交流有意外惊喜 \ 139

培养幽默，幽默的人天生带有吸引人的魅力 \ 139
说点幽默话，你的人气将一路飙升 \ 141
投其所好的幽默方式令你百战百胜 \ 143
学点小笑话，适时讲出来炒热气氛 \ 145
一点“冷幽默”，让人感到你很特别 \ 148
放下身段，偶尔做做大家的“开心果” \ 150

第12章 口齿留香，嘴上有情令人为你“心悦” \ 152

慢言细语，展现你的涵养赢得他人倾心 \ 152
多套点“关系”，让对方感到离你并不遥远 \ 154
轻言轻语也有震撼人心的能量 \ 157
会做更要会说，让对方理解你的好意 \ 159
表面乐于与对方亲近，令其心生愉悦 \ 160
给对方提建议，注意用“甜蜜”口吻 \ 162

下篇 熟谙为人处世的社交智慧

第13章 适度地伪装，做一个心中有数大智若愚的人 \ 166

小事不计较，大事不糊涂 \ 166

太过精明，反招人反感 \ 168

有心犯点小错，让人更亲近 \ 170

学会装傻，做真正聪明人 \ 172

适度伪装，更好地保护自己 \ 175

第14章 交际场上，熟谙规则让你左右逢源 \ 177

好的开始，离不开美好的第一印象 \ 177

伸出援手，就是帮助未来的自己 \ 179

学会保护自己，远离损友 \ 182

学会包容，让周围的环境更和谐 \ 184

好脾气，交际成功的必备武器 \ 186

做人没有诚信，你何谈交际 \ 188

第15章 人情早储备，及早扩大圈子积攒贵人 \ 191

热情待人，让更多人喜欢你 \ 191

结交新朋友，建立新人脉 \ 193

提升自我价值，扩大吸引力 \ 195

圈子越大，身边的贵人越多 \ 197

巩固感情，有事没事常联系 \ 199

分享人脉，收获多倍资源 \ 201

第16章　人情留一线，给别人留面子也是给自己留退路 \ 204

太刻薄，没人愿意与你做朋友 \ 204

争一争，行不通；让一让，六尺巷 \ 205

主动化解干戈，避免引起仇恨 \ 207

看破别说破，友情才能长留 \ 210

主动化解矛盾，解开心灵的“疙瘩” \ 212

得理也饶人，日子就会一团和气 \ 213

第17章　职场潜规则，了解上下级用点心机助自己 \ 216

把成绩归功于上司，获得上司好感 \ 216

以讹传讹讨人厌，不做职场广播站 \ 218

团结同事，但也不要忘记保持距离 \ 221

注意察言观色，别撞到领导枪口上 \ 223

用心爱戴下属，赢取更多人的支持 \ 225

批评下属，切忌简单粗暴地责骂 \ 227

参考文献 \ 230

上篇

掌握受人欢迎的社交技巧

第01章　举手投足，用微妙的细节赢得他人心

在人际交往当中，很多时候，你说不明白为什么别人就不喜欢你了，甚至拒绝再看到你，让你丈二和尚摸不着头脑。而有时候，别人又突然对你表现出极大的热情，让你疑惑不定。事实上，不管是别人远离你，还是喜欢你，不可能无缘无故的。他们正是从你举手投足的一些细节中，看到了他们喜欢或者是厌恶的东西。因此，我们要多注意一些小细节，用细心来赢得别人的心。那么究竟我们该注意哪些细节问题呢？在这一章里，我们将为你解决这个难题。

抛弃冷漠，让微笑成为你赢得人心的必杀技

生活中，很多时候，我们接触的人都是陌生人，因为陌生，所以戒备心理很强，在你无法确定对方对你是友善的之前，总是小心谨慎，这种谨慎表现出来就是冷漠。当你冷漠地面对你身边的陌生人时，你得到的同样是冷漠。

相反，如果你只要微微一笑，那么彼此之间的感觉立刻会发生变化。你的微笑传达出了你的友善，别人会觉得你积极地想要打破这种冷漠，会认为你内心很阳光。这时，别人也会给你微笑，并因此而刻意留意你。这样，你在无形之中已经赢得了对方的心。

佳倩是一个地地道道的北漂，她在北京已经整整生活和工作了七年了。她有很多很多的朋友，有的是工作之余认识的，有些是朋友介绍认识的，还有一部分则完全是偶遇的陌生人。其中很多人，都是她每年往返回家时在火车上认识的人。

这年春节，她跟所有的外地人一样，急着往家里赶。可是不知道怎么地，

原先买好的车票在检票的时候被拒绝了，原来她买了假票。看着周围的人匆匆地奔向了列车，佳倩的心理甭提有多难受了。她坐在候车室的椅子上，有些不知所措。就在这个时候，她一转头的瞬间，发现坐在旁边的一个中年男人正在不停地打量自己，二人眼神相撞，中年男人有些不好意思。尽管佳倩心理非常地郁闷，但是她还是露出了一个甜甜的微笑，点了点头。得到了佳倩的这个甜蜜的微笑，中年男人转过身来说："看你神情有些不对，遇到什么事了？"佳倩依然微笑着说："没事，谢谢你的关心。"中年男人用疑惑的眼神看着佳倩说："真的没事？你别误会，我不是坏人，我就是看你神情有些恍惚，猜你可能遇到什么麻烦事情了。如果你信得过我的话，不妨说出来，看我能不能帮助你。"佳倩迟疑了几秒钟，然后说："我买了回家的车票，竟然是假票，看来今年回家的愿望又不能实现了。哎！"说着，深深地叹了口气。中年男人听了，关切的问道："噢，碰到这种事情也确实够倒霉的。白花了钱不说，而且还活受罪。"佳倩摇着头笑了笑说："这事还真让我摊上了，没辙。"就这样，你一言，我一语地聊了起来。尽管那天，佳倩心情不好，但是和这位男士聊过之后，她的心情好了很多。后来，他们成为了好朋友。在回想起第一次相遇时，中年男人笑着说："当时，我不敢和你说话，正是你的那一个微笑，让我觉得你很友善。事实上，那一天我也不开心。正想找个人说话呢。你的微笑深深地吸引了我。"

故事中的佳倩，尽管自己不开心，但是她仍然给与陌生人一个甜甜的微笑，也正是因为她的这个微笑，打消了中年男人的戒备心理，打开了沟通交流的大门。试想，如果当时她只是冷漠地抬起头，望一眼，那么后面的交流便不可能发生。

由此可见，在你面对周围随处可见的陌生人时，不要忘了，一定要抛弃冷漠，给他们一个甜蜜的微笑，这样，你会慢慢地发现，你身边朋友越来越多了，生活越来越有意思了。那么，在你抛弃冷漠，给陌生人一个真诚的微笑时，应该注意哪些方面呢？

1.微笑的同时，跟对方目光接触

微笑能传达友善，削弱彼此之间的心里防备。但是对方在接受你的友善时，往往会通过和你眼神的碰撞，来确定你是否真诚。因为人的表情或许能骗人，但是眼神却是无法掩饰的。事实上，别人也只有确认了你友善的真伪，才会做出是否把他的友善传达给你的决定。否则他一旦表达了对你的友好，而被你冷漠地拒绝，对他来说那将是一件很没有面子的事情。

2.微笑的时候，要不断的点点头

在微笑的时候，作为微笑者，你应该主动点头，告诉对方你是真诚的。即使对方确认了你微笑时所传达的友善是真诚的，但是没有你点头确认，对方会觉得你没有允许他对你表达友善，因而有所顾及。因此，在微笑的时候，你不妨点点头，告诉对方你是真诚友善的，希望对方也能友善对你。

3.对陌生人微笑，尺度不宜过大

生活中，关系越熟悉的人，笑起来尺度越大，相反，对于陌生的人来说，笑就要有所保留，否则，会让别人觉得你不懂礼貌，不尊重他。因为是初次见面，彼此之间的微笑传达的是友善，笑的尺度过大，会让别人觉得你见到他非常地兴奋，你很喜欢他。对于，陌生人来说，显然很不合适。

4.微笑从心发出，避免生硬做作

如果你内心深处真的善良，那么微笑就会流于自然。否则就会显得生硬和做作，让别人看着极不舒服。这样，传达出来的不是友善，而是告诉别人你很痛苦。你的笑容是装出来的。别人得到这个心理暗示之后，便会对你有所防范。

得体的肢体语言，让无声胜有声

人与人之间的交流除了口头言语外，肢体动作一样可以传情达意。甚至有

些时候，肢体语言传递的情感和信息，是口头言语无法企及的。比如，拥抱给人温暖，拍拍肩膀给人安慰，等等。之所以如此，是因为肢体语言在一定程度上迅速地跨越了心灵的鸿沟。

尤其是陌生人之间的沟通和交流，双方因为不熟悉，所以戒备心理很强，举手投足间往往都能给别人传递不同的信息。事实上，别人也正是从你的肢体语言上判断你是友善的，还是敌对的。

小王和小李都是名牌大学的高材生，刚刚大学毕业之后，应聘到公司来做技术顾问。公司之所以会选择他们，除了看重他们的好学历之外，更看重他们两在大学里获得的几次国家级的奖项。

尽管他们是同时来的公司，可是三个月之后，小王跟公司的员工打成了一片，混得特别熟，而小李却仍然是孤家寡人一个，没有人喜欢他，不管是工作中还是在业余时间，总是一个人独来独往。

小王很开朗，但是小李也很幽默，常常将同事们逗得哈哈大笑。可是不知道怎么地，同事们很少跟小李主动交谈。而小王身边总有三三两两的人，他们有什么活动也会主动叫上小王，这让小李羡慕不已。

原来，小王在和同事们聊天的时候，两只手是交叉相握的，在发表自己的想法和意见的时候，打开双手手心朝上，相比之下，小李在跟同事们说话的时候，总是背着两只手，在倾听别人说话的时候，还时不时地两只胳膊抱在胸前，一副容不下人的模样。

当小李把自己内心的烦恼告诉小王的时候，小王笑着说："大家之所以不喜欢你，是因为你在和大家交谈的时候，弄错了一些肢体语言，让大家误会了你。"小李一脸的无辜。小王接着说："比如你和别人交谈的时候，老是背着手。你知道这个动作代表啥意思吗？"小李摇了摇头。小王说："你想想，摆这个动作的人会是什么人呢？一般只有领导或者是长辈才会在晚辈面前摆这个动作，而你和大家都是同事，你这样背着手，无意是把自己抬高了位置。"小李很无辜地说："不会吧，我没有这个意思啊。"小王说："你没有这个意思，但是别人却不这么认为。还有你老把两只胳膊抱在胸前。你明白吗，这意

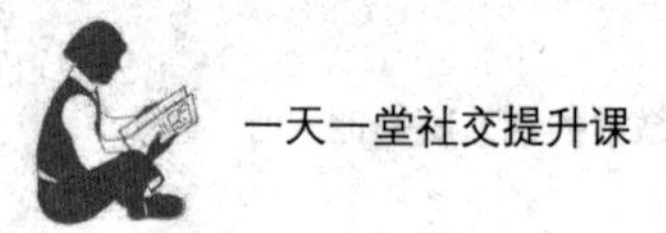

味着拒绝、挑衅和不服气。你没弄明白肢体语言的意义，就乱摆，难怪大家不喜欢你。”

故事中的小王在与人接触的时候，注意用肢体语言传达友善和包容，尽管他言语上并没有说什么，但是别人感觉到了这份真诚，因此，和他交好。相反，小李由于不注意肢体语言传达的特殊意义，结果因为自己的一些错误的动作，把别人拒于千里之外。由此可见，在人际交往当众，肢体语言能起到意想不到的效果和作用，完全可以弥补口头语言的不足，甚至可以代替口头语言传情达意。那么，在人际交往当中，如何用肢体语言来传情达意，以达到无声胜有声呢?

1.手部的动作

在跟陌生人接触和交流的时候，手部的动作是最直接，也是最能传达意愿的。两手交叉和相握，表达的是谦虚的情绪，相反，背着手，或者是抱着胳膊放在胸前则表示拒绝、蔑视和挑衅，两手插在腰上表示对抗和敌视。与之相反，两手伸开，手心朝上，则表示你愿意接受对方。除此之外，单手抬起，不管是手心朝上还是朝下，向自己摆动，表示欢迎，向远处摆动表示拒绝等。

2.头部的动作

在身体语言中，头部动作所表达的语言相对来说比较丰富。在人际交往的时候，如果你肯定对方，要不断地点头确认，但是不要太快，点头太快就有了否定的意思。当然，摇头就是否定的意思了。低着头的时候，往往表达一种不满意或者是有成见的情绪，只是这种否定的表达没有摇头那么直接，一般是不方便拒绝对方，又不愿意妥协。头部倾斜则表示你在认真地倾听。在人际交往的时候，要区分清楚，适当地用头部动作来表达你的意愿。

3.眼睛的动作

眼睛是传达感受的焦点，瞳孔的运动是独立地，自觉地，不受意志控制地。事实上，一个人的眼睛所传递的信息是最准确的，同时也是最有价值的。当一个人对别人不屑一顾的时候，往往会眨眼睛，而且频率非常地慢，以此来表达蔑视和嘲笑。斜着眼睛看人，眉毛轻轻上扬或者面带微笑，说明认可和肯定。眉毛压低，眉头紧缩或者是嘴角下拉，表达不信任或者是心存敌意。

4.腿部的动作

腿部是用来行走和站立的。同样，腿部的一些动作则有摆位置的暗示。比如双腿开叉站立，表示高高在上，表达一种蔑视和看不起的情绪，一般领导人或者是长辈在教育下属的时候就是这种姿势。同时，跷二郎腿也有自以为是，高高在上的意思。因此，在人际交往的时候，要注意这些腿部的动作。

适度的声音，平缓的语调更抓人心

在生活中，激昂的声调往往表达的是一种强烈的情绪，事实上，也最容易引起别人内心的对抗。声音越高、越刺耳，这种对抗越强烈。相反，声音越缓和，给人内心的对抗也会越缓和。适度的声音，平缓的语调，更能促进对方打开心扉，敞开交流。因为这样，对方觉得你是在和他商量，而不是在强迫他，觉得自己受到了你的尊重。

物价天天在不断地上涨，但是爱民服装厂职工的工资三年了始终没有调整过，为此，职工们有很大的情绪。在几次向领导提出申请，竟被驳回之后。这天，在几个职工领导的带领下，全厂顷刻间罢了工，工人们聚集在领导办公楼下面，要求厂里给职工涨工资。

厂长见状，立刻招来了厂区的保安，责令他们将职工驱散，这一下激怒了职工，几个保安哪里是对手。厂长吓得躲进了办公楼，不敢出来。天气异常的热，职工们在太阳下已经整整晒了两个多小时了。职工们的情绪越来越焦躁。有的职工开始扬言要占领办公楼，人群开始骚动。

就在这个时候，一辆高级小轿车缓缓的向厂里驶来。听说是总公司的经理鲍威尔来了，职工们自发的让出了一条路。几分钟之后，几个职工代表被请进了总经理的办公室，他们各个情绪都很激动，在进去之间发誓决不妥协，一定要达到他们的要求不可。

见到总经理鲍威尔之后，他并没有向职工代表发火，而是微笑着，用温和的声音说："实在是有些抱歉，害的你们在烈日下站了两个小时，我也是刚得到这边的消息，立刻赶了过来。"

总经理给职工代表道歉，这让代表们有些不知所措，他们原以为会和公司高层对抗，可是没想到受到了如此的尊重，情绪立刻平静了很多。

鲍威尔温和的说："你们有什么要求，可以提出来，我听一下，要是在公司的接受范围之内，我一定答应。"

一个代表说："现在的工资实在是有些低，我们希望在现在的基础上，再上涨30%的工资。"

总经理："我知道现在物价上涨的厉害，现在的那部分工资确实也买不了什么。但是，现在厂里也很艰难，原材料涨价了，市场的竞争压力又大。再上涨30%的工资。确实有些压力太大，如果真像你们要求的那样，厂子必定会倒闭，到时候损害的也是大家的利益啊。"

总经理语重心长的一番话，让职工代表陷入了沉思，他们知道总经理说的也是事实。因而显的有些为难。

这时候，鲍威尔说："我倒有个建议，在你们现在的工资基础山，上涨15%，你们看可行吗？事实上，这也是企业做出的最大的让步了。"

职工代表们你看看我，我看看你，点了点头。总经理走过去一一的和他们握手言谢。最后，他说："今天，所有的员工算满考勤。现在就可以回家了。"

不一会儿，职工中间响起了欢呼声。

故事中的总经理鲍威尔，在职工和厂里已经出现对抗的情况下，在和职工代表谈话的时候，声音适度，语调平缓，将代表们的对抗情绪及时地化解掉，并且抓住了代表们的心，让他们适当地做出了妥协。由此可见，说话时，语气平缓一些，语调沉稳一些，往往能在瞬间打开别人的心扉，俘获别人的心。那么，究竟怎样做，才能让自己的声音变得柔和一些呢？

1.稳定情绪，内心祥和一些

一般情况下，内心善良祥和的人说话，声音都很温暖，语气很温和，语调很

沉稳。因为他们内心的善良，让别人觉得没有恶意，这样，对方才会把内心的防备降低。当一个人内心对你不设防的时候，是最容易被你征服的时候。所以，要想用平和的声音去和别人交谈，那么就要稳定情绪，让自己的内心祥和一些。

2.真诚地打开心扉，加强沟通

当一个人真诚地和对方交流的时候，就会打开心扉将自己的想法一览无余地告诉对方。以换取对方的真诚。因为你很真诚，所以你很尊重对方，这样，你说话的语气自然就会平和下来。相反，如果你想强迫别人接受你的观点的时候，语气和声音上便会高昂。所以，要想能迅速地获得对方的心，那么就要真诚地打开心扉，加强沟通。

3.在平时说话时要多注意一些

有些人平日里说话声音就很平和，而有些人说话声音则很高昂。这与对方的性格和嗓音有直接的关系。但是并不是说，不能改变。习惯成自然，只要平日里多加留意，一样可以让自己的声音变得平和一些。比如跟人说话前要提醒自己做个深呼吸，强制自己放慢语速，不要轻易和别人对抗，等等。

4.让自己的心智变成熟一些

生活中，我们发现说话声音缓和的人，心智相对来说比较成熟一些。因为他们往往能把问题看得比较透彻，和别人交流起来，也不会强迫别人接受自己。即使遇到突发情况，也能平和地处理。所以，要想从根本上让自己说话时，不那么冲，声音变得平和一些，那么就要勤于思考，让自己的心智变得相对来说成熟一些。

用一个眼神获得对方的好感

生活中，谁都希望别人能为自己喝彩，因为这就代表着获得了更多人的认可和肯定，觉得自己是有价值的。尤其是在相互不认识的情况下，彼此之间有

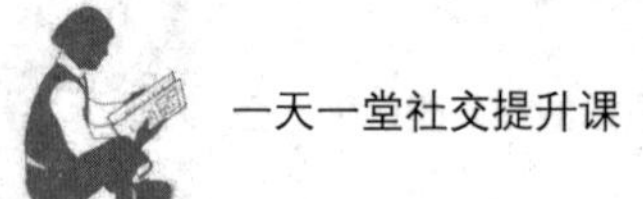

很强的戒备心理，人往往会在人群中寻找对自己感兴趣的人，而目光刚好能传达人的兴趣所在，因此，你不经意间流露出的一个关注的眼神便会引起对方的好感。

段伊在这次招聘工作考试中，如愿以偿地考上了高中老师，后来她被分配到了弘强中学。弘强中学高三（8）班是个出了名的头疼班，在校的老师都不愿意带。段伊初来乍到，不了解实际的情况，便接受了学校的这个安排，事实上她完全可以拒绝的。

由于是第一次上讲台，段伊多少有些紧张，但是当她满怀信心的站在讲台上开始讲课的时候，心里顿时凉了半截。原来一上课，同学们便开始各干各的事情了。有看小说的、有交头接耳聊天的、有睡觉的。段伊好几次，都停止讲课，提醒同学们认真听讲，但是没有一点儿效果。

段伊望着同学们，内心非常的纠结。第一次上课就这样，以后的课还怎么上下去呢。这样一个班，她该如何带好呢？越想心理越没底。正当她在回信失望的时候，突然发现坐在第一位的一个女生正在看着她，微笑着。尽管这个女孩的注意力似乎也没再课堂上，但是那一次眼神碰撞，让段伊看到了一丝的希望。

段伊的心理顿时平静了很多，她认认真真的把课讲完了。

第二次上课的时候，段伊叫起来那位女生来回答问题，期间她了解了女生叫做艾鸿，学习很差。从那以后，段伊总是很关注艾鸿，在学习上给了她很大的帮助，渐渐的，艾鸿的成绩突飞猛进，迅速的挤到了班级的前五名。

同学们都觉得段老师非常照顾艾鸿，有的说艾鸿是段老师的亲戚，有的说段老师背后收了艾鸿的礼物。事实上，段伊之所以这么帮助艾鸿，是因为她给她留下的第一感觉非常的好。就是那一个不经意间留露出的眼神，让段伊对艾鸿产生了好感。

故事中的段伊，在第一次面对陌生的同学们的时候，非常地孤独。在这种情况下，她需要别人的支持和肯定。而艾鸿在这个时候，给了她一个关注的眼神，让段伊顿时觉得自己并不孤独。因此，对艾鸿产生了好感，并在此后的学

习中，给了艾鸿很大的帮助。由此可见，在和陌生人的接触中，要想获得对方的信任，那么在关键时候，一定要给对方一个关注的眼神，赢得对方的好感。那么，究竟如何用一个眼神获得对方的好感呢。

1.寻找对方的眼神所在

要想让对方捕捉到你的眼神，给别人留下好感，首先你得让对方发现你。那么，你就要寻找对方的眼神所在，跟对方有个眼神的碰撞。因此，在人际交往当中，如果对方没有刻意地寻找眼神，寻找支持，那么你就要多关注对方的眼神所在，为和对方的眼神相碰撞创造机会。当然你不能直勾勾地盯着对方的眼睛看，这样很不礼貌，反而会让对方不舒服。

2.眼神碰撞时点头肯定

你和对方的眼神相碰撞了，只能说明你对他所说的话感兴趣，并不能说明你一定肯定他，认可他。所以，要想让对方对你产生好感，记住你，光和对方眼神碰撞是不够的，还要及时地点点头，把你的肯定和认可传达出来。否则，对方看到你的眼神，没有什么感觉，就会起不到任何的作用。

3.眼神中流露出一些希望

常常地，眼神能传情达意。但是，有的人的眼神看上去没有任何的情绪和心思，完全是无意中碰到了一样，这样的眼神，生活中不知道要碰到多少，所以，别人自然也不会注意到你，不会对你产生好感。因此，在用眼神捕捉对方的心时，不妨在眼神中包含一些希望，让对方感受到你真地对他很感兴趣。

4.眼睛睁大眉毛轻上扬

当一个人看到自己感兴趣的东西时，眼睛会睁大，眉毛会轻轻地上扬。在给对方一个眼神的时候，也要睁大眼睛，眉毛轻轻上扬，让对方感受到你对他很感兴趣，对他说的话或者是做的事很感兴趣。这在一定程度上弥补了眼神的单调，让别人更加容易对你产生好感，继而记住你。

握手的礼节是你内在涵养的体现

在生活中，我们见了别人都会主动去和对方握手，以此来表示友好、表示欢迎。事实上，在你面带微笑主动走上前去，和别人握手的时候。别人因此而受到了尊重，觉得你是一个非常有涵养的人。相反，如果你站在原地，面无表情，别人会觉得你不懂得尊重别人，觉得你没有教养。握手，这么一个简单的礼节，却能让别人看到你的内在涵养。

单鹏是锅炉厂的销售员。按理说，他做销售已经有整整两年的时间了，可以说是经验丰富。可是最近却频频地丢掉了好几个准客户。这究竟是怎么回事呢？这天一大早，他去拜访一家橡胶厂的厂长黄某。由于之前拜访过几次，而且电话里沟通得也不错。所以单鹏满怀信心的带着合同前来。当他敲开了黄厂长的办公室门之后，看到办公室里有好几个人，似乎都是公司的领导，于是单鹏一一走上前去，跟他们握手问好。就在这时，从门外面走进来一位60多岁，穿着普通的老人，老人提着水壶，逐个为他们加水。单鹏觉得他就是为公司服务的老头，所以没怎么在意，也没有跟他问好握手。一会儿，老头什么话也没说，悄悄地离开了。和黄厂长进行了一番寒暄之后，单鹏拿出了合同，把事先约好的合作条件一一又说了一遍，之后放到了黄厂长的面前。黄厂长认真地看了一遍，点了点头，准备在合同上签字。这时候，秘书走了进来，在黄厂长的耳边悄悄地说了几句话。黄厂长笑着站起来说：“不好意思，小单，你稍等我几分钟，我临时有点事情。”说完，黄厂长随着秘书一起走了出去。几分钟之后，黄厂长走了进来，说：“很抱歉，我们董事长不同意咱们之间的合作。”单鹏惊讶的说：“为什么啊？是我开出的条件不优惠吗？”黄厂长摇了摇头。单鹏说：“那究竟是为什么呢？”黄厂长说：“我也不知道怎么回事，不知道刚才你做了什么事情，给董事长留下了不好的印象。”单鹏说：“刚才董事长在这里啊？是哪一位，你能提醒一下我吗？”黄厂长说：“就是那位为我们倒水的老人啊。”听到黄厂长的话，单鹏半天说不出话来。因为当时他觉得那是公司的服

务人员，所以没有上前跟他握手问好。

故事中的单鹏，在做销售的时候，在和别人握手问好的时候，恰恰忽略了董事长，让董事长觉得他不懂得尊重别人，没有涵养，而终止了最后的合作。由此可见，一定要注重握手的礼节，让别人感觉到因为你主动和他握手而尊敬你，欣赏你。那么，在握手的时候应该注意哪些礼节呢？

1.和男士握手，要握紧握满

一般情况下，和男士握手的时候，要抓紧抓满。抓得越紧，抓得越满，则表明你对对方越欢迎，越欣赏和喜欢对方。如果刚抓住手指，或者很松，则会让别人觉得你的心不诚，不喜欢和对方结交。这样，对方自然就对你不满了。所以，在和别人结交的时候，一定要把手握紧握满，即使你对对方有想法，也不要在这个时候显露出来。

2.和女士握手，抓指尖轻摇

男女之间一般情况下不握手，当然如果女士主动伸手，男士才能握手，男士主动则会让女士惊慌失措，误认为有轻薄之意。和女士握手，也要注意，不可抓得太满，也不能抓太近，你只能抓住女士的手尖摇一摇就可以了。当然时间绝对不能过长。这样，你既尊重了对方，又和她们保持了距离。

3.和长辈握手，不要太主动

晚辈和长辈见面的时候，如果长辈不主动伸手，晚辈不宜伸手。因为握手代表着彼此之间地位的平等。长辈主动伸手和你握，说明长辈愿意降低身份，和你做朋友。而晚辈主动伸手，则是拉低了长辈的身份，是对长辈的不尊重。所以，遇到长辈的时候，千万不要为了表达你的热情，而主动伸手。

4.和平辈握手，要积极主动

平辈之间见面的时候，要积极一些，主动一些伸手相握，这样表明你对他人的友好，你很希望跟他结交。如果你总是操着手，没有那个意思，那么别人就会觉得你不欢迎他，你对他不友善。当然，这里说的是男性之间。如果与女性同辈相处的时候，男士千万不要主动，这样是对女性的不尊重。

5.和关系深厚的人握手时用双手

在和一些地位比较高，关系比较深的人握手的时候，要用双手，表达了你对对方的敬重。一般情况下，这样握手的时候，要么对方是对你有很大的帮助之人，要么就是你非常尊敬的人。因此，不要随便用双手去和别人握手，以免给对方带来心理压力。但是如果有需要，则千万不要把双手换成单手，也不要握一下就松开，要长时间地紧握。

别松懈，不经意的一个姿势可能就毁坏了形象

在人际交往当中，我们总是希望能给别人留下一个好印象，可是很多时候，我们不明白，为什么别人在渐渐地远离你，为什么别人对你有了成见和想法。事实上，不是我们说错了话、做错了事，而是因为一些不经意的姿势毁坏了我们的形象。而一旦给别人留下不好的印象，则很难在短时间内改变，这让我们烦恼不已。

小海和雯雯是一对恋人，他们从相识到牵手，整整已经有五年的时间了。这次，雯雯回家后，父母要求见一见小海。于是这天，雯雯带着小海来到了家里，拜见父母。进了家门，雯雯说："爸、妈，这是小海。"小海深深地鞠了一躬，微笑着说："伯父伯母好，今天我是专门来拜见您二老的。"雯雯爸爸笑呵呵地说："年轻人很懂礼貌，来来来，这边坐。"随着雯雯爸爸的手势，小海坐到了离他不远的沙发上。雯雯把带来的礼物放到了一边，坐到了小海的旁边。小海掏出准备好的中华，递上了一根，雯雯爸爸摇摇手说："最近身体不好，刚动过手术，不能抽烟的。"小海关切地问："叔叔，动什么手术啊，不要紧吧。"雯雯爸爸笑着说："没啥大的毛病，就是阑尾炎。"小海抽惯了烟，雯雯爸爸拒绝了之后，他给自己点上了。本来见雯雯的父母，小海多少有点紧张，点上烟之后，放松了很多，聊了一会儿，翘起了二郎腿。而这个时

候，雯雯的爸爸妈妈却坐得非常的端正。雯雯爸爸心中非常地不悦，寒暄了几句便推故说自己不舒服，回房休息去了。雯雯妈妈坐在一边始终没有说话。坐了一会儿，也回房照顾雯雯爸爸去了。客厅里只留下了雯雯和小海。那天，他们再没多聊，匆匆吃过饭之后，小海便离开了。雯雯做梦也没想到，从那之后，爸爸妈妈非常反对她和小海继续交往。理由很简单，小海给他们留下的印象不好。雯雯坚持了半年之后，和小海分手了。

故事中的小海，在拜访雯雯的爸爸妈妈时，在雯雯爸爸拒绝抽烟的时候，却私自点烟，让雯雯爸爸受到了不尊重，其次，在面对两位长辈时，翘起了二郎腿，从而毁坏了他的形象。或许小海当时并没有意识到，可是却在不经意间将自己的形象全毁掉了。由此可见，生活中，一些不经意间的姿势会让我们的形象大打折扣，尽管我们当时并没有注意到，可在别人的心里却因此而打上了烙印。那么，我们需要注意哪些不经意间的姿势呢？

1.男性不要随便跷二郎腿

很多人在和别人交谈的时候，不经意间会将腿翘起来。可能这是你的一个习惯，没有什么所指，也是不经意间的一个姿势，可是，对旁边的人来说，就是你的一种蔑视，一种看不起人的心理。别人会因此而感觉到你不尊重他，从而对你有了成见。不单是和长辈以及领导谈话的时候要注意，即使和朋友兄弟相处的时候，也要注意。

2.女性入坐时双腿要并拢

很多女性朋友入座后，慢慢的忘了自己的身份，便会像男人一样叉开腿。但是女人叉开腿则会让别人觉得你不检点。如果和你交谈的是男性，则有勾引和挑逗男人的意向。别人会因此对你有了想法。你的贤惠淑德的形象也会在瞬间化为乌有，取而代之的是你不守妇道的坏女人形象。

3.站立时勿将双手插在兜

和别人交谈的时候，一般情况下都要将手拿出来，要么自然地垂在两侧，要么相握。但是不要将两手插在兜里。因为两手插在兜里，让别人觉得你很傲慢，你不重视别人。试想，谁愿意跟一个不重视自己的人交谈呢？你这样做只能给别人留下一个坏印象，觉得你吊儿郎当，没个正经样。

4.和人交谈时别总是抖腿

很多人在和别人交谈的时候，由于放松了身体，便会不自然地抖起腿来。或许你需要的是一个简单的节奏感，但是会让你身边的人觉得很不舒服，心情随着你的腿在不停地抖，别人的注意力会转移到你的腿上，而不在你的说话上。事实上，这是对别人的极大的不尊重，或许你并没有觉察到，但是别人的心情已经被你破坏掉了。

5.辩论时别用手指指人脸

在相互辩论的时候，很多人为了表明自己的意见和态度的坚定性，总是会用指头指着别人。事实上这是最忌讳的。因为用指头指着别人表明了你在挑衅，这样会激起别人的厌恶情绪，甚至还会出现更为糟糕的情况。尽管你只是为了表达自己的需要，但是与此同时，却伤害了别人的感情。

第02章 活跃氛围，走进对方的心

我们知道，在与人沟通的时候，需要一个平和轻松的氛围，因为在这样的氛围下，双方的心态很稳，彼此之间的沟通和交流才能正常地进行。但是，往往很多时候，我们在与陌生人接触的时候，彼此的心里防备都很强，如果这时候你不能营造一种轻松的气氛，那么双方都处于戒备状态，是不可能达到很好的交流效果的。那么，要想活跃氛围，有一个适宜交流的氛围，我们该从哪些方面入手呢？这正是这一章我们需要解决的问题。

制造暖人的寒暄，奠定交谈好气氛

人与人之间的交谈需要有一个良好的氛围。有了这个良好的气氛，彼此才能敞开心扉，增进情感。否则，如果交谈的氛围不好，即使你再努力，双方都没有办法畅所欲言，反而会感觉到很别扭，不舒服。那么，这个良好的氛围就需要在开场白的时候，制造温暖的寒暄，以此来奠定基础。

阿勇今年29岁了。在老家他已经完全是大龄青年了。可是他还没有女朋友，所以就成为了亲戚朋友们特殊关照的对象。这天，在舅妈的积极撮合之下，阿勇又去相亲了。在去之前，舅妈一再地叮嘱，小伙子一定要放机灵一些，放灵活一些，千万不要让女孩以为你很呆滞。为此，阿勇在去相亲的路上，一个劲地调整自己的情绪，在到达见面地点的时候，他将自己的状态调整到了最佳状态。可是见了女孩之后，他却像个木头桩子一样杵在那里，说不出一句话来。事实上，阿勇并不是个呆若木鸡的人，相反，平日里，他总是油腔滑调，和朋友们在一起话特别的多。只是今天突然出现了很多人，比如媒人，女孩的爸爸妈妈等。这许多人的出现，让他顿时张不开嘴来。几分钟之后，阿勇调整了过来。他笑了笑说：“今天来的人还真多，把我都整闷了，这样吧，我先介绍一下我自己，我叫阿勇，今年28岁，未婚。”阿勇的话一出，顿时引起了一阵大笑。因为他的一句“未婚”让大家因为彼此陌生而带来的尴尬一扫而空。现场的气氛顿时变得轻松了很多。那次，阿勇和女孩聊得非常投机。没过多长时间，两人正式建立了恋爱关系。如果那天不是阿勇的临场应变，谈话的气氛将非常的尴尬，双方都放不开，那么阿勇呆若木鸡的形象便在女孩的心里形成了。试想，谁愿意找一个傻了吧唧的男朋友呢？

阿勇在相亲的现场，陷入了冷场，他及时地制造了暖人的寒暄，为接下来的交谈奠定了和谐的基础。由此可见，在相互并不熟悉的情况下，很容易冷场，陷入尴尬的气氛，这时候，如果你能灵机一些，制造一些暖人的寒暄，则能在很大程度上迅速地缓解尴尬，为接下来轻松的交流奠定基础，否则，就会为彼此之间的交流埋下隐患。那么，如何才能制造暖人的寒暄呢？

1.适度地恭维对方必不可少

当一个人听到别人在恭维自己，赞美自己，内心之中就会产生一种愉悦的情绪。对方的心情好了，便会有交流的欲望，这样双方的尴尬自然就会打破了。如果对方小心谨慎，不愿意多说话，那么即使你一个人在那里表扬，对方的反应冷淡，那么势必会陷入冷场。交流也便会一度受阻。因此，要想让交谈有个好的氛围，那么就要适度地恭维他人，让对方高兴。

2.不妨开个无伤大雅的玩笑

如果双方陷入了交谈的尴尬，不及时处理，那么显而易见，交流和沟通势必会陷入绝境。这时候，如果你能及时地开一个无伤大雅的玩笑，把大家逗乐，那么尴尬的气氛顿时会缓解很多。这样，大家觉得没有了压力，才能打开心扉，畅所欲言。当然，开的玩笑一定要适合在场的人，要无伤大雅，否则会让气氛更加尴尬。

3.关键时候要调侃一些自己

谁都不希望别人来说自己的缺点和不足，但是如果你自己说自己的缺点和

不足，那么就是在调侃自己。大家哈哈一笑。现场的尴尬便会一扫而空。同时，别人也会因为你的不拘一格而放松自己。没有了思想包袱，交谈起来便不会去担心说错了怎么办，说什么话比较更加合适。这样交流才能更加轻松自如。

4.表达对对方的关怀和祝愿

寒暄的时候，还要注意，话题要围绕在对方的身上，表达出对对方的关怀和祝愿。这样，别人觉得你很关心他，而倍感温暖，继而表达出对你的关怀。这样一来，双方在内心之中的戒备便会减弱很多，说起话来才不会藏着掖着。当双方笼罩在彼此的关心和温暖之下，说出来的话便多是考虑他人的感受。这样，交流的气氛自然就会轻松很多。

5.寒暄时要注意对方的忌讳

如果对方的妻子刚刚过世，而你在寒暄的时候如果这样说：“怎么样，最近嫂子还好吗？”试想，对方听了会是什么样的感受？所以，在寒暄的时候，一定要注意对方的忌讳，千万不要哪壶不开提哪壶。否则不但不能让交流的气氛轻松自如，还会因此而雪上加霜，别人会觉得你是在故意讽刺他，后果可想而知了。

选对交谈方式，让谈话更符合对方心思

在人际交往当中，很多时候，彼此之间沟通不到位，导致双方产生了误会和隔阂，究其原因，不是彼此之间不能理解，不肯妥协，而是因为沟通方式不恰当，你说的话对方不喜欢听，对方表达的意思在你面前又失去了作用。这样以来，彼此之间的沟通和交流就变得困难和痛苦。

邓明是今年刚刚参加了高考的学生，而且成绩考的相当的不错，完全有实力进一所重点本科。正当邓明在筹划着选择学校的时候，妈妈出现了。她没有给邓明带来帮助，反倒让他感觉非常地痛苦。原来，邓明的成绩不错，他想去大城

市上学。可是却遭到了妈妈的反对，理由很简单：邓明从来没有出过远门，一下子跑到北京去，没人照顾怎么办？这让邓明啼笑是非，自己都已经过了18岁了，还让老妈子跟在后面照料。为此，母子两人没少红过脸。这天到了上交志愿表的时候了。妈妈一早就敲开了邓明的房门，对邓明说：“明明，你听妈妈的意见，就在省重点大学上吧。这样，你回家也很方便，我们也好去看望你啊。”

邓明不耐烦的说：“哎呦，妈，我是大人了，我能照顾好自己。我想去北京上学，那里师资力量和教学条件都是一流的，我想去那里深造。”

妈妈：“在省城上吧，明明，毕业后回到家里来考公务员，安安稳稳的，这条路妈妈早就为你谋划着呢。”

邓明：“妈，大城市机会更多，对于我的前途和事业来说帮助更大。你让我窝在这么一个小地方干啥啊。”

妈妈见劝说不动明明，立即变了脸，厉声说道：“这事，你必须听我的，没得商量，我不能由着你的性子来，害了你。”

明明也针锋相对的说：“我自己的事情，你休想干涉。”说完摔门而出。

那天报志愿的时候，邓明报了远在北京的一所重点大学。妈妈知道后，狠狠的训斥了他一顿，明明自然是不甘示弱。在经过了一场狂风暴雨般的争吵之后，妈妈歇斯底里的哭了起来。但是这最终并没有改变明明的决定。

一个月之后，录取通知书下来了，邓明如愿考入了自己希望的大学。那段日子，他跟妈妈很少说话。即使在临走的时候，也不愿意让妈妈送。直到这个时候，妈妈才明白，她已经深深的伤害了邓明。

故事中的妈妈，在和邓明的沟通当中，由于交谈方式不妥当，最终导致了和邓明之间产生了巨大的矛盾。如果当时妈妈换一种沟通的方式，多去了解和体会邓明的感受和想法，说不定还能说服儿子。由此可见，在沟通交流的时候，如果交流的方式选择不妥当，不但不能取得良好的交流，还有可能产生隔阂和矛盾。那么，选择怎样的交流方式才能让谈话更符合对方的心思呢？

1.说话时语气一定要缓和

在双方交谈的过程中，如果一方的语气很激烈，那么势必引起对方的强烈

抵抗。相反，如果你说话的语气相对缓和一些，对方内心的反抗意识也会淡化很多。事实上，只有双方心平气和才能正常地沟通和交流。没有人喜欢被人压迫，被人强制，因此，说话时语气一定要缓和一些，一定程度上才能符合对方的心思。

2.多征求对方的意见建议

谁都希望别人能够理解自己，希望别人听自己的想法和建议。如果你一味地述说自己的想法，而不去领会别人怎么想，那么对方的内心之中势必会觉得你不懂他，那么别人的交谈热情就会淡化很多。这样，双方的沟通和交流势必会一度受阻。在谈话当中，不妨多征求对方的意见和建议，让谈话更符合对方的心思。

3.不要去否定别人的想法

如果别人所说的想法和建议，你不同意，最好不要去否定它，而是一定程度地去承认和肯定，同时让对方明白，你的主意和观点相对来说更好一些。这样一来，对方得到了相对的肯定，也就不会过于激烈地反抗。同时，在倾听你的主意和观点的时候，认可你。别人受到了尊重，才会倾听和喜欢你所说的话。

4.寻找双方之间的共同点

人都喜欢和自己有相似点的人，同样，如果在谈话中能找到双方之间的共同点，那么对方立即对谈话就有了兴趣。同时也会对与别人有矛盾的地方做出相应的妥协。这样沟通才能正常地进行下去。否则，两人谈来谈去话不投机，便会产生尽快结束谈话的内心欲望。别人觉得和你没有共同语言。

看准对方情绪，制造不一样的交流氛围

人是情感动物，很多时候言语和行为会受到情绪的影响。当一个人情绪高涨的时候，可能交谈的欲望会很强，话题的涉及面会很广，这时候与他沟通和

交流相对来说，比较容易。相反，当一个人情绪低落的时候，交谈的欲望会降低很多，交流起来相对就困难一些。在和别人交谈的时候，不妨多注意对方的情绪，根据不同的情绪制造不同的交流氛围。

邓艾和王小鱼是非常要好的朋友，同时也是一个班的同学。作为高三年级的毕业生，今年七月他们一起参加了高考。最近，成绩陆续公布了，邓艾考了658分，这就意味着她可以选择重点本科去上了，而她的志愿是浙江大学，看来是十拿九稳的事，为此，她非常地高兴，想把这个消息第一时间告诉自己的死党王小鱼。当她来到王小鱼的家时，发现气氛有些不对劲，王小鱼的眼睛红红的，很显然刚刚哭过。邓艾原本想着抱住王小鱼，把这个消息悄悄的告诉她，让她为自己高兴，可是看到王小鱼这个样子，邓艾立即打消了这个念头，而是安静的抱着王小鱼，什么话也没有说。在邓艾的肩膀上，王小鱼无声的哭了起来。邓艾也陪着她抹了不少眼泪。后来，等王小鱼的情绪稍稍稳定了一些之后，邓艾拉着她的手鼓励她说："小鱼，不要灰心，失败只能说明过去，并不能说明未来，再好好努力一年，你一定能考上自己喜欢的大学的。"邓艾摇了摇王小鱼的手说："小鱼，你不能就这么放弃了，失败了并不可怕，可怕的是你失去继续努力的勇气。"我还是想请你再慎重的考虑一下，不要因为自己的情绪而做了错误的决定，影响你的前途。王小鱼默默地点了点头。

故事中的邓艾，欢天喜地，想要把自己的喜事告诉好朋友王小鱼的时候，却发现王小鱼正在悲愤当中。她及时地改变了谈话的主题，转变了交谈的氛围，从而安慰了王小鱼。由此可见，在和别人交流和沟通之前，一定要多注意对方的情绪，根据对方的情绪做出相应的改变，从而适应对方的情绪，走进对方的心里。那么，如何看准他人的情绪，制造不一样的交流氛围呢？

1.高兴欢喜时，不妨制造情绪高潮

当一个人高兴欢喜的时候，急需要表达内心当中的这种兴奋，如果这时候你和对方交谈，营造低调的氛围便不合适，容易引起对方的反感。相反，如果你能制造惊喜，调动对方的情绪高潮，那么很容易让对方向你打开心扉，把

你当作朋友。比如说过年过节的时候，如果你能制造一些惊喜，让大家欢喜雀跃，那么大家都会打开心扉把你当朋友。

2.郁闷悲伤时，适当低调迎合对方

人在郁闷悲伤的时候，总是喜欢安静。这时候也是对方内心最脆弱的时候，因此，与他们交流的时候，言语中一定要注意，声音放低，语速放慢，而且多表达对对方的安慰和关心，以此来温暖对方的心。这样，别人感受到你的温暖，感受到你的关怀和在乎，才会把心门向你打开。否则，对方会毫不犹豫地拒绝你，而独自沉浸在悲伤之中。

3.愤怒时，表达认同站在同一战壕

一般情况下，当一个人正在愤怒的时候，思维几乎是零。所以最好不要在这时候选择与他们交流。如果不得已，那么在和对方交谈之前，让他明白你和他是在同一战壕里，继而减弱对方的对抗心理。当然，除了要对对方的愤怒表示理解之外，还要适当地给对方宽心，这样，对方才会把你当作知心朋友。

4.痛苦绝望时，安慰鼓励温暖人心

当一个人遭遇人生的打击之后，往往会陷入痛苦的泥塘里，这时候对自己产生了怀疑，对前途产生了绝望。这时候，和他们交流的时候，多说温暖的话，安慰和鼓励他们。尽量营造安全、温暖的交谈氛围。比如说话轻声一些，多表达关心和温暖等。这样会在一定程度上减弱对方所承受的痛苦。

多说“我们”，从心里把彼此划到同一战线

“我们”是一个集体，而“我”是一个个体。当你在说话的时候，多说“我们”，少说“我”这样，给对方传达的信息就是，我和对方是自己人。尤其是在和自己的对手相处的时候，这样的“称呼”更能在心里上把彼此划到同一战线，能在一定程度上化解彼此之间的对抗情绪，走进对方的内心深处。

小雨和小鱼是双胞胎姐妹，他们从来没有见过面，在他们十五岁的那年，爸爸妈妈把小鱼从姥姥家接到了城里。刚出生的时候，小雨身体很差，妈妈找算命先生求签，结果人家说，要想让两个孩子都平安无事，就必须把他们分开，等到他们都十五岁的时候才能团聚。就这样，俩姐妹一分开就是十五年。因此，小鱼一直都很记恨小雨，她觉得要是没有她，自己也就不会失去父母疼爱。见面后，小鱼从来都没有叫过小雨一声姐姐，而且只要是她看中的东西，总是会想方设法地从小雨手中抢过来，小雨虽然很生气，但是妹妹失去爸妈的疼爱那么多年，所以也就一再忍让。其实小雨一直想和妹妹和好如初，不管小雨怎么做，小鱼始终是敌对态度。她讨厌姐姐说，“什么什么东西是我的”，“这是我家的”之类的话，因为小鱼觉得小雨一再在她面前提“我”，是在向她宣誓专属权。刚开始小雨并没有意识到这些，对妹妹很关心，她希望可以和睦相处。这天吃午饭的时候，小雨说了一句：“这个菜是我最喜欢吃，而且只有妈妈做的我才会喜欢。”其实说者无意，可是小鱼听着很不舒服，她冲着小雨就吼道：“你喜欢吃，全给你吃，吃死你。”然后很生气地离开了餐桌。后来，小雨思索了半天，才发现原来妹妹很在意她说“我”，于是小雨决定改变策略，以此来暗示想和妹妹化敌为友。在以后的日子里，小雨总是会把“我”有意识的改成“我们”，不管是在吃饭还是做别的事，小雨都会说“我们怎样怎样”，就这样时间不长，妹妹慢慢的不再敌对她，也开始叫小雨“姐姐”。

其实，“我”和“我们”属性不同，“我”代表的是自己，很大程度上会给对方传递一种专属的意味，而“我们”则指的是两个人以上，给别人传达的是共有的韵味，在这个实例中，小鱼很介意自己姐姐在他面前说“我”，就是觉得自己永远是被排挤在群体之外。而小雨以“我们”来代替“我”，以此来向对方表示自己和对方在同一个战线。

所以，要想在生活中走到对方的内心深处，那就要学会用“我们”来代替“我”，告诉对方你和他是在同一条战线上。向对方传达“我想和你和睦相处”的讯息。如果我们心里想着走进对方的内心深处，可是自己嘴上老是强调“我”，那结果自然不会尽如人意，如果我们能够在强调“我们”，那结果自

然会是皆大欢喜。

由此可见，多说“我们”少说“我”传递出把彼此划到到了统一战线里。那么，在社交中，我们怎样才能更好地多说“我们”少说“我”呢？

1.真心接纳对方

当一个人真心接纳对方时，就会很自然地把自己和对方放到一起。把对方当作自己的一部分。因此，在向对方传递你的友善的时候，只有真心地接纳对方，才会在说话的时候多强调“我们”这个群体，而放掉“我”这个个体。事实上，如果内心深处没有真心接纳对方，就算是刻意地注意，也会觉得很别扭，不真实。

2.多顾虑对方的感受

说话做事的时候，我们要多顾虑别人的感受。不能脑子一热，想说什么就说什么。尤其是想要走进对方的内心深处的时候，更要多顾虑一下对方的感受。说话的时候不妨多考虑一下，不失时机地以“我们”来代替“我”，向对方传达你的友善，表达你想要和对方和睦相处的意愿。

3.真心关心帮助别人

既然你把对方当成了同一个战壕的战友，那么就要真心地去关心和帮助对方，这样才能在内心深处认可对方是你的一部分，才能在交谈的时候发自肺腑地多说“我们”少说“我”，别人也才会感受到来自你的温暖，感受到你说的是实话，并不是在敷衍他。这样一来，对方才能真正地打开心扉，接纳你。

4.让对方承当些责任

既然对方是和你在同一战线上，那么就要承担相应的责任，事实上，也只有这样，别人才能感受到你真地把他当作自己人了。对方也才从心里认可你所说的“我们”，否则，即使你一个劲地强调“我们”，却把他排除在你之外，别人也不会真正地敞开心扉去接纳你。在多说“我们”少说“我”的时候，还要学会让对方去承担一定的责任。

能说会道的你不如把机会多留给对方

事实上生活在这个世界上的人，谁没有故事呢？你遭遇了太多生活的磨难，总希望能够说出来，有人分担；获得了成功的喜悦，总希望有人来分享。人需要情感上的慰籍，希望被人理解，渴望得到别人的认可。你是这样的，别人也是这样的。所以，要想走进对方的内心深处，那么不妨闭上你的嘴，认真去倾听。

一次，张婷去拜访一个客户。据说这个客户非常难缠，很多销售员都在他面前灰溜溜地被赶出来了。所以，张婷这次去也没有抱太大的希望。当他敲开了这位客户的办公室的大门之后，客户对她非常地热情，又是端茶倒水，又是嘘寒问暖。这反倒让张婷有些不习惯。但是毕竟客户是真心地关心她，因此张婷内心还是非常地感动。坐定之后，还没等张婷介绍产品呢，客户就开始说了，说自己的家庭生活，妻子多么贤惠，孩子多么懂事。说到高兴处，客户眉飞色舞，手舞足蹈。而张婷只是静静地听着，偶尔点点头微笑一下，表示认可和肯定。一个小时过去了，两个小时过去了，客户说完了家庭，说事业，说这些年自己如何一步步的走来，经历了多少的艰难和困苦，如何将公司一步步地做起来的。说道难过处，客户黯然泪下，张婷适当地说了几句安慰话。整整三个多小时，客户一直都在不停地说，张婷只是静静地听着，偶尔问几个简单的问题。到后来，她感觉到疲惫不堪，但是并没有把她的这种不耐烦表现出来，而是找了个机会，去清醒了一下头脑，继续来听客户的唠叨。最后，客户说的精疲力尽，该倾诉的都倾诉了，该表达的情绪都表达了，脸上露出了得意的微笑，他转过头来问张婷：“你这次来的目的是什么啊？”张婷将产品的介绍放到了桌子上，客户看了，二话没说，就下了订单。

从这个故事中，我们可以了解到有时候别人需要的只是你的认真聆听，而不需要你说多少。任何人都有想要表达的欲望。只要你满足了对方的这种心理，对方就觉得你善解人意，你是懂他的心的人，自然就会从内心深处接纳

你。那么，在倾听的时候，要注意哪些方面的问题呢?

1.一定要认真地注视着对方

人与人之间的交流是从心开始的，而眼睛又是心灵的窗户。所以交流的双方基本上是用眼神的。在倾听别人说话的时候，一定要用眼睛注视着对方，这样会让对方觉得你在认真地倾听，从而感受到你内心的那份真诚。当然不能眼镜一眨不眨地盯着对方的眼睛看，这样一来让对方感觉不好意思，二来用眼睛一直盯着对方表示质疑和否定。

2.对他们的情绪要做出反应

要是在倾听的时候不注意眼神，给对方错误的信息，影响了对方的心情，那么这就意味着对方的倾诉很快会结束。因此，要注意，当对方高兴的时候，一定要随着别人的情绪，将那份快乐表现出来，当别人哀伤的时候，要把那种悲伤表现出来。这样会让对方觉得你是在陪着他快乐和哀伤。

3.别忘了要时常重复对方的话

人与人之间的交流是个互动的过程，同样当对方在倾诉时，也希望你能够参与进来。光用眼神注视着对方，这让客户觉得自己是在耍猴，是在表演，从而失去继续说下去的心情。在倾听别人时，时不时地重复对方的话，并求得他的肯定，这样不但能表达你在认真的倾听，而且还可以借着这个机会把没有听明白的话弄明白。以免对方突然问你的意见时出现尴尬。

4.意见相佐时勿明确表示反对

在聆听别人的时候，如果对方说的话前后矛盾，或者是对方在吹牛扯谎，千万不要和对方争辩，也不要说破，以免让他人下不了台，丢面子。事实上，对方说的话有逻辑性的错误，或者在自我吹捧，这对你来说没有多大的意义。如果你和对方争辩，让他人有了和你对抗的情绪，那么他人无论如何也不可能接纳你。

5.一定要耐着性子坚持听下去

或许很多时候，对方说的都是废话，对你来说没有一点儿兴趣，但是这时候，你千万别把这种不耐烦表达出来，要耐着性子认真地听下去，你不感兴趣，可以什么话也不说，甚至可以去想你自己的事情，但是一定要让别人感觉到你在认真地听。要知道对方在表达情绪，而你的拒绝和不耐烦会让对方感觉到不受尊重。

利用称呼贴人心，不经意间叫出他的名

在生活中，有些人总是记不住对方的名字，或者即使记住了对方的名字，在叫对方的时候也不喜欢直呼其名，而是喜欢在别人的姓氏前面加一个小字，让对方听后感觉双方还很陌生，至少连名字都没有记住。相反，有些人总能在对方作自我介绍之后记住对方的名字，然后在下次见面的时候，直接叫对方的名字，对方往往会觉得他给你留下了深刻的印象，从而逐渐打开对方坚厚的戒备心。因此，在生活中，叫对方的名字是打开戒备心理的钥匙。

李强是一个游手好闲的人，但是他爱好结交朋友，他自己有一栋楼房，平时靠着收房租过日子。有一天，楼房里新搬来了一个小伙子，是一个外地人，平时话不多，但是却很面善，在小伙子搬进来之时，小伙子除了交房租和身份证复印件之时和房东说过几句话之外，其余的话从来没和房东多谈过。平日里，小伙子早出晚归，没人知道是在忙些啥，房东有些担心，害怕小伙子不务正业，整天和一些不良青年混在一起干违法的事情，同时其他租房者也有同样的担心。有一天，小伙子刚一回来，房东叫道：“王意，下班了？吃饭没有？上班很累吧？”小伙子突然回头，先是一惊，然后是微微一笑，说道：“嗯，刚吃过了，上班不太累。”房东感觉到小伙子的变化，但是小伙子紧跟着就进了屋，房东也没好再多问什么。第二天早上，房东早早地起床了，站在门口等待小伙子的出现，小伙子刚一出门，房东笑道：“王意，早上好！上班去了！”这次，小伙子没有再吃惊了，而是用很平和的语气微笑着说道：“李大哥早上好！晚上我们再聊。”房东感觉和小伙子的关系亲近了不少，因为他

第一次听见小伙子叫他李大哥。晚上，小伙子找到房东之后，两人聊了起来，还没等房东问，小伙子主动地说：“我大老远来这边，其实不是为了找工作，主要是想来这边投资做生意的，但是我在做生意之前，我先要在同行里面干一两个月熟悉一下这边的环境。”房东一边听一边露出羡慕的眼光。小伙子接着说道：“我准备在这个地方办一个工厂，我现在正好缺少一个助手，如果你愿意的话，我们俩不妨合作一下，工资待遇绝对高于同行业的平均水平。”房东一听，乐了，心里正愁整天游手好闲的没事干，正好机会来了，于是欣然同意了。几年后，房东和小伙子都成了远近闻名的富人。

在这个案例中，小伙子本来是一个怀有戒备心的外地人，从不轻易和邻居交谈，但是房东每次在叫他的时候都是直接叫名字，让小伙子觉得房东是一个可以信赖的人，然后两个人就打开心扉地交往，最后成了生意上的好伙伴。由此可见，直接叫出对方的名字，可以瞬间拉近彼此之间的心理距离。那么，如何才能做到这一点呢?

1.要记住对方的名字

在生活中，当新人到来的时候，往往会有自我介绍，在这个时候，你最好将别人的名字牢记在心，如果你是一个健忘的人，你也可以用笔记下来，以便下次能够叫上别人的名字。能否记住一个人的名字往往是你认识这个人的第一步，比如当别人自我介绍完了之后，你连他的名字都没有记住的话，那么你即使记住了他的爱好或者工作成绩又有什么用呢？别人很有可能认为你根本就没有把他放在心上。

2.要善于抓住时机

叫对方的名字，最好抓住恰当的时机，比如一个人在叫你的名字的时候，你恰好处在一个闹市中，你往往听不见，或者你正在和别人谈话的时候，你的注意力根本就没有在对方上，即使对方叫你的名字，你不会因此而对他有任何不同的好感，但是当你一个人孤独地走在僻静的小道上的时候，别人直呼你的名字，也许正好打断你的孤独，让你觉得这个世界上还有人记得你的名字，你不是一个被遗忘的人。

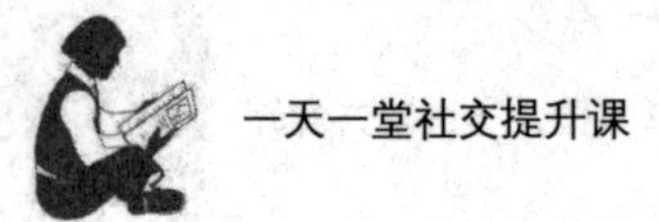

3.注意对方的辈分和年龄

一般来说，长辈对晚辈、年长的对年幼的、平辈人之间或者年龄差不多的人之间可以直呼其名，这样显得亲切；相反则不能直呼其名，否则就会让人觉得你目无尊长，惹人恼怒。因此，叫对方的名字之前，最好注意对方的辈分和年龄。

4.叫名字时眼睛要盯着对方

眼睛是心灵的窗户，当你再叫别人的名字的时候，如果你的眼睛望着别处，会让人觉得你是在拿他的名字开玩笑，认为你不尊重他；相反，如果在你叫对方名字的时候，眼睛盯着对方，那么对方会觉得你在他心目中的位置很重要，从而对方就会逐渐打开心扉和你交往。

5.叫名字时语气要柔和

同样一句话，用不同的口气叫出来蕴含的意义就不一样了，比如上级对下级一般用命令的口吻，下级对上级只用请求的口气，平级之间用一般的口吻，如果你把握不当的话，往往会让对方觉得你是在命令他或者请求他，从而导致对方继续对你保持戒备心；这时你不妨用柔和的语气叫对方的名字，对方也许就会敞开心扉和你交流。

第03章　谈天说地，选对沟通话题才能在交谈中产生共鸣

俗话说：酒逢知己千杯少，话不投机半句多。在人际交往当中，如果你能选择一个合适的话题，往往能迅速地引起共鸣。给对方留下相见恨晚的感觉。相反，如果话题不合适，双方无法达成共识，引起不了情感的共鸣，还会让别人觉得和你不是同一路人，这样就没有办法进行接下来的交往。那么，你不了解对方，如何知道对方对什么感兴趣呢？这就需要你要有渊博的知识和丰富的阅历，在谈天说地中，探知对方的兴趣所在。当然不能胡侃乱聊。如果你不懂，不妨从下面几点出发。

交谈的话题不如从对方的专业上谈起

很多时候，我们在和不熟悉的人聊天时，常常觉得没话可说，聊来聊去陷入了冷场，这样让双方觉得彼此之间没有共同话题，继而影响接下来的交往。一般情况下，人们对于自己熟悉的领域话比较多，基于这种情况，不妨从对方所熟悉的专业领域入手，引导对方多说话，这样对方会越谈越起劲，继而跟你产生共鸣。

海峰是个不爱说话的男人。因此身边除了单位的同事外，也没有太多的朋友。这天，单位的同事小凯过生日，海峰应邀参加。小凯的朋友们特别地多，很多海峰从来没有见过，因此，当小凯忙里忙外地招呼别人的时候，海峰一个人坐在屋里，非常无聊。没过多久，小凯和朋友们一起热热闹闹地玩了起来，他们一起吹蜡烛，吃蛋糕。好不热闹。之后，在朋友的建议之下，他们来到了户外，大家一起玩起了游戏。由于海峰不喜欢凑热闹，所以一个人待在屋里看起了电视。过了一会，进来一个年轻人，年轻人向海峰打招呼，称自己也不喜欢热闹，于

是两个男人一起看电视，谁也没多余的话。偏偏电视上又没有什么好看的台。两个人待在一起好不尴尬。几分钟之后，年轻人主动说："我叫徐晃，是小凯的好朋友，你怎么称呼啊？"海峰说："我叫海峰，是小凯的同事。"徐晃微笑着说："小凯是做销售的，你是负责什么的啊？"海峰："我是主要负责技术攻关的。"徐晃露出惊讶地表情说："奥，主要做技术的，那你一定是网络工程师了？"海峰不好意思地说："过奖了，谈不上工程师，主要就是处理一些技术难题。"徐晃坐到了海峰的边上，说："我的电脑最近出现了很大的麻烦，正愁找不到人帮助我呢，刚巧今天遇到你了。你一定要帮助我解决一下啊。"海峰点头微笑着说："你说说是什么问题，我看能不能帮上忙。"徐晃一本正经地说："就是经常黑屏，还有就是有时候会自动地关机。我是做设计的，很多时候我做好的设计还没来得及保存，电脑自动关了，害地我还得重新来做。"海峰略加思考后，说："听你的描述，貌似软件硬件都有问题，我没有见你的电脑，也不好妄下结论。等会聚会结束后，我跟你去看看，应该没有什么问题。"徐晃笑着说："那真是太好了。谢谢你了。"

故事中的徐晃在和海峰交谈的时候，将话题引到了海峰的工作上，这样，不善言谈的海峰慢慢地有了话说。这样，在两个人的进一步接触之中，建立了良好的交往关系。由此可见，在与陌生人交谈的时候，如果别的话题不能迅速地建立良好的沟通，那么不妨从对方的工作上谈起，从对方擅长的专业上谈起，这样，让对方觉得自己有话可说。那么，如何将话题引到对方擅长的专业上呢？

1.适当的引导很重要

由于两个人之前并不熟悉，因此，要想从对方的专业上去谈，前提是知道对方的专业是什么。这就要在起初适当地了解和引导，弄清楚对方究竟是做什么专业的。当然，一般可以从询问对方的工作上下手，当了解了对方的工作之后，要及时地表现出浓厚的兴趣，刺激对方谈下去。一般情况下，自己的专业很熟悉，对于熟悉的东西便有很多话要表达。

2.把发言权交给对方

既然谈到了别人的专业，那么对于对方来说，他就是权威，有权利发表

意见，而你相对而言，是个门外汉。既然不懂，那么就要把说话权让给对方，让别人去说话。否则，你对于不了解的专业，胡言乱语，犹如在关公面前耍大刀，不知天高地厚，这样无形之中显示出你的无知来，对方的表达欲得不到满足，也就失去了继续和你交谈下去的念头。

3.耐心表达你的倾听

对于对方的专业知识来说，对方就是权威，那么既然是权威说话，那么你就要认真地去听，即使你对对方的专业知识非常反感，也许你啥也听不懂，但是你只需要认真地倾听，让对方多说话。当然倾听的时候不能随便打断对方说话，更不能把你的不耐烦表现出来，认真一些，便是对对方的尊重。

4.及时表达你的谦虚

既然对方是专家，而你又不懂，或者是只懂个皮毛，那么就要虚心地向对方请教。或许你说你对他的专业知识没一点兴趣，不想了解。即使如此，你也要找几个简单的问题请教他，或许对方的回答对你来说没有多大的帮助，但是这个过程却极大地满足了对方的“为师”欲望，对方因而记住你，

5.别忘了赞扬和恭维

当对方在自己的专业领域表达完之后，你要及时地表达你的赞扬和恭维。尽管你不知道对方的专业知识究竟掌握的怎么样，但是实际上这不是重要的，重要的是对方知道的比你多，而且是对方的专业领域，应当得到你的表扬和恭维。如此一来，对方的交流欲望便会越加地高涨，这有助于你们进一步的交流和以后的交往。

异性间谈什么话题才合适

在我们的生活的环境里，总免不了要和异性接触，俗话说“男女搭配干活不累”，有了异性的配合，我们的生活会过得更加丰富多彩。但是，有些男

生平日里话很多，在异性面前却变哑巴了，有些女生很会处理和女性的人际关系，可是和男生就是没法沟通。如何跟异性进行交流和沟通呢？和他们聊天的时候选择什么样的话题比较适合呢？这往往成为困扰很多人的问题。

邓宁是个腼腆而害羞的男生。平日里在男生堆里，是有说有笑，着实调皮的一个人。可是却从来不和女生交往。因此，尽管已经是初三了，可是几乎还没有和女孩子单独聊过天。在中考之前，学校组织同学们去爬山，以锻炼同学们的拼搏精神。到了山下之后，班主任把同学们分成了几个小组，每个小组指定了小组长，负责管理。邓宁所在的小组有一半是女生，而偏偏他又被指定当了小组长。登山活动很快就开始了，男同学们很快跑到了前面，几个体质稍好的女生相继也跟了上去。只有一个身体非常虚弱的女孩被落在了后面。女孩叫作王倩。由于邓宁是组长，又不能丢下往前不管。于是他只好跟在王倩的屁股后面，慢悠悠地往上爬。王倩见邓宁脸红到了耳根子里，知道他从来没有跟女孩子交流过。于是她大方地伸出了手，说：“你好，邓宁，谢谢您能陪着我。”邓宁低下了头，不敢说话。王倩主动拉起了邓宁的手握了握，笑着说：“你怎么像个女孩子一样害羞呢？怕什么我又不吃了你。”邓宁依旧不说话，只是抬起了头，以便显示自己是个铁骨铮铮的男子汉。王倩接着说：“邓宁啊，平日里你爸爸妈妈管你管的严嘛？”邓宁说：“挺严厉的，我爸爸很凶，可是他从来没有打过我，他要求我做的事情，我都很认真地去做。”王倩笑着说：“怪不得呢。那他没有要求的事情，你有尝试着做过吗？”邓宁抬起头说：“你指的是哪方面啊？”王倩认真地说：“比如说跟女孩子做朋友。”邓宁摇了摇头。王倩问：“那你为什么不跟女孩子交朋友呢？”邓宁不好意思地说：“我爸爸说现在我还小，还没有到交朋友的时候呢，主要精力应该放在学习上。”王倩笑着说：“邓宁，你误会我的意思了，我的意思是像你跟很多男生一样的友谊。”邓宁抬起头说：“可以吗？”王倩笑着说：“当然可以啊！谁说男生和女生之间只能有男女朋友的关系了？！”邓宁不好意思地说：“那你愿意和我做像跟男生之间的那种朋友吗？”王倩伸出了手，笑着说：“当然愿意了。”邓宁笑着握住了王倩的手。

故事里的邓宁和王倩尽管是一个班的同学，但是从来没有说过话，王倩以此为话题主动和邓宁进行了交流，并在最后赢得了情感的共鸣。在相对陌生的异性之间相互之间的防备心理更加地强，交谈的话题一定要吸引注意力，这样才能促使他们减弱防备，从而打开心扉。那么，和异性之间究竟谈论什么话题合适呢？

1.谈共同面对的生活问题

生活中的男女，都无一例外地会遇到生活中的种种问题，比如升学、工作、结婚等人生必须经历的东西。这是每个人都无法避免的。所以如果你觉得和对方没有话说，那么不妨找这方面的话题去谈。由于双方都有话要说，一般不会出现冷场，也容易引起情感的共鸣。事实上也更容易打开心扉，接纳对方。

2.不要随便逾越男女禁区

男人和女人本质上是不一样的，所以在很多时候，男女之间有很多东西是绝对不能谈的。尤其是刚刚认识的男女之间。比如说性。同性之间谈论这个话题可能会觉得没什么，可是异性之间谈论就容易让对方误会自己，从而加强戒备心理。因此，一些男女之间不适合谈的话题，最好不要涉及，尤其是跟你不熟悉的异性之间。

3.年轻人多谈点生活感悟

人都会在慢慢地成长，对生活都有不一样的感悟，如果你觉得和对方没有话说，不妨谈点对生活的感悟。由于每个人所面临的生活并不一样，所以对生活的感触也不会相同，彼此交流也能增加对方对生活的认识。更能让对方感觉到在生活面前，你和他是一样的。继而和你产生情感的共鸣。

4.已婚者忌讳谈婚姻不幸

婚姻中，或多或少地会存在着缺陷，这是无法避免的。如果你已经结婚了，跟异性交谈的时候，最好不要谈婚姻中的缺陷，不要谈对你的配偶的不满意。这样会让别人觉得你是在抱怨自己的伴侣，让别人误解你的意思。从而带来不必要的麻烦。这一点，对于已婚人士来说尤其重要。

与长辈聊天的话题

生活中，很多人觉得跟长辈之间无话可聊，跟他们待在一起觉得非常地难受，继而选择迅速地逃离，实际上这在一定程度上伤害了长辈们的心。实际上，不是晚辈们不尊重长辈，而是因为长辈本身年龄就大，和晚辈不是一个时代的人，所经历的生活完全不一样，观念想法完全不相同，没有共同话题，再加上长辈们辈分高，姿态高，造就了心理上的不平等，无话可说也就显得再正常不过了。

明海今年已经是18岁的大小伙子了。可是每次他都不愿意到舅舅家去。不是他不喜欢舅舅，而是每次和舅舅待在一起，没有话说。舅舅除了询问他生活和工作之外，便没了话题，于是他和舅舅看电视耗时间。每每这时候，他就觉得非常地痛苦，恨不得找个老鼠洞钻进去。后来，他去看望舅舅的次数便少了很多，这让舅舅有了很大的不满，很多次，舅舅都打电话叫他，而他每次都以学习紧张为由给拒绝了。爸爸妈妈也为此找他谈过几次话，觉得明海是不是对舅舅有什么误会。可是，无论明海怎么表达，没有人理解他。一次，明海的表姐从外地上学回来，明海给她说了自己的感受。表姐听后，笑着说："你啊，要学会跟长辈沟通才行啊。"明海无奈地说："可是，舅舅是长辈，他的事情我又不好打听，所以没办法表达我的关怀啊。其实我心里知道，舅舅对我特别地好，可是每次跟他待在一起就是没话说，感觉特别的痛苦。"表姐说："是啊，舅舅那个人，你也知道，不喜欢多说话，可是不能就这么远离他啊，这样会伤了舅舅的心的。"明海摇了摇头，表示无奈，过了一会儿，他问道："表姐，我看你每次跟舅舅都有很多话说，你是怎么跟他沟通的啊，跟我教一下。"表姐笑着说："每个人的情况都不一样，只要你试着想跟他沟通交流，一定有话跟他聊的，别忘了，他是你的长辈，他很爱你的。"听了表姐的话，明海陷入了深思。这个周末，他带着礼物去看望舅舅。明海的到来，让舅舅非常地兴奋。不断地拉着他地手嘘寒问暖。这天，明海和舅舅整整聊了一个小

时，之前，他总觉得很多事情舅舅不懂，说了也是白说，可是今天，当他跟舅舅聊起自己的生活的时候才发现，舅舅看问题比他要看的远，看得透。当他回来后跟爸爸妈妈聊起的时候，感慨地说："原先一直困扰我的事情，经过和舅舅的一番长谈之后，豁然开朗了。"爸爸拍了拍他的肩膀说道："那是自然，你舅舅吃的盐比你吃过的饭都多，哪能看不明白啊。"

故事中的明海总是觉得舅舅是长辈，跟他之间没有沟通的话题。事实上也正是因为他的这种想法限制了他的思维，将自己包裹起来，潜意识里拒绝和舅舅沟通和交流。后来当他打开心扉，和舅舅促膝长谈之后，才发现，他和舅舅之间并非无话可说。由此可见，只要我们愿意沟通和交流，和长辈之间并非无话可说。关键在于，你是否找到和他们沟通的合适话题。那么，和长辈们之间聊什么话题更加有利于双方之间的情感交流呢?

1.聊聊工作中的烦恼

人要生活，就得做事情。在工作中或多或少地会遇到很多烦恼。在和长辈相处的时候，不妨跟他们聊聊你工作中的烦恼，听听长辈的建议和意见。很多跟领导和下属相处的策略，长辈们懂得比你多，或许他们的建议正好能解决你的问题。再加上他们的人脉比你广，有了他们的帮助，或许你的烦恼就不再是烦恼了。

2.说说生活中的困惑

生活中，每个人都会遇到很多困惑的事情。前途事业的渺茫，婚姻情感的危机以及人际关系的紧张等。长辈们一辈子坎坎坷坷，或许你现在的困惑，他们曾经也遇到过，也曾经困惑和迷茫过，听听他们的想法和看法，或许能帮助和指导你走出困惑。即使他们提供不了什么可行性的建议。但是他们的想法或许能促使你思考得更成熟。

3.分享你取得的成就

很多人遇到困难和麻烦了想起了自己的长辈，但是取得了成就之后，就将他们忘得干干净净。事实上，作为长辈，更希望你能取得成就，更愿意分享你取得成就后的快乐。没准，他们比你更兴奋。因为他们对你抱有更高的期冀和更多的爱。因此，在你取得成就之后，甭管他们曾经是否真正的帮助过你，你都要和他们分享你的成就。

4.表达你的关怀问候

除了和长辈们之间聊你自己的事情之外，还需要对他们表达你的关怀和问候。毕竟他们岁数大了，身体一天不如一天了，生活越来越单调和枯燥了，更需要情感的慰藉。你的关怀和问候往往能温暖他们的心，对于自己的事情，他们也有更多的话要说。因此，在你和长辈们的相处中，一定要把你的关怀和问候表达出来。

引导对方主动说出自己感兴趣的话题

生活中，很多时候，我们在和别人沟通当中发现，自己选了很多交谈的话题，对方要么微笑着保持沉默，要么说两句之后便不再表达，这让沟通和交流一度陷入了僵局。事实上不是我们不想交流，也不是对方不擅长和你沟通，而是因为你提及的话题，对方没有兴趣。人对有兴趣的东西表达的情感总是比较多，对方没兴趣，自然不愿意多说。所以，能否引导对方主动说出自己感兴趣的话题，往往决定着交流的正常进行。

大学毕业之后，王欢留在了北京，她想在那里闯出自己的一片天来。可是随着年龄的一天天的增大，她并没有在那里遇到自己的白马王子。于是她的个人问题就成了家里人的心病，在几次催促之后，王欢答应回到老家相亲。男生叫邓明，在一家银行里工作，家境非常不错，而且人也很帅气。王欢基本上还是满意的。从邓明的表现中，也能感觉到他对王欢很满意。可是，在他们独处的时候，却陷入了僵局，邓明每每提及一个话题，王欢总是微笑、点头，要么是应付地说两句便不再说话了。这让邓明有些焦急。因为他知道如果这次沟通不到位，将直接影响着这次相亲的成功。邓明毕竟也是

在社会上混，他见王欢对自己所提及的话题不感兴趣，于是话锋一转，关切地询问道："你平日里下班之后，都在做什么啊？"王欢笑着说："也没有做什么啦，跟朋友们聊聊天，逛逛街，再就是去健健身，有时候还会去打棒球。"邓明眼睛一亮，说："你还会打棒球啊？呵呵，我也很喜欢打棒球，只是平日里工作忙，打的时间并不多，抽时间，咱们约上好好切磋一下。"王欢惊讶地说："真的吗？你也喜欢打棒球？"邓明不好意思地说："当然了，只不过平日里很少玩，玩的肯定没有你好，到时候你可不要笑话我啊。"王欢高兴地说："当然不会了，其实我也玩得不好。平日里和朋友们一起消耗时间罢了。在北京工作也特别地忙，压力很大，所以打打棒球，出点汗，感觉真得很不错。"邓明接着问："你玩棒球多长时间了？"王欢："算起来，应该也有三四年的时间了。和棒球结缘，还有一个故事。一开始我也不喜欢玩，觉得女孩子应该矜持一些，玩一些轻松一些的运动就可以了。一次，我的一个姐妹失恋了，非常地痛苦，我当时去安慰她，后来她的另外一个朋友拉我们去的。在球场上整整打了一个下午，我那个朋友大汗淋漓，很快她便从失恋中走了出来。我也试着玩了玩，感觉真的不一样。从那之后我就喜欢上打棒球了。"邓明："是啊，打一次棒球，出一身臭汗，还有什么看不开的呢。找时间不如赶时间，要不今晚我们一起去运动运动，我是这里的棒球俱乐部会员，有很多球友，我给你介绍认识。"王欢高兴地说："好啊，好啊。"

故事里的邓明在和王欢相处的时候，由于之前邓明谈及的话题王欢不感兴趣，一度让交谈陷入了僵局。经邓明及时地引导，王欢说出自己感兴趣的话题之后，两人的沟通和交流非常成功。可见，在与人相处的时候，如果对方和你谈话的时候总是提不起兴趣，那么不妨巧加引导，让对方说出自己感兴趣的话题。那么，究竟该如何引导对方谈及感兴趣的话题呢？

1.委婉地询问对方的兴趣

一般情况下，人对自己的兴趣爱好有更多的情绪。在和对方进行交流的时候，不妨委婉地询问对方的兴趣爱好。就像故事中的邓明一样，引导对方说出自己的爱好所在，然后围绕着对方的兴趣爱好，展开了一系列的谈话。由于是

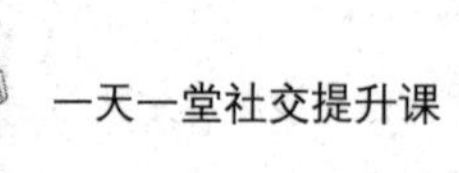

对方的爱好，所以对方有更多的情绪想要表达，这样适合双方交谈的话题自然就找到了。

2.要从对方的工作上入手

如果你觉得和他人实在没有话题可聊，那么不妨谈谈对方的工作。由于是对方熟悉的东西，所以更有发言权和表达欲。当然如果你对对方的工作不了解，最好不要随便地发表你的谬论，这样会影响对方表达的情绪。当然，如果你懂，那么你的表达更能让他人觉得和你有话可聊。

3.从他人的性格上多分析

人的性格不一样，感兴趣的东西也不一样。比如有的人喜欢安静，喜欢思考，那么你不妨和他谈谈人生哲学，谈谈某一本书的某个思想和情节；如果对方喜欢热闹，喜欢运动，那么你不妨多谈谈与运动有关的话题。这样更能将对方喜欢的话题引出来。当然，前提是把对方的性格把握准。

4.多观察对方身上的特长

往往很多时候，人都希望别人能发现自己身上不一样的东西。而对于自己的这些特殊之处，更愿意表达自己，以赢得别人的欣赏和认可。比如你发现对方很有才华，那么不妨谈谈与才华有关的话题，如果你发现对方很善于交际，那么不妨多谈谈他的朋友，等等。这样，你会发现，你和他人的交流会顺畅得多。

直触心底的话最能引起对方的交谈欲望

生活中，很多人内心的防御非常地强，即使你多次主动地表示和他进行沟通和交流，对方都是一带而过敷衍你，这时候，你说话时，就要切中对方的要害，直触心底，从而勾起对方的交谈欲望。如果你说话云里雾里摸不着边际，对方觉得你一窍不通，跟你沟通也是浪费时间，继而拒绝打开心扉。

王栋是一名出版公司的策划编辑，在北京工作了整整六年之后，回到了老

家。可是他的工作并没有因此而放弃，而是在为公司做自由撰稿。可是老家的人对图书的编辑策划以及撰稿几乎听都没有听过。这样，每当别人问他从事什么样的工作时，他都要耐心细致，从头至尾的介绍一遍。时间一长，他便觉得非常累，因为他们根本不懂，就算是跟他们解释过了，他们还是不明白，渐渐地，再有人问起的时候，他便索性说，待业在家。尽管遭到了很多人的鄙视和质疑，但是却省去了很多麻烦。这天，他去参加一个朋友的结婚典礼。碰上了很多高中的同学，其中有一个叫作晴雨的女孩，上学的时候跟他的关系非常好，后来由于相隔两地，渐渐地淡去了联系。见到王栋后，晴雨非常高兴，一番寒暄之余，两人热烈地交谈了起来。晴雨："老同学，现在在老家吗？"王栋："是的，现在在老家，不想再出去了，流浪了几年，心累了。"晴雨："那你现在做什么工作呢？"王栋本想敷衍一番，但是一想，对方毕竟跟自己的关系一直不错，敷衍她觉得很不礼貌。于是简单地说："我在写作。"晴雨惊讶地说："真的还是假的？你走上写作的路多少有些意外，写的是长篇还是短篇？"王栋解释说："我不是写小说的，应该说我做的是策划编辑及撰稿。主要写一些励志和心理学等实用性的教育性图书。"晴雨微笑着说："这个我知道，就是书店里卖的那种励志图书，比如《做一个会说话会办事的人》《每天读点心理学》等，是那种吗？"王栋惊喜地说："是的，是的，就是这种教育性书籍。难得有人懂我的职业。"晴雨说："因为我也经常看这类的书籍，有时候迷茫的时候，困惑的时候，看看这类的书籍能激发人的斗志。能引领人走出迷途。"王栋："你这么说，我感到非常自豪，感觉自己在帮助人，内心欣慰多了。"

故事中的晴雨在听到王栋的解释之后，继而迅速地说出了王栋所写作的书籍类型，把话说到了要害处，让王栋觉得，她是了解自己的职业的，交谈的欲望被调动了起来。由此可见，和别人沟通和交流的时候，说话时要切中要害，把话说到对方的内心深处，让别人觉得有必要和你交流，这样，沟通才能正常地进行下去。那么，如何才能把话说的直触对方的心底呢？

1.说话简洁，切中要害

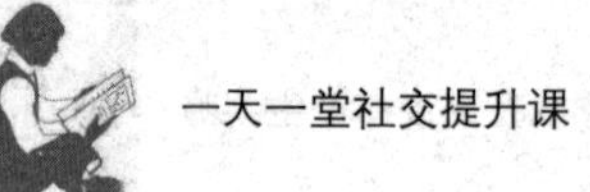

在与人沟通和交流时，如果你总是啰哩啰唆，云里雾里说不到点子上去，那么对方就会失去继续和你沟通的兴趣，继而敷衍于你。相反，如果你能简洁明了地说，句句切中要害，则会勾起对方交谈的欲望。所以，说话的时候不妨简洁一些，把话说到他的心里去，从而让对方不得不与你交谈。

2.要把话说得有些深度

对于一些比较难理解，有点深度的东西，很多人表现得一无所知，对方觉得跟你讲你也不明白，索性敷衍你，省些力气。如果你说话的时候，把话说得稍微有点深度，这样，别人觉得跟你沟通起来会轻松很多，你是懂他的人，那么，别人内心想要交流和沟通的欲望便被调动了起来。

3.故意曲解，等待解释

有些人为了显示自已比别人懂得多，因而卖关子不愿意多说，对于这种人，你一味地表现没有作用，这时候，你不妨反其道而行，故意曲解对方的意思，利用激将法，激起他想要解释和说明的欲望，因为这时候，他再不说话，内心会觉得憋得慌。对方的沟通欲望自然被调动了起来。

4.说出对方内心的意思

我们发现生活中，很多人不愿意多说话，是因为内心隐藏着小秘密。如果你能一语道破对方内心的秘密，对方觉得再没有三缄其口的必要，自然就会有话要说。当然，前提是你要清晰地洞悉对方的内心。如果说错了，对方觉得你在使诈，更不会说话。同时，还要防止对方以假乱真。

八卦原理，人人都有好奇心

我们常常总爱打听别人的私事，说些闲言碎语。事实上，人人都有好奇心，八卦原理存在于生活的每一个角落里。在你和别人沟通时，如果发现对方没有沟通和交流的欲望，那么不妨选择一些奇特的话题，勾起对方的好奇心，

调动对方内心的好奇欲望，进而达到沟通和交流的目的，赢得心灵的共鸣。

爱爱是个非常内向的女孩，平日里不爱说话，即使是和自己特别要好的朋友们在一起，话也是少得出奇，要是跟陌生人接触，那更是无话可谈。即使你再费劲地调动，她也不会和你多说一句话，因此，她的朋友非常少。按理说，这样的女孩子，男生一般都不喜欢。可是班里有个叫作大彪的男生，却对爱爱情有独钟，也不知道他用什么办法赢得了爱爱的芳心。总之两人谈了整整一年的恋爱了，从来没有出现过任何的问题。最近，大彪有个好朋友焦作明溪从外地回来了，这天傍晚，大彪带着爱爱给朋友接风洗尘，此外还有很多特别要好的朋友。私下里，朋友们悄悄地和明溪打赌，要是当天他能和爱爱聊上10分钟，他们便请明溪去吃大餐。于是，等朋友们各玩各得去了之后，明溪来到了爱爱的身边，跟她打招呼说："爱爱，你好，很高兴认识你。"爱爱微笑了一下，点了点头，并没有说话。明溪继续问："爱爱，我和大彪是非常非常要好的朋友，从认识到现在已经有十几年了。"爱爱依旧是点了点头，没有说话。明溪继续问："爱爱，你初中是哪个学校毕业的啊？"爱爱依旧没有说话，只是善意的笑了笑。爱爱总是不说话，这让明溪感觉到很有压力，如果再找不到合适的话题，能勾起爱爱的说话欲望，那么他和爱爱的谈话也只能就此结束了。突然，明溪脑子里灵机一动，换个了话题。他说："给你说，你都不相信，我和大彪当年是情敌，因为都喜欢上了一个叫作蝶的女孩，后来大彪和蝶走到了一起。那时候大彪爱蝶爱的死去活来的。"说完，大彪没有再说话，而是观察起爱爱的反应来了，爱爱一开始好像无所谓，过了几秒钟，她问道："那个蝶漂亮吗？"爱爱终于开口说话了，这让明溪大喜过望。他回答说："很漂亮，蝶那时候是班里的班花，很多人都喜欢她。"爱爱低下了头不说话了。明溪接着问："更主要的是蝶非常开朗，特别喜欢跳舞唱歌，走到哪里都一片笑声。"爱爱抬起头看了明溪一眼，问："那他们后来为什么分手了呢？现在大彪还和她有联系吗？"爱爱一连问了两个问题，这让明溪大喜过望。那天他和爱爱聊了整整半个小时。这让别的朋友们刮目相看。

故事中的明溪在和爱爱的沟通中，提及了很多话题都没有勾起爱爱的交流

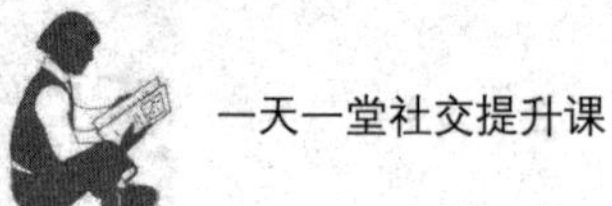

欲望。最终在大彪的前女友的话题上，调动了她的好奇心，最终让交流得以正常地进行。由此可见，当一个人内心充满好奇之后，沟通和交流的欲望才会被激发。那么，谈什么话题才能勾起对方的好奇心呢？

1.话题选择要与对方有关

人对于与自己有关的事情都特别地关心。想知道究竟是对自己有什么样的影响。因此，当你谈及与对方有关的话题时，就能勾起对方的好奇心。对方会向你询问，或者是认真仔细地倾听。当然这时候，你不要把话说得过于清晰，否则对方便会失去了交流的兴趣。要在谈话中把这种好奇心始终调动着才行。

2.选择的话题要有些悬念

如果你说一句话，对方就知道了你将要说的后一句话，试想，别人还会和你聊吗？因此，在说话的时候，话题要有些悬念，让对方内心之中对你的表达有所期待。同样，不要一下子满足对方的这种好奇心，要在不断设置悬念当中，钓足对方的胃口，从而让别人对和你沟通充满兴趣。

3.刻意强调“拒绝”意思

人有逆反心理，当你刻意强调不要让别人去做一件事情的时候，往往对方会去做。因此，在你和别人交流当中，不妨花点心思，可以强调不要让对方打听，打听了会有什么样的后果，等等。你越是不让对方知道，对方越想知道，实际上，这时候，对方已经被你牢牢地控制和驱使，和你谈下去也就是自然而然的事情了。

4.要留下疑惑让对方去猜

人有时候会怀疑自己的思维，有时候明明知道结果，还是会去怀疑。当然前提是你要给他选择的权利。有些时候，不要把话说得太清楚了，留下疑惑，让对方去猜，这样对方反而想知道最终的答案向你询问和继续和你交谈。如果把话说得过于直白，别人一清二楚，没有疑惑，那么内心没有了好奇心，对和你谈话就会失去兴趣。

第04章　适时表现自己，提升他人对你的欣赏度

我们常常说金子不管放到哪里都会发光。所以，很多时候，我们在人家交往当中，总是等待着被人发现，却不懂得抓住机会表现自己，赢得别人的欣赏。因而失去了很多的机遇。事实上，我们大可不必做那沉默的金子，适当的时候表现自己，用你的优秀赢得他人的认可和肯定，把命运把握在自己的手里。那么，在交际当中，究竟如何表现才能赢得别人的关注和欣赏呢？如果你感觉到疑惑，那么这一章给出的建议和意见或许能帮助到你。

光说不练别人怎么能知道你有能力

很多时候，我们表达起来滔滔不绝，可是却很少能赢得别人的欣赏。不是你不够优秀，而是相对于你意气风发的口舌之词，别人更相信自己的眼睛。在表达之余，用你实际的行动，适当地表现一下自己，证明你真的有能力把你所说的变成现实，这样才能引起别人的肯定和认可，别人才会打心眼里欣赏你。

邓拓是省局刑侦大队派到市里面来协助破案的。这起杀人案的手段之高前所未有，这让负责侦破的张队长着实头疼。按理说，邓拓的到来给他们带来了希望。因为邓拓在省局的警队破案中是出了名的厉害。可是，邓拓到来之后却发现，大家伙并不是如他期望的那样欢迎他。尽管此案由他全权一手负责，可是在他发号施令的时候，下面的警察不但不听，还冷嘲热讽，出言挤兑。这天，在开警队会议，布置任务的时候，他把盯梢的任务交给了警员小海和明明。盯梢可是个苦差事，每次都是大家最不愿意干的活。当任务下达之后，小海不冷不热地说：“邓队，我们都有任务了，那你干什么啊？”邓拓见

小海有些不服气，说：“我去抓疑犯，据可靠情报，这起凶案的一个从犯最近露面了。”小海冷冷地说：“抓人谁不会啊？要不咱们换换，你来盯梢，我跟明明前去抓人？”邓拓说：“凶犯极其彪悍，我怕你们两个去应付不来。”明明走上前来说：“那你怎么就确定自己能应付呢？”邓拓说：“想当年，我一个人应付八个拿刀的疑犯，你们能应付得来吗？”明明不屑一顾地说：“切，吹牛谁不会啊。”最后，邓拓只好让小海和明明前去抓捕，他没有去盯梢，而是悄悄地跟在了小海和明明的身边。抓捕的过程中，疑犯顽强抵抗，小海和明明和对方对打了起来。尽管他们在警队是数一数二的搏击高手，可是在和凶犯的搏击中，仅仅支撑了几分钟就被放到了。凶犯兽性大发，拔出了手枪对住了小海的脑袋。就在这千钧一发的时候，邓拓冲上来，踢掉了凶犯手里的手枪，凶犯跳起来和邓拓对打起来。仅仅三招之内，便被邓拓拿下，戴上了手铐。这时候，小海和明明缓缓地从地上爬了起来。邓拓看了他们一眼，什么话也没有说。从那天起，警队里再也没有人对邓拓表示不服了。

故事里的邓拓在安排任务时，遭到了同事的不服，尽管他说明了理由，可是别人并不怎么信任他。最后在抓捕过程中，亮了自己的身手，才赢得了别人的欣赏和尊重。可见，在人际交往当中，光凭你的嘴皮子是得不到别人的尊重的，关键还要看你怎么“练”。那么，在别人面“练”要注意哪些方面的因素呢?

1.要自信一些大方一些

很多人能力很强，但是总觉得在别人面前展现自己有些不妥当，因此总是扭扭捏捏，一味地谦虚推让。事实上，这样会让别人觉得你可能没有真本事，只是个要嘴皮子的江湖骗子。因此，不妨大方一些，自信一些，该表现自己的时候一定要表现自己。用实际行动证明自己。这样别人亲眼看到了你的能力，自然会欣赏你，重视你。

2.表现自己时适度即可

在表现自己的时候，一定要注意适度，能证明自己就行。过度地表扬会让别人觉得你在卖弄。这样给别人的印象就会发生变化，别人会觉得你仗着自己

有才华而看不起自己。所以，表现是为了证明自己，让别人尊重你，而不是你炫耀自己，让别人憎恨和妒忌你。这一点，在“练”的时候一定要注意了。

3.不要和别人一争高下

在你表现了自己的能力之后，难免会遭到一些心胸狭隘的人的妒忌，总要跟你争个高下。这时候如果你和对方较上劲，那么不管谁输谁赢，都不好收场。你赢了，则会招致更多人的妒忌，你输了，证明自己没能力，下不来台。所以，这时候，千万不要和别人计较和争斗。你的目的并不在此。

4.一定要记得谦虚一些

即使你表现得非常优秀，得到了大家的一致认可。但是你还要及时地把你的谦虚表达出来。这样，别人觉得你真的有能力，有才华。如果别人在表扬你，肯定你，而你口出狂言，不断张扬，则往往会扭转大家对你的情感，由敬佩欣赏变成嫉妒和不满。这样，即使你有能力了也得不到大家的拥护。

做个有气场的领袖式人物

生活中，我们不得不承认，有一些人他们不管走到哪里，都能迅速地成为人群中的领袖，他的意见和想法很快就能被大家所接受。事实上，他们之所以被人敬仰和追随，并不是修养有多高，威信有多好，也不是他们说的话多么地能服人心，而是因为他们的气场非常地强，总能在第一时间内迅速地让敬仰和追随。

段海是王兵最要好的朋友，这天刚好是王兵25岁的生日，段海特意从外地赶了回来，为王兵庆祝生日。当天，王兵请了很多非常要好的朋友，前来参加生日宴会。王兵只是想叫朋友们一起来玩，但是没想好具体的游玩计划，本来想着大家来了一起商量，可是等大家聚到一起的时候，谁也没了主意。这时候，段海站了出来，大声说：“大家静一静，既然大家现在没有计划，那么我有个提议，你们听听，是否能行？”大家随声附和说：“说，你说。”段海：“这样，咱们先去酒店开个生日派对，之后去爬山怎么样？”“好啊”有人惊呼道。“行，这个提议好。”有人附和着说。但是，究竟去哪个酒店开派对又没了主意。有的人说去农家庄园，感受大自然的气息，有的人说去市里面高档的酒吧，你一言，我一语的争个没完。这时候，段海又站了出来说：“这样吧，我知道一个既能吃好，又能玩好的地方，而且那里也非常适合开派对，环境也非常地好。你们跟我走吧。我一定让大家玩开心。”于是大家伙跟着段海，来到了一个叫作“黄金海岸”的高级会所。这一次，他没有再征求大伙的意见，而是悄悄地和王兵商量了一下，在进行什么样的娱乐节目，以及时间的把握上做了决定，由于段海的强大气场，就连当事人王兵在心理也默认了，在决策上听他的安排。当天的派对开得相当得成功，大家玩得非常开心，王兵也在满脸被大家送来的蛋糕祝福中笑得合不拢嘴巴。大家在黄金海岸出来，意犹未尽，于是按照段海之前的提议，他们去郊区爬山，尽管天气非常炎热，大家个个大汗淋漓，但是却非常开心。段海说：“咱们包了个大巴，大家一块坐车去，到了之后分成两组，进行爬山比赛。当然比赛的目的不是看谁先到山顶，而是看哪一组没有落队的人。”这一路的行程，都是段海在一一安排和打理。事实上，大家伙在心理已经默认了段海的领导和安排。有什么疑问也在向他询问，有什么想法也会向他反映。

故事中的段海，在大家伙没有主意的时候，站出来，以自己强大的气场充当了团队的领袖。由此可见，要想提高别人对你的欣赏能力，那么就要营造自己强大的气场，进而对他人进行心理控制，让他们无怨无悔地追随你，顺从你，让你领导着他。那么，如何增强自己的气场，成为领袖式的人物呢？

1.说话时要理直气壮

在和别人的接触当中，要对自己有绝对的信心，相信自己所说的就是真理，在这样的心理暗示之下，你说话时会理直气壮。这样自然而然会形成强大的气场，对他人形成震慑。如果你对自己没有足够的自信，说话的时候势必会底气不足，这势必给对方传达了负面的信息。这样一来，你没有了强大的气

场，对方的气场逐渐盖过你。你就会处于劣势。因此，在与人交往的时候，要坚信自己是正确的，这样你才能理直气壮，营造强大的气场。

2.语言表达简洁干练

很难想象，一个言不搭调，语无伦次的人营造出强大的气场，来震慑别人。因此，在与人交谈的时候，语言表达一定要简洁干练，用简单的语句将你的意思，你的情感表达得清楚明了。这样一来，别人根本没有思考的空间，你所说的话，你的情感和意见会迅速地占领别人的心，这样才能给别人带来震慑的效果。平日里说话要尽量间接干练，给人雷厉风行的感觉。时间久了，你的气场自然会强大起来。

3.语气肯定不容置疑

在表达的时候，语气要肯定，给别人不容置疑的感觉。这样，即使别人想要反驳，也会照顾到你的情绪。如果你说话没有力度，软绵绵的。别人就会觉得你好对付，继而用他的气场来控制你。在和别人交往的时候，说话一定要语气肯定，斩钉截铁。营造强大的气场来震慑别人。事实上，也只有这样，才能让对方顺着你的想法。最终你才能领导他人。

4.说话时要有逻辑性

如果你说的话逻辑性很强，无可辩驳，那么即使别人想要不顺从你都难。因为你的话进入了对方的心。相反，如果你所说的话前后矛盾，逻辑性很差，这样别人很容易找到辩驳的理由，自然不会听你的号召，你也就成不了别人的领袖。因此，要想营造强大的气场，就要在说话的时候，要有很强的逻辑性，用客观存在的逻辑关系征服别人的心。

一些小噱头就能引起他人注意

生活中，往往有些人在不经意间说一些特别有意思的话，或者开一个小玩

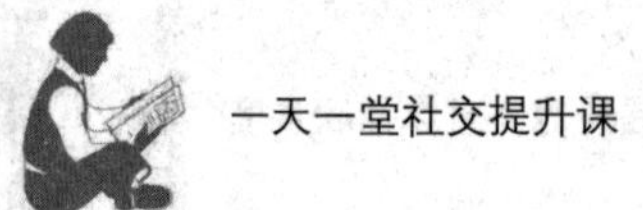

笑，大家的注意力迅速地被吸引到了他的身上。这样，别人对他的印象便会深刻得多，对他的了解也会比另外的人多，实际上这样，既增加了自己的受关注度，又增加了别人对让的欣赏和认可的力度，这在人际交往当中能起到非常重要的作用。

1.有积极乐观的心态

通常，会说小噱头的人往往有乐观的心态。事实上，只有开心快乐的人，才能发现生活的快乐，才能在人际交往当中，把你的这种快乐的情绪表达出来，吸引别人的注意力。很难想象，一个整天唉声叹气，悲观失望的人，会说出什么有意思的话来，引起别人的关注和欣赏。所以，要想说一些小噱头，来增加别人对你的印象，那么拥有积极乐观的心态是前提。只有你是快乐的，才能发现生活的快乐。

2.多和幽默的人交往

俗话说“近朱者赤近墨者黑”，要想让自己所说的话被人关注，那么就要平日里多接触一些比较幽默的人，时间长了，耳濡目染，你会在不经意间发现，你也很有幽默感了。当然，在这个过程中，别只顾着咧着嘴笑，在表达你快乐的情绪时，要注意留意和观察别人的言语和动做，要思考同样一句话，别人为什么说出来惹人发笑，而你说出来却没有那个效果。这样时间久了，你说出来的话便很有幽默感了，别人也喜欢听了。

3.要懂得玩文字游戏

人类情感的表达往往是通过语言和文字。所以，只有懂得玩文字游戏的人才能说出一些惊人的话，才能将大家的注意力集中在自己的身上。很多话，换个说法，换个表达方式，效果会完全地不一样。只有你学会玩文字游戏之后，很多看似平淡无奇的语言经你的嘴说出来，可能就会引起大家的关注。

4.要掌握丰富的知识

很多人说话之所以很有意思，是因为这样的人有丰厚的知识。因此，要想让自己的语言多一些趣味，那么就要掌握来自于书本和生活的丰富知识。只有你肚子里有了墨水，才能随机应变，将话讲得趣味生动。否则你所讲出来的

话就会显得空洞和苍白，没有实际的意义，时间久了，大家也就不再被你吸引了。

自夸不浮夸，学会往自己脸上贴金

在谦虚理念的教导之下，很多人喜欢做默默无闻的“金子”，等待着让自己发出光来，被别人发现和认可。事实上，这个世界上的“千里马”很多，懂得欣赏的“伯乐”却很少，要想被别人重视和认可，那么就要适当地表现自己，对自己进行夸奖，往自己的脸上贴金子，这样才能更快地把自己推销出去，获得更多的机会。但是夸奖自己的话一定要说得真实，切不可胡编乱造，让人觉得你很浮夸。

大学毕业之后，赵辉拿着简历四处奔波找工作。由于他是学中文专业的，在市场上对应的岗位相对来说较少。因而，奔波了整整一个月之后，没有任何进展。就在他心灰意冷之际，无意之中发现了一个国有企业在招聘秘书。他为此而暗自窃喜，但是很快，他发现对方要求的是硕士学历，而他只是本科毕业。但是他并没有放弃，而是主动给对方打了电话，在电话中，赵辉被拒绝了，但是他从对方说话的态度中，看到了很大的余地。于是这天，他带着自己的简历以及大学时候取得的所有的证书，来到了招聘企业。前来应聘的人不是很多，但是都是硕士学历，赵辉也谎称自己是硕士学历，因而获得了与面试官面谈的机会。当面试官得知他只有本科学历时，明显地感到不悦，赵辉急忙做了解释，并对面试官说：“我的学历低一些，但是我相信贵企业需要的是人才，而不是学历。”面试官略加思考之后，给了他这个面试的机会。赵辉抓住机会，将自己详细地介绍了一番，在介绍当中，他除了说自己的基本信息之外，大多数的话都是在夸奖自己。他说：“我的写作能力很强，在我高中的时候，就在当地的期刊上发表过小说，上大学的时候，在著名的半月刊《十月》上发表中篇小说，引起了不小的轰动。”“除此之外，我处理人际关系的能力也很强，在大学期间，长期担任校学生会主席，协助校领导完成学生的管理工作，并多次得到了校领导的肯定的同学们的认可。”“我做事也非常认真，在大学期间，多次组织了学校的各类活动，为全国大运会的举办出过不少力，因而获得了学校颁发的优秀学生干部证书。”说着，赵辉讲随身带来的证书放到了面试官的面前。赵辉接着说：“我在学习上也努力，成绩一直是全年级第一，多次拿了国家奖学金。”说着赵辉又将成绩单和奖学金的证书放到了面试官的面前。整个面试，都是赵辉在不断地夸奖自己。面试官频频地点头。面试结束之后的第三天，赵辉接到了国有企业的电话通知，让他去报到。就这样，赵辉在不利的条件之下，发挥了自己的优势，获得了国有企业秘书的这个职位。

故事中的赵辉在介绍自己的时候，不断地展现自我，实施推销，让面试官了解了他的实际能力，最终在众多的面试者当中脱颖而出。试想，如果当时他不对自己进行夸奖，那么他给面试官留下的印象便会很淡，最终很有可能与之无缘。由此可见，在适当的时候，要学会自夸，往自己的脸上贴金，以增强别人对你的认可和欣赏。那么，如何才能做到既自夸，而又不浮夸呢?

1.要自信一些，敢于对自己进行夸奖

如果你一再地谦虚，等着别人来发现你，那么你注定会失去很多的机会。因为被人发现是需要一定的时间的。所以，抓住机会，及时地自我推荐显得尤为重要。对自己进行夸奖的时候，要有勇气，自信一些，要知道你在为自己争取机会。如果你连站起来夸奖自己的勇气都没有，那么即使你能力再强，别人也不知道啊，再说了，敢于推荐自己本身就是一种能力。

2.要坦诚一些，自夸的话一定要属实

在向别人推荐自己时，自我夸奖是很有必要的。但是在夸奖的过程中，你所说的一定要属实，如果你说假话来欺骗和糊弄别人，对方一定能感觉得出来，因为人在说谎的时候，表情和动作会出卖自己。试想，如果对方发现你在说谎，对你的印象能好起来吗？所以，要想别人对你有更好的印象，更加欣赏

你，那么不妨坦诚一些。

3.态度谦虚些，自夸时不要飞扬跋扈

有些人在夸奖自己的时候，一个劲地炫耀自己多么伟大，多么有本事。恃才傲物之情油然而生，这样你说话的态度便会发生很大的变化，言语间流露出骄傲自满，甚至是飞扬跋扈的情绪。别忘了，你是为了让给别人留下好印象，是为了让别人更加地欣赏你，态度不谦虚，别人怎么可能欣赏你呢？

4.用语准确些，切忌表达的天马行空

即使是对自己实际情况的自夸，说话时，用语也要准确，切忌让自己的表达天马行空，诚然你是为了给别人留下好印象，是为了让别人更加地欣赏你，但是你夸大了你所取得成就的成分，则让别人感觉到不真实，对你产生怀疑。尽管你没有说谎，但是别人对你产生不信任的情绪，跟你说谎是一样的效果。

明星效应，总会带来更多关注

通常情况下，当你在别人的眼里因为你的某一方面的卓越表现而被广泛地认可的时候，你的别的方面自然也会引起别人的关注。尽管或许不是很优秀，但是大家会乐此不彼地谈论和了解。这就是所谓的明星效应，因此，在人际交往当中，要将你的某一方面的才华发挥到极致，从而促使大家更多地关注你和了解你。

黄磊今年不到30岁，写得一手好毛笔字，这在年轻人中间实在不多见。这次书法大赛，他挥洒自如地写了一手行草，夺得了年轻组比赛的总冠军，因而一时之间在单位出了名。单位的大小领导以及同事在闲聊的时候，谈论的都是他。

这天下班后，黄磊刚走出单位的大门，只见大门边50左右岁的一位知识女

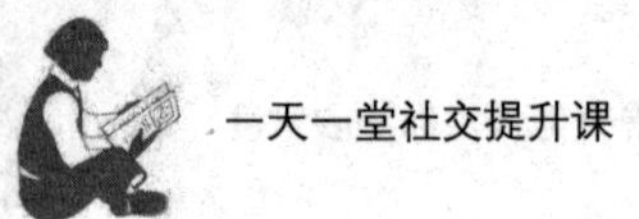

性迎了上来，见了黄磊便问："请问你是黄磊吗？"

黄磊莫名其妙地看了一眼，说："是的，我就是黄磊."

知识女性接着说："就是那个得了书法比赛一等间的黄磊吗？"

黄磊点点头，说："是我，请问您是？"

知识女性笑着说："我总算找到你了，小伙子一表人才啊。"

看着黄磊一脸的茫然，知识女性接着说："奥，忘了介绍了，我是市戏剧学院的副校长，我姓林。"

黄磊微笑着说："奥，是林校长啊，失敬！失敬！请问你找我有什么事情吗？"

林校长面露难色地说："是一些私人事情，你看，这会时间方便吗？我想跟你好好聊聊。"

黄磊说："当然方便了。"

于是林校长和黄磊来到了街角处的咖啡屋，当然一路上两人聊的话题自然是黄磊的书法。

入座之后，他们接着聊了一会黄磊取得书法比赛总冠军的事，言谈中，黄磊感觉到林校长非常地喜欢和欣赏他。

几分钟之后，林校长微笑着和蔼的说："小黄啊，我有件私人的事情想打听一下，如果问的有什么不合适的地方，你千万别忘心里去。"

黄磊微笑着说："林校长，有什么事您就问吧，我一定如实回答。"

林校长思索了几秒钟之后，说："小黄今年多大岁数了啊？"

黄磊看着林校长，认真的说："今年28岁了。"

林校长接着问："找对象了吗？"

黄磊："一直忙于工作，没有遇到合适的人啊。"

林校长难为情的说："我女儿比你小一岁，特别的喜欢你，所以我冒昧的约你出来，打听一下，要是你有兴趣的话，和她试着交往一下，你看……。"

黄磊不好意思的说："难得深得林校长千金的青睐，一切听从林校长的安排。"

林校长有些不好意思的说："我知道这样说，实在有些冒昧，但是我女儿就是喜欢上你了，而且除了你谁也不找。你知道，我就这么一个女儿，所以今天豁出这张老脸来找你了。"说着林校长难为情的扶了扶眼睛，喝了一口咖啡。

黄磊说："没事，林校长，真的没事，我理解一个母亲的心。全听林校长安排。"

林校长笑着说："那太好了，改天到我们家去做客，你们两个见个面吧，你看行吗？"

黄磊点了点头，爽快的说："行，没问题。"

故事里的黄磊因为在书法比赛中，获得了第一名，一时间出了名，大家在关注他这个总冠军的同时，也开始关注他的工作和生活。林校长关注他的婚恋，所以主动前来推荐女儿。由此可见，在明星效应下，一个人在某方面取得成就之后，就会引得别人关注他的其余的方面。那么，如何利用明星效应，吸引更多人的关注呢?

1.前提是你足够的优秀，成为"明星"

要想有"明星"效应，吸引别人更多地关注，前提是你在某一方面足够地优秀，成为大家眼中的"明星"。因此，要审视自己，看自己有哪方面的爱好和天赋，然后将你的爱好发展到极致，成为大家眼中的佼佼者。如果你没有爱好，那么不妨把你手头的工作做到最好，一样可以赢得别人的欣赏和认可，一样可以成为大家眼中的"明星"。

2.注意自己言行，维护"明星"效果

既然成为了大家眼中的"明星"，那么你的一言一行，都会受到更多人的关注。因此，一定要注意自己的言行，不要做一些负面的事情，说一些负面的话，伤害别人心目中的美好形象。俗话说"好事不出门，坏事传千里。"对于优秀的你来说，你的不良信息传播得将更为迅速。因此，要想让更多的人关注你，那么你就要注意自己的言行，不要破坏自己的形象。

3.要再接再厉，为“明星”效应保鲜

一个人成为大家眼中的“明星”之后，如果你只沉浸在明星的光环之下，不知道再接再厉，那么时间久了，你就会慢慢地从大家的视线中淡化掉。因此，当你成为大家关注的“明星”之后，一定要再接再厉，让你的优秀持续下去。事实上，也只有这样，大家才能保持对你足够的兴趣。否则，别人对你的关注度自然会慢慢地减弱。

延迟满足：关键时刻再挺身而出

一般情况下，人内心的欲望越得不到满足，越想得到满足的欲望就会越强。这也就是为什么生活中越容易得到的东西，往往不会珍惜的道理。同样，要想增加别人对你的欣赏和重视，那么就不要随便站出来，要延迟满足，增加别人内心对你的渴望，当你觉得这种渴望达到顶峰的时候，再挺身而出，那么你在别人心目中的地位会陡然提升。

小李是名牌大学的研究生，而且他一直对自己的金融策划专业很有信心。他曾经为几家公司做过策划，人家对他的作品也都很满意。正是由于这一系列的原因，使得小李觉得自己的策划水平很高深，于是他就总是以自信满满的姿态出现在不同的场合。这一次，小李来到这家公司打算大展拳脚，他想把自己的优势发挥到极致，总想着借助自己的专长飞黄腾达。可是在公司的会议上，小李总是抢先发言，把他的策划方案说给领导们听，希望得到他们的肯定和认可。可是每次都被否决了，小李心里很不是滋味。更让小李觉得郁闷的是，他们公司新来的一个大学生，每次都是最后一个发言，但他的策划方案每次都会引起老板的注意。对此，小李百思不得其解，后来无意中听到公司同事们都在议论最后发言的策划方案，因为他们记得这个策划，之前小李的策划早已被忘在了九霄云外。小李顿时明白了，原来这就是所谓的末尾效应。从那以后，小

李似乎谦逊了很多，每次公司开会，他总是最后一个发言，他想借此来显示自己说话的重要性。有时候老总主动询问他的想法，他也只是谦虚地笑一笑，把机会让给别人。奇迹发生了，慢慢地小李的策划引起了老总的重视。久而久之，小李在策划这一方面就成了公司名副其实的元老。

故事中的小李之前之所以不被别人欣赏和肯定，是因为他站出来的时候过早，大家的心理期待很弱，因此对他的感觉便会弱化很多，后来，他在关键时候再站出来，延迟了满足，在别人最期待的时候出现，从而增强了别人对他的欣赏力度。由此可见，在展现自己的时候一定要把握好时机，在别人心理最期待你的时候出现，才能提升他人对你的欣赏力度。那么，在延迟满足，把握时机挺身而出的时候，要注意哪些因素？

1.不妨等到最后再发言

我们发现，不管是在工作还是在生活中，一些重要的发言都留在最后，因为人们觉得最后发言的便是最终要的，因此对最后发言者也比较关注和期待。由此可见，人们对最后发言者的心理期待也是最强。这样，你的发言就能引起更多人的关注，大家对你的欣赏力度自然就会增加。所以，不要急着出风头，不妨等到最后一个发言。

2.一定要学会卖点关子

往往很多时候，对方想知道什么，你就迅速地给予回答，觉得这样会给别人留下好印象。其实不然，因为别人对想知道的东西的心理期待很小，很容易地得到了满足。对太容易得到的东西往往不在乎。同样，你太容易满足了对方的心理，对方对你的印象不深。这时候，不妨学会卖点关子，增加别人的心理期待。

3.把简单的道理复杂化

一般人们会认为，简单容易的东西没有多少分量，因而对此不会有足够的重视。因此，在阐述你的想法的时候，不要说得过于简单，要适当地将它复杂化一些，这样，对方觉得没那么简单，便会在心理上认真一些，多了份期待和重视。这样，对你的好感便会增加很多，对你的欣赏力度也会大大地增强。

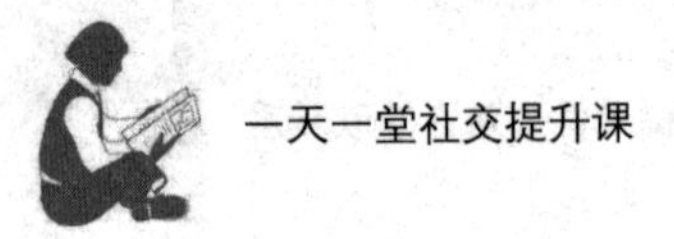

4.吊胃口时要适可而止

通常情况下，你越吊别人的胃口，对方对你的心理期待便会越强，你所说的话便会越能引起对方的重视。但是，吊胃口一定要适可而止，如果对方的心理期待一直得不到满足，别人就会对你产生失望，心理期待会迅速地减弱。当出现这种情况的时候，就会适得其反。

5.要学会应用逆反心理

往往很多时候，别人越想得不到的东西越想得到，你越不想让他知道的事情，他越想知道，这就是心理学上所说的逆反心理。当提高别人对你的欣赏能力的时候，不妨应用逆反心理，来增加对方的心理渴望，当你激起对方的心理需求之后，故意冷却淡化，让对方心里着急，这样，对方便会越加关注和期待你。

第05章　因地适宜，时刻都能成为他人想亲近的对象

在人际交往当中，我们都会自然地去接近那些自己喜欢和欣赏的人。如果你能在初次见面的时候，给对方留下好印象，那么无疑对方会被你吸引，进一步和你接触。当然，要想做到这样，光凭外在的气质是不够的，还需要你在与人接触当中，运用一些与人交往的技巧和方法，赢得对方的青睐。这些技巧和方法或许并不是死的条条款款，而是需要因地制宜，随机应变的。如果你觉得不错，那么不妨参考一下。或许对你的交际真有帮助。

私人派对上，放下身份和他人打成一片

每个人在社会上都扮演着各种各样不同的角色。有的人能迅速地从角色中走出来，融入到生活中，有的人则“入戏”太深，一时半会走不出角色。即使在很轻松的私人派对上，也摆着架子，让别人觉得你拒人于千里之外，事实上你也没有办法和大家伙打成一片。你被自己的“角色”束缚着，你放松不下来，也开心不起来。

王大虎今年刚刚30岁出头，却已经当上了某职业学院的党委书记。自从他当上这个党委书记之后，朋友们觉得他就像变了个人似的。以前活泼开朗、说话非常幽默，时不时地把身边的朋友和同事们逗得哈哈大笑，可是自那以后，他总是很少说话，而且板着一张脸，昔日的好友跟他开个玩笑，他总是阴着脸说：“严肃点。”这让很多人常常尴尬万分。就这样，身边的朋友离他越来越远了。闫磊是王大虎非常要好的铁哥们，这些年一直在外面打拼，他只知道王大虎现在是有身份的人，但是却不知道王大虎已经不是之前的那个王大虎了。

所以，这次回到老家后，叫了一大帮子朋友来放松和娱乐，当然也包括王大虎在内。朋友们聚到一起，自然是分外地开心，大家又是唱歌，又是跳舞，气氛非常地活跃。每个人脸上都带着满足的微笑，只有王大虎一个人紧绷着脸，坐在一边抽烟。有朋友过去拉他一起玩，他反倒阴着脸，以批评的口吻说："注意点形象，这里是公众场合。"这真是让人扫兴，因此大家都不再搭理他，而是尽情地去玩乐了。王大虎总是板着一张领导的脸，坐在一边独自抽烟喝酒去了。闫磊好几次过去跟他套近乎，也被他用谨慎的言谈给默然地拒绝了。因为他总是点点头，或者是微笑着打哈哈，不愿意深聊，以保持自己领导的威严。那晚，当大家伙兴高采烈地从娱乐场所出来的时候，王大虎一个人悄悄地背着手，消失在了夜色中。事实上，他也很想高高兴兴地唱一首歌，跳一支舞，他也想肆无忌惮地和朋友们聊一些不着边际的话题。他的内心之中渴望这种快乐，但是，他却没有从扮演的角色中走出来，被自己的身份绑架了。这天，闫磊要离开了，他语重心长地对王大虎说："大虎，我知道你现在是领导，是有身份的人，但是我只是你的朋友。"说完，拍了拍王大虎的肩膀，离开了。那天，王大虎回去后，认认真真地想了一个晚上。第二天，他主动给以前的好朋友打电话，主动去关心他们，问候他们。渐渐地他身边的朋友又多了起来。

故事中的王大虎由于当上了党委书记，而成为了有身份的人，也正是他的这种身份，让他被"角色"束缚得牢牢地，进而在社会生活中无法回归正常人。在私人派对上拉一张党委书记的脸，将自己高高地架了起来，结果让别人远离他，不想再跟他接触。由此可见，当你回归到生活中的时候，就要放下架子，回归到正常人，这样你和别人没有任何的差别，只有平等了才能相处和交流。在私人派对上，如何做才能放下身份和他人打成一片呢?

1.参与朋友们玩的游戏

一般情况下，朋友们聚在一起就是图个开心，如果你总是连朋友们之间玩的游戏都不参加，无疑于把自己孤立在朋友们之外。这样你越加地感觉你和别人不一样，这样会让你所扮演的"角色"更加束缚你。如果你感觉自己从角色中出不来，那么不妨多参加朋友们之间的娱乐游戏，在游戏的轻松氛围中，

你的角色会慢慢地淡化，再加上娱乐中的互动，你和朋友们的情感会慢慢的增加。

2.勿谈与工作相关的事

和朋友们在一起的时候，除非对方关心你的工作，一般情况下，不要谈及与工作有关的事宜。事实上，你的社会身份很大程度上是由你的工作给你加上去的。谈及工作，会让你更加注重自己的身份，注重自己的地位，从而没有办法跟别人站在平等的地位上交流和沟通，这样一来，你永远也不可能和别人打成一片。

3.不妨直呼彼此的名字

由于彼此之间身份地位的悬殊，所以别人对你总是毕恭毕敬，即使在私人场合也是如此，这就要求你主动地告诉对方，叫你的名字，你也直接称呼对方的名字。事实上这样，无形之中把自己和他人放到了一个同等的水平上来沟通和交流，当大家把你当成自己人的时候，你自然和他们打成了一片。

4.允许自己犯点儿错误

因为你地位高，别人地位低，所以即使是朋友，和你接触的时候，也会有所顾忌。这时候，你不妨故意在他们面前犯一点错误，这样让他们觉得你也是个和他们一样的人，而不是高高在上的领导和名流。当别人心里有这样的感觉时，自然对你不是恭恭敬敬，而是称兄道弟，把酒言欢。

商务晚宴上，场合虽正式但放松自己更重要

在职场中，为了应酬，免不了要参加很多商务晚宴。但是与会者不是领导就是客户，对于一般人来说，都是需要非常尊重他们。因而免不了毕恭毕敬地去恭维他们。这样，在商务晚宴上，你几乎紧绷着神经，轻松不起来。

参加这样的晚宴，对你来说不是快乐，而是煎熬，别人也会因为表情僵滞

而对你不满。因而，在商务晚宴上，让别人感受到尊敬很重要，但是一定要放松自己，只有你真正地放松自己了，你才会有迷人的微笑，你才会让别人感觉到你满面春风，才会有接近你的欲望。

谢娜是某著名化妆品销售公司的销售员，他来公司刚刚只有半年，但是在她的努力之下，业绩不菲，在年度评选中被评为了最出色的销售员，获得了参加公司年度商务晚宴的机会。因为出席这次宴会的是公司的高层领导和有一定实力的大客户。这对于处于基层的销售员谢娜来说，确实是莫大的荣耀。这天晚上，她穿上了自己刚刚新买的高档连衣裙，认认真真地化了一个淡妆，穿上了水晶高跟鞋，看起来别有一番风味。到了晚宴开始的时候，她准时来到了现场。看着恢弘的场面，谢娜心里别提有多激动了，这可是她第一次出席这样的宴会。突然，谢娜看到了总公司的董事长从远处走了过来，事实上他之前并没有见过，只是在公司的宣传材料上见过他的照片。她激动地手舞足蹈，董事长走到她的身边，彬彬有礼地问道："你好，请问你是谢娜小姐吗？"谢娜紧张地看着董事长，半天说不出话来。这时候，一边的董事长助理解释说："这是我们公司的董事长乔羽，待人非常和蔼，你放松一下，不要紧张。"谢娜的心跳得不那么快了，她看着乔羽，木讷地点了点头。乔羽温和地笑了笑，拍了拍她的肩膀，对她说："别紧张，我们会相处很好的。"谢娜紧张的心再度平静了很多，他谨慎小心地说："乔董，我是第一次见您，您看起来比照片上更加得和蔼可亲，更加得魅力无穷。"此话一出，她就感觉说得不合适，因为董事长脸上的表情微微起了变化。董事长转过神来，对她说："走吧，我去那边给你介绍一些公司的大客户，这对你以后的工作有很大的帮助。"谢娜紧紧地跟着董事长，没再敢说话，几秒钟之后，董事长转过头来说："怎么不说话了啊，刚才聊得挺好的。"谢娜有些不安，她看了董事长一眼说："乔董，我要是有什么话说得不合适的，您千万不要往心里去啊。"董事长转过神来，微笑着说："放轻松一些，你想说什么就说什么，我不会计较的。"听到董事长这么说，谢娜才放松了自己，和董事长天南海北地聊了起来。

故事中的谢娜由于第一次参加这么正式的商务晚宴，也是第一次见到总公

司的董事长乔羽，因而显得非常紧张，表现得毕恭毕敬。事实上，这在一定程度上阻碍了她和董事长的正常交流。后来，在董事长一再的强调下，她才将自己放松，和对方进行了正常的交流和沟通。那么，在商务晚宴上，如何让自己既遵从正式礼仪，又放松自己呢？

1.要自信，把自己表现得大气一些

由于商务晚宴一般都比较正式，而且都是有一定身份和地位的人参加，所以对于一般的公司员工来说，并不常参加。因此参加了之后，往往非常紧张，非常好奇。甚至表现出一些小家子气。这样，会给别人留下不好的印象。所以，即使你是公司最普通的一个，也要有些自信，让自己表现的大气一些。因为你既然能参加这个会议，说明你是得到公司认可的。

2.别忘了告诉自己，这也是在工作

很多身在职场的人，平日里都非常劳累，尤其是一些基层的员工，所以一听说是宴会，那自然是高兴地不得了。觉得是让自己去吃喝玩乐。事实上并非如此。因此，参加这样的商务宴会的时候，一定不要忘了，这也是在工作，在一定程度上要正式一些的。比如穿着，说话上都要正式一些。

3.见了大人物，完全没有必要自卑

一般情况下，参加商务宴会的都是有头有脸的大人物。这对于基层的员工来说，平日里基本上见不到他们，更别说跟他们交流和沟通了。因此见了他们会非常激动，非常紧张，不敢跟他们多说话，生怕自己那句话说得不合适，引起对方的不满。事实上，大可没有必要。既然对方和你一起参加这个宴会，和你来进行沟通和交流，那说明，对方降低了身份，把你当朋友。

4.保持微笑，用快乐获得别人赏识

在商务宴会中，如果你过于紧张，那么你的表情会将你的心出卖掉。别人生怕让你尴尬，也不敢随便地接近你。这样，你就失去了很多和公司高层接触的机会。所以，不管遇到多么有地位、有身份的人，都不要紧张，让自己放松一些，用你的快乐情绪来吸引别人接近你，这样你在职场上的机会才能更多一些。

公司聚餐时，话要多往同事心坎里说

同事之间，由于存在着竞争，所以彼此之间或多或少地都存在着各种矛盾，这在工作当中都不利于团结一致。因此公司为了改善同事之间的关系，总会时不时地举行公司聚餐，通过吃饭加强同事之间的情感沟通，增进同事之间相互配合的默契度。

但是也不可否认，同事之间的很多是非也源于公司聚餐，由于吃饭的时候，寒暄客套的话说得不入耳，让同事记恨在心。或者是在恭维领导，拍马屁的时候，无意中伤害了同事的心，这样的事情比比皆是。

黄艾是某房地产公司的销售员。她来到这家公司差不多整整有一年的时间了，尽管她销售额是公司内最高的，可是没有得到过任何的奖励或者是表扬，就连公司每年一次的提升机会也被别人给抢走了。为此，黄艾内心深处有些不满。后来，她明白了。所有的好处都与自己无缘，那是因为自己的性格太倔强，不会和领导搞好关系。于是，在这次总公司组织的员工聚餐时，她想趁此机会，好好地把自己的领导恭维一番，为下次的升迁早做准备。因此，在入座的时候，黄艾故意坐到了销售经理的边上。开餐之后，黄艾不断地给经理夹菜倒酒，尽献殷勤，这引起了别的同事们内心的不悦。但碍于经理在场，也不好说什么，所以，大家都很少说话，只顾着吃饭。黄艾一边为经理夹菜，一边恭维道："经理，您人长得漂亮，再配上精致典雅的小西服，实在是太有气质了。您是怎么打扮自己的，给我们也说说嘛。"经理听得心花怒放，笑着说："也没什么，你只要按着自己喜欢的模式去打扮就行了。"黄艾给经理倒了酒，又恭维道："是吗，您按着自己喜欢的方式打扮自己，就如此地超凡脱俗，那说明您的品味和涵养真是我们无法企及的，怪不得我们怎么收拾也看起来土了吧唧的。"黄艾的话让经理听着非常舒服，可是让别的女同事听着就特别别扭，因为她在恭维经理的时候，连带着把同事们全部贬斥了一遍。从那以后，黄艾虽然得到了经理的重视，但是却因此而得罪了同事们，在此后的工作

中，大家对她都很敌对和排斥，有好几次，由于大家都不帮助她，导致丢失了客户。她再也不是公司里的销售天才了。后来，她如愿以偿地获得了提升的机会，但是她却不得不辞职，因为大家伙根本就容不了他，总是找各种各样的理由来和她作对。这使得她根本没有办法正常地展开工作。每天生活在大家的哀怨之下，非常痛苦。

故事中的黄艾在公司聚餐的时候，为了讨好和恭维经理，说话的时候，得罪了同事们，导致了最终她不得不离开公司的结果。由此可见，公司聚餐是个增进彼此之间情感的机会，但是也是个产生矛盾的端口。因此，说话的时候要注意措辞，把话说到同事们的心坎上，增进彼此之间的情感。切不可因为口无遮拦，得罪同事，给你之后的工作和生活带来麻烦。那么，如何才能把话说到同事的心坎上呢?

1.多强调集体的利益

在公司聚餐的时候，不管是平日里关系好的人，还是关系不好的人，都要坐在一张桌子旁。这时候说话的时候，一定要格外小心，一定要避开彼此之间的矛盾和冲突，多强调维护集体的利益，这样，同事们之间就会暂时放下隔阂和不满，大家的的共同欲望被调动了起来，凝聚力就会增强。

2.表达互相帮助意愿

在任何一个岗位上，都需要大家的帮助，才能更好地开展工作，这一点你明白，大家也都明白。因而，完全可以借着这个机会，向同事们发出倡议，互相帮助，共同发展。在这个美好愿望之下，大家一般都不会反对，因为对自己来说也是有好处的。这样一来，集体的凝聚力便会增强，内耗减少到最小。

3.将功劳和大家分享

在公司里，任何一个人取得的成就都少不了大家的帮忙。因此，在公司聚餐中，领导在表扬你的时候，不要把功劳一个人全揽，要感谢领导的指导，感谢同事的帮助，这样你把功劳和大家分享了，同事们自然会记着你的好，继而加强对你的帮助，即使没有帮助过你的人，也会感到内心有愧，来帮助你。

4.说话顾及大家感受

在公司聚餐的时候，公司的领导全在，同事们也都在，所以场面相对来说较为正式，在这样的场合之下，说每一句话的时候都要多考虑一下，顾及到大家的感受。或许你说话的时候并没有所指，但是别人听了或许会有别的想法和看法。这样，就会增加同事们之间的矛盾和隔阂，不利于公司内部的团结。

与客户见面时，多听多微笑多替客户想

身在职场，跟客户打交道是在所难免的事情。但是有些人和客户接触的时候，非常受客户欢迎，也很快地能取得跟客户的合作。有些人却让客户非常反感，致使和客户的合作一度受阻，给公司带来了巨大的损失。

之所以会出现这样的情况，不是因为他们适合或者不适合跟客户打交道，而是因为他们会或者不会和客户打交道。前者之所以受客户欢迎，那是因为他们懂得倾听，他们习惯了微笑，他们总是在替客户着想，试想这样的职员，怎么不招客户喜欢呢?

一次，张婷去拜访一个装修公司的经理，想要给他推销地板。据说这个客户非常难缠，很多销售员都在他面前灰溜溜地被赶出来了。所以，张婷这次去也没有抱太大的希望。当她微笑着敲开了这位经理的办公室的大门之后，经理对她非常热情，又是端茶倒水，又是嘘寒问暖。这反倒让张婷有些不习惯。但是毕竟客户是真心关心她，因此张婷内心还是非常感动。随后，张婷表明了来意，经理笑了笑，说：“我们已经有了合作的厂家了。”张婷从经理的话里听出来，他在撒谎。于是张婷说：“据我了解，你们公司多装修的是一些高档居民楼，所以我觉得你们更需要一些高档的木质地板。”经理说：“为什么这么说啊？现在的PVC地板不是也很流行吗？”张婷知道这是经理在考验自己，于是她笑着说：“PVC地板一般都在一些公众场合用，家庭用户一般都很少用

的。”还没等张婷继续往下说，客户就开始说了，说自己的家庭生活，妻子多么贤惠，孩子多么懂事。说到高兴处，客户眉飞色舞，手舞足蹈。而张婷只是静静地听着，偶尔点点头微笑一下，表示认可和肯定。一个小时过去了，两个小时过去了，客户说完了家庭，说事业。说这些年自己如何一步步的走来，经历了多少的艰难和困苦，如何将公司一步步的做起来的。说道难过处，客户黯然泪下，张婷适当的说了几句安慰话。整整三个多小时，客户一直都在不停的说，张婷只是静静地听着，偶尔问几个简单的问题。最后，客户说不动了，该倾诉的都倾诉了。张婷微笑着接过话头，说：“经理，你看我们之间的合作……”客户转过头来，二话没说，就签下了一笔不小的木地板的订单。

故事中的销售员张婷在拜访客户的时候，总是面带微笑，让客户感觉到她很友善，总是能替客户着想，温暖客户的心；总是能认真倾听客户，让客户觉得受到了尊重。由此可见，很多时候，客户需要的或许不是产品有多么好，合作的利润有多么大，他们需要的只是一份尊重，一份温暖。那么，销售员在和客户接触的时候，到底该如何让客户感受到那份尊重呢？

1.保持微笑，向客户传达你的友善

一般情况下，当你面带微笑的时候，你给别人传达的是你的友善。尤其是初次见面的人，你的友善直接会换来对方的友善。对于和客户打交道的销售员来说，你的一个真诚的微笑，可以迅速地拉近和客户的心理距离。没有人会拒绝一个友善的人，客户也不例外。所以，从一定程度上讲，你的真诚微笑就是打开客户心灵之门的金钥匙。

2.认真聆听，让客户满足表达欲望

客户需要产品，更需要朋友，更加准确一点说应该是像朋友一样的倾听者。事实上生活在这个世界上的人，谁没有故事呢？遭遇了太多生活的磨难，总希望能够说出来，有人分担，获得了成功的喜悦，总希望有人来分享。客户也是人，也需要情感上的慰籍。因此，作为和客户打交道最多的销售员，不妨做个倾听者，满足客户的表达欲，说不定你的订单就在这个过程中悄悄地做成了呢。

3.换位思考，站在客户立场想问题

往往在销售当中，客户想要物美价廉的商品，而销售员想要客户口袋里的钞票，结果客户和销售员之间形成了一种博弈的态势。如果这个时候，你站在客户的立场上，真正地急客户所急，想客户所想，那么无形之中就和客户站在了一条线上，将这种博弈的态势变成服务合作的态势。客户自然愿意和你接触和交往了。

4.表达关怀，用你的热情温暖人心

客户就是上帝。实际上，说白了，客户需要的就是销售人员的这份热情，这份尊重。销售人员热情一些，在客户的心里，就受到了礼遇，受到了尊重，从而愿意和销售人员继续谈下去，愿意合作。事实上，这只是客户的一个本能的需求。谁又喜欢跟一个板着脸，问话爱搭不理的人合作呢？所以，作为一个销售人员，对待客户要有足够的热情，用你的热情去感化客户。

朋友聚会时，贴心话要说得够实在

在这个社会上生存，人是少不了朋友。因而平日里我们总会隔三差五地将朋友约出来，聊聊天，打发时间，谈谈心沟通感情，等等。但是，在和朋友聚会的时候，如果你还是藏着掖着，戴着面具生活，那么势必会引起朋友的不满。在为朋友出谋划策的时候，总是敷衍塞责，不说实在话，那么时间久了，朋友也会变成陌路人。

代善、刘永以及王晓是非常要好的朋友。他们从小学，一直到大学，从来没有分开过，所以感情非常深厚。用刘永的话说，代善和王晓就是他的左膀右臂，只要他们两个有事情，他会第一时间赶到他们身边。当然，对于代善和王晓来说，他们对刘永也有着同样的情感。但是就是这样一种刀割不断的兄弟情义，最近却出了问题。原来那天，代善工作中出了不小的纰漏，导致

同事受伤住了医院，巧的是，这位同事的血非常特殊，医院一时半会找不到同类血型者，眼看着同事生命垂危，代善怎么也坐不住了，要是真出了什么事，那他肯定是难逃其咎了。这天傍晚，他将刘永和王晓约了出来，将自己的烦恼一股脑的说了出来，征求他们两个的意见。王晓想了想说："现在唯一的办法就是尽快找到同类血型者，我想我们可以发动身边更多的人去寻找，也要在网上发布同类的帖子，寻求网友的帮助。我们尽最大的努力去救人。"刘永半天没有说话，在代善的一再催问下，他说："这种事情就是天灾人祸，怎么就那么巧啊，刚好碰上个另类，我看你这个坎是迈不过去了。"代善的脸色变了。他没有想到自己的好兄弟竟然会说出这样的话来。王晓也听着不入耳，指责刘永说："你这人怎么这么说话呢，遇到这种事情谁愿意啊。咱们三个是最好的兄弟，现在代善出了事情，我们应该齐心协力地想办法去帮助他，而你竟然在这里讽刺挖苦他。"刘永辩解道："我心里也在着急呢，不是这没办法可想嘛。"这时候，王晓突然眼睛一亮，叫道："刘永，我记得你女朋友好像就是特殊血型啊，你说会不会和这个人的血型相似啊？"代善也来了精神，急忙说："刘永，赶紧打个电话问问呗，要是同类血型的话，那可真是老天有眼啊。"刘永很不情愿地说："哪能那么巧啊，再说了即使是同类血型者，她也不能献血，她最近在准备考研呢，抽了血，耽误了学习，谁来负责啊。"代善一听，什么话也没有说，悄悄地离开了。王晓狠狠地瞪了刘永一眼，紧跟着代善走了。从那以后，他们再也没有和刘永联系过。

故事中的刘永在好朋友代善遇到麻烦时，向他征求意见和建议的时候，不但没有提出实在的建议，反而说一些不咸不淡的话，在他能尽自己的力量帮助朋友的时候，却百般推辞。这样的朋友交往下去也确实没有了意义。由此可见，当你和朋友聚会的时候，贴心窝子的话一定要说得真诚，实实在在地为对方着想。这样才能增进友情。那么，如何做到这一点呢?

1.坦诚的心是说实在话的前提

朋友之所以经常聚会，是因为彼此重视这份友情，花一定的时间来经营。既然是为了增加友情的份量，那么在一起的时候，就要彼此坦诚，这是最起码的前提和必备的条件。如果你和朋友在一起的时候，总是带着面具，对于朋友的事情，总是敷衍塞责，那么友谊也就失去了营养和水分，大家也就没有必要待在一起增进感情了。

2.设身处地的体会朋友的感受

既然是要好的朋友，那么在朋友聚会的时候，就要设身处地的体会朋友的感受，理解你的朋友。这样，你所说出来的话才会够实在，才能在一定程度上温暖朋友的心。要不然你总是以你的感受和观点来生搬硬套到你的朋友的身上，让你的朋友感觉到心灵很孤单，你所说的话在他面前也会失去作用。

3.站在朋友的立场上出谋划策

每个人所处的位置不一样，看到的东西也不一样。同样，朋友们聚会的时候，对方所站的立场和角度不一样，所需要的建议和意见也不一样。这就需要你站在朋友的立场上来提一些切实可行的方法和策略。如果你站在自己的立场上，说一些天马行空的话，可能对你来说有用，对你的朋友来说，未必有用。

4.对待朋友要像对待自己一样

这个世界上，人最爱的人还是自己。如果你对待朋友像对待自己一样的好。那么你在给朋友说贴心话的时候，自然会够真诚，够实在。因此，在和朋友聚会的时候，要把你的朋友当成你自己一样的爱，即使你提的建议和意见，不被朋友所采纳，但是你的真诚一样会被朋友所欣赏和喜欢。

外出郊游时，休闲娱乐的轻松话题不能少

生活中，免不了时不时地出去郊游一番，给自己的心换换空气。但是，在郊游中，如果总是说一些非常严肃的话题，那么大家的心情一样会很沉重，郊游也就失去了意义。所以，外出郊游的时候，不妨放松一下，多聊一些吃喝玩乐等轻松一些的话题，让自己的心彻底地放松放松。

这个周末，黄玉约了几个姐妹一起去郊外放松心情。当然，黄玉的男朋友杨军也在其中。一伙人嘻嘻哈哈，好不热闹。由于一大群人中，只有杨军一个男人，再加上他不爱说话，尽管和黄玉的姐妹已经非常熟悉了，但是有他的存在，依然感觉有些沉闷。黄玉有个叫作邓婕的朋友，脾气非常直，说话也很直接，他对杨军说："帅哥，讲个笑话呗，你这样傻坐着，让我们几个女孩子看你，你不觉得吃亏啊？"大家嘻嘻哈哈一阵玩笑。杨军被说的多少有点不好意思。于是他想了想说："我天生最笨，不大爱讲笑话，我给大家说说我身边发生的一些有趣的事吧。"难得杨军有想要多说话的时候，因此大家都非常期待。杨军清了清嗓子说："我们单位有个小伙子，非常喜欢炒股，前个阶段看他炒股赚了一大把，所以我也心痒痒了，在他的建议之下买了1万多块钱的股票。结果刚买了之后不到两个星期，股票大跌，我那一万多块钱的股票，顿时变成了两千多块，被死死的套在了里面。卖了吧觉得太亏得慌了，不卖吧，一直套死在里面。觉得挺可惜的。我那个同事还一个劲的笑话我运气背呢……"杨军在一个劲地说着，黄玉和她的一些姐妹早已听得昏昏欲睡了。他们本来高涨的热情也被杨军的一番话浇灭了。杨军的话说完了，大家谁也没有任何的表情。杨军觉得很没趣，也自觉地闭了嘴。很快，他们到了郊外，郊外的空气很清新，可是大家都没有了尽情玩耍的心情，本想着去吃自助烤肉呢，肉考上了，谁也没有兴吃。他们待在那里你看看我，我看看你，谁也不说话。那天，他们的郊游在沉闷的气氛中结束了。回去之后，黄玉狠狠地骂了杨军一顿。

故事中的杨军在郊游的时候，由于谈及的话题过于无聊和乏味，从而影响了大家的游玩心情，结果让一次本来很放松的郊游，在沉闷的气氛中结束。由此可见，在外出旅游的时候，最好多准备一些轻松快乐的话题，这样可以在一定程度上激发大家的游玩兴致。那么，在游玩之前，要通过怎样的途径多准备一些轻松愉快的话题呢？

1.多关注身边发生的有意思的事

生活中，每天都会发生很多有意思的事情，只要你足够敏感，多加留意，你会发现你的周围有很多事情都能让你捧腹大笑。平日里多留意一些身边有意思的事情。这样，在你出去游玩的过程中，如果不知道聊什么话题，不妨说出来逗乐取笑。这样，大家的心情会因此而更加高兴。

2.多看幽默和搞笑的书籍和电影

一般情况下，幽默的话和幽默的事情，往往能瞬间让大家的情绪迅速放松下来。因此，在出去旅游的时候，不妨多看一些幽默和搞笑的书籍和电影，以增加自己的幽默情绪，当然，幽默不是一时半会所能培养出来的，但是却能在一定程度上缓解你呆板和枯燥的情绪，在给不了大家轻松愉快的感觉的同时，也不会给大家增加压力。

3.要多记住几个经典的搞笑段子

生活中，一些比较经典的搞笑段子，往往是家喻户晓，非常经典，在出去游玩之前，不妨花点心思，记住几个比较经典的搞笑段子。这样，当你和别人之间没有话题可聊的时候，不妨说出来，缓解彼此之间的情绪。尽管这些段子已经是家喻户晓，但是说出来的时候，一样具有可笑的成分，一样可以让彼此之间的情绪得到高涨。

4.不妨多准备几个轻松些的游戏

如果你实在没有什么好玩逗乐的东西可以准备，那么不妨准备几个轻松愉快的小游戏，比如打扑克牌。这样，当你和别人感觉没话可说的时候，不妨玩这个游戏，在游戏当中一样可以激发对方的玩乐情绪。这与郊游的目的是一样的，当然，玩的游戏一定要有意思，如果是动脑子的游戏趁早别准备。

第06章　趁机行事，巧妙获得他人的好感

在人际交往当中，彼此间的好感是进一步接触和交往的前提。如果你能在短时间之内迅速地获得别人的好感，那么无疑你掌握了交往中绝对的主动权。相反，如果对方对你的感觉不好，那么无疑想要和他进一步接触就会有很大的障碍。但是，要想让陌生的人对你产生好感，并不是一件容易的事情，这是需要一定的技巧和方法的。事实上，这也是这一章我们要阐述的问题。

看穿对方的得意事，巧做“传话筒”让大家分享快乐

人往往在遇到得意之事的时候，希望更多的人知道，从而让更多的人来分享自己的快乐。但是又不可能每个人都要自己去告诉他们。这时候，你要想获得对方的好感，不妨悄悄地做一次“传话筒”，当对方突然间被更多的人祝贺的时候，自然不会忘了你为他所做的贡献，自然会对你表示友善和好感。

小海的妈妈去世早，所以从小小海就缺失母亲的爱和温暖。最近爸爸重新恋爱了，对象是一个非常漂亮的女人。可是自打小海第一眼见她，就非常地讨厌他。为此，爸爸跟小海沟通过几次，可是小海见了她就是不高兴。漂亮的女人叫作鲁梅，是小海爸爸的同事。她之前也是见过小海的。可是自打她和小海的爸爸谈起了恋爱之后，小海就开始讨厌她了。她心里明白，要想跟小海的爸爸结婚，那么就必须要获得小海的好感才行。在她和小海爸爸交往的过程中得知，小海最近参加了高考，获得了全校第一的好成绩。于是他在和小海爸爸的朋友们接触的时候，有意无意地把这个振奋人心的消息告诉了他们。人人都夸小海的爸爸有一个争气的儿子。这天，爸爸的一个叫作文鹏的朋友来家里做

客，见了小海，高兴地说："小海啊，你真不错，拿到了全校高考第一名的好成绩，叔叔打心眼里替你高兴，祝贺你。"小海不好意思地说："叔叔，您可真是过奖了，我那也是侥幸。"文叔叔说："你文叔叔我可从来没佩服过谁，包括你的爸爸，但是我却真佩服你，你小子真有你的。"说完，拍了拍小海的肩膀。小海说："对了，文叔叔，你怎么知道我考了全校第一名啊？是不是我爸爸告诉你的。"文叔叔："不是，不是，你爸爸忙着工作呢，根本没时间跟我聊你的事情。"小海不解地问："那会是谁呢？"文叔叔："就是和你爸爸现在交往的那个鲁梅啊？你应该叫鲁阿姨，难到你一点也不知道吗？"小海沉重地说："怎么会是她呢？"文叔叔刚要走，听到小海的嘟囔声，转过身来说："你鲁阿姨对你可上心了，跟我们那天聊起你的时候，眉飞色舞的，比聊她自己的喜事还高兴呢。"小海低下了头，没再说话。当天傍晚，鲁阿姨跟着爸爸一起回来做客，小海主动地迎上去，叫了声："鲁阿姨好！"客气地说："阿姨请坐，我给你倒水。"

故事中的鲁梅，为了获得小海的好感，所以将小孩考了全校第一名的好消息告诉了小海爸爸的朋友，这样，在他们见到小海的时候便会夸奖他，让他获得极大的心里满足。当小海得知是自己一直不待见的鲁阿姨，这么关心她，以他为骄傲之后，觉得对不起鲁阿姨，继而改变了对鲁梅的态度。由此可见，要想让别人对你有好感，那么就要让他明白，你对他好，心里装着他。所以，适当的时候巧做他人的"传话筒"，把他的得意事让大家分享。那么，究竟如何才能做到这一点呢？

1.留心观察，揣摩好对方的心思

在做"传声筒"来博得他人的好感的时候，首先要做的就是要看穿对方的得意之事，揣摩好对方的心思。比如有些事情对方希望别人知道，知道得越多越好，而有些事情，对方则不希望别人知道，就算是希望别人知道，也有个时间，什么时候合适。这些都是你要通过观察和揣摩要掌握的。否则你的好心很有可能被对方误解，加深对你的成见。

2.传播“得意事”时要热情洋溢

既然是你在传播别人的得意事，那么就要表现得热情洋溢，让别人觉得你是在替他人高兴，这样也会跟着你，为他人高兴。如果你情绪不高，或者是拉着脸，那么对方可能会觉得你得知他人的得意之事，很不高兴，自然也不好意思在你面前表现出他们的兴奋来。以免引起你的反感和为难。

3.把你的恭维和赞美之词加进去

要明白你是在传播别人的“得意事”，目的是为了博得他人的好感。那么在做“传声筒”的时候，就要把你的恭维和赞美的话加进去，不要觉得对方不在就觉得没必要，你说出来，让另外的人听着，最后也会传到当事人的耳朵里。这样一来，当事人得知你付出的一切，心里对你便有了好感。

4.传播的人群是对方的亲戚朋友

做好“传声筒”，让大家分享他人的得意事。有个必要的条件，那就是一定要选择好这个人群，如果你对一些毫无干系的人说，那么对方顶多是笑一笑，因为与他们无关，他们也兴奋不起来，自然也不可能把你的这份好意回馈回来。所以，要选择他人的亲戚朋友等一些身边的关系。当然，也要甄别清楚他们之间是否友善。

对方情绪悲伤时，默默地让其感受到你的关怀

生活中，我们都是有血有肉的普通人，当我们经受不住生活的打击时，便会伤心难过，情绪悲伤，这个时候是我们最脆弱的时候，也是最需要别人的拥抱，最需要别人的安慰的时候，如果你想获得对方的好感，那么就要在这个时候给他一份温暖，让他感受到你一直都在默默地关心着他，温暖着他。

卫兵和朱婧是经过朋友介绍认识的，他们第一次见面的时候，就对彼此有好感。用朱婧的话说：“她相信自己的感觉。”也正是这种感觉，让他们两

个人对未来的生活充满了憧憬和希望。可是仅仅接触了一个月，朱婧就有了想要分手的念头。原来她和卫兵接触当中，感觉卫兵非常没有安全感，他总是时不时地问她，时不时喜欢上了别人了？事实上，卫兵这么问不是没有原因的，因为最近一个星期来，朱婧突然对他冷淡起来了，打电话也不接，短信也很少回。可是朱婧觉得，两个人相处最起码的便是互相信任，她因此而对卫兵有了很深的成见。分手之后，卫兵并没有就此放弃。而是在默默地关心着朱婧，朱婧高兴了，他也在替她高兴，朱婧不高兴了，他也在悄悄地替她伤心。这天，卫兵从朋友那里得知，朱婧的姥姥去世了，她的情绪非常低落。卫兵的心被提到嗓子眼上，他没有再给朱婧打电话，而是在朱婧家门口等她。整整等了一个下午，他终于见到了朱婧。朱婧精神很差，两眼深陷，感觉像变了个人一样。见到朱婧这个样子，卫兵心疼地流下了眼泪，他走上前去，抱着朱婧，哭了起来。他哭着看着朱婧说："你怎么不照顾好自个呢，你怎么这么傻。我知道你姥姥去世了，对你的打击很大，但是你也不能这么作践自己啊。你不爱惜你自己了，也要替我爱着你自己啊。"听到这个曾经让自己厌恶的男人说的这些话，朱婧感动地流下了眼泪。她悄悄地把手放在了卫兵的脸上，把头靠在了他的肩膀上。这个时候，她觉得自己有了一个依靠，她的心并不孤单，而且感受到了久违的那份温暖。

故事中的卫兵，在朱婧最伤心最难过的时候出现在了她的身边，给了她温暖。事实上，卫兵一直都在默默地关心着卫兵，尽管朱婧对他的误会和成见很深。但是他让朱婧感受到了他的关怀，从而再次赢得了朱婧的好感，把爱情继续下去。那么，在别人情绪低落的时候，如何默默地让其感受到你的关怀呢?

1.要静静地陪着他

当一个人伤心难过，情绪低落的时候，可能不想说话。这时候，你不妨静静地陪在他的身边就行。让他感觉到自己并不孤独。这样，尽管你没有表达，但是对方心里明白，你一直是在关心他，否则你也不会一直陪在他的身边。这样，你在对方的心里就有了位置，对方也会为你的付出而感到温暖。

2.要关注他的生活

当一个人情绪不好的时候，往往内心的情感很脆弱，这时候最容易感动，也最容易将别人装在心里。因此，这时候，你要将你的关心和问候及时地传达给对方。即使不方便对对方讲，也要讲给对方贴身的朋友。这样，他内心之中会记着你的好，对你有好感也是自然而然的事情。

3.想办法哄他开心

当一个人情绪不好的时候，内心会非常地抑郁，即使自己想高兴，也高兴不起来。这时候，你就要想办法哄她开心。比如讲一个笑话，或者做一些滑稽的动作，让对方笑出声来，只要开口笑了，对方内心的抑郁也就会迅速被赶走了。试想，当有人处心积虑地想要让你开心，你会不受感动么?

4.和他谈心解疑惑

人在情绪低落的时候，可能会不爱说话，也有可能特别地想倾诉。所以，你不妨和他好好谈谈心，让他把内心的不开心统统都说出来，这样对方内心之中没有了压力，很快便会从悲伤中走出来了。同时，你的这次谈心，也走到了对方的心里去，别人对你有好感也就是在所难免的事情了。

对方出现失误时，恰是体现你尊重他的时机

没有人保证自己一辈子不会犯错误，当一个人犯了错误之后，内心之中会特别愧疚，如果这时候你能忽视他的失误，则会让别人对你感激涕零，因为他觉得你很尊重他，相反，你如果揪住他的错误不妨，则会让别人觉得你在羞辱他，在践踏他。同时，允许别人犯错误也是一个人有涵养的体现。

郝娟的妈妈从国外回来了，给她带了很多非常漂亮的国外衣服，郝娟当作珍宝一样舍不得穿。这天，刚好遇上了好朋友娜娜的生日，于是郝娟精心挑选了自己最喜欢的一件，将自己打扮得漂漂亮亮的去参加生日派对。昔日的好

姐妹从来没有见过郝娟这么漂亮过，于是纷纷围过来，看她的新衣服，看到好朋友羡慕的样子，郝娟别提有多高兴了。就在这时侯，平日里关系不错的男生海冰端着红酒走了过来，老远就吆喝到："我当是哪位神仙姐姐下凡了，原来是郝娟啊。今天可真漂亮啊！"郝娟笑着说："什么话么，你姐姐我哪天不漂亮啊。"这时候，有姐妹开玩笑说："八成是海冰看上你了，你还不赶紧表个态啊。"郝娟脸一红，转身去打说话的那个姐妹。可是由于转的太快，一下子撞到了海冰手里的红酒杯子，此时海冰刚好仰头在喝红酒，顿时海冰一下子被撞倒了，红酒撒漫了他的脸，而且将他刚刚新买的昂贵西服也给弄脏了。热闹的人群一下子安静了下来，郝娟也给吓傻了，站在那里说不出话来。海冰从地上爬起来，掏出纸巾，擦掉了脸上的红酒，笑着说："今天看来我是赚大了，中了'头奖'，谢谢郝娟，看来我将来大红大紫了。"说完，笑呵呵地走出了派对现场。那天派对结束之后，郝娟在门口一直等着，等海冰出来的时候，她迎上前去，说："刚才真的对不起，希望你不要介意。"海冰笑着说："不会的，我怎么会介意呢。"郝娟低着头，不好意思地说："你现在时间方便吗？一起走走啊。"海冰心头一亮，憨厚地笑着说："好啊。"没过多久，韩娟和海冰正式确定了恋爱关系。

故事中的海冰，在郝娟不小心撞翻了自己拿的红酒，让自己出了丑的情况下，并没有因此而责怪她，而是以开玩笑的方式巧妙地处理了此事，让郝娟感觉到了他对自己的尊重。当一个人出现失误的时候，最担心的就是别人的指责和为难，最渴望的是能被别人忽视，而做到了这一点，无疑就给对方留下良好的印象。那么，当对方出现失误的时候，如何体现你的尊重呢？

1.安慰别人，免得对方有心里压力

当一个人不小心出现失误的时候，内心深处会对自己进行自我否定，觉得自己很没用。如果伤害了别人，则更加感到愧疚。这时候，一定要记得安慰他，宽他的心，尽管你说的话觉得是一些客套话，但是对方这个时候听了，内心会平静很多，压力也会小很多。所以，及时地安慰他，让他感受到你很在意他的感受，很尊重他。

2.轻描淡写，迅速转移别人注意力

人总是在不小心的时候出现失误，陷入窘境，这时候往往觉得自己很没面子，很丢人。没法下台。这时候，你要迅速地想办法转移别人的注意力，让对方迅速地做出补救的措施。你照顾了别人的感受，帮助他走出了窘境，对方自然会感谢你，对你有好的印象也就是在所难免的事情了。

3.一笑而过，体现出对犯错的原谅

有时候，可能是对方的一个无意间的动作，给你带来了伤害。比如故事中的郝娟，一个转身将海冰撞倒了，弄得红酒洒了一身。这时候，事实上，郝娟的内心充满了愧疚。海冰的一笑而过，说明他并没有因此而计较。对于郝娟来说，内心充满了感激。可见，不计较别人的伤害，就是对他犯错的原谅，别人自然对你有好感了。

4.接受道歉，肯定别人的认错心理

别人出现失误，伤害了你，自然会想办法给你道歉，这样才能平息他内心的愧疚和不安。当对方给你提出道歉的时候，你要接受它。很多人觉得没什么，自己已经原谅他了，觉得没有必要再接受他人的道歉。但是你不接受，对方自己心里没法原谅自己。他可能觉得你还在生气拒绝接受他的道歉呢。事实上，接受别人的道歉也是对他的尊重。

他人的秘密被揭穿，假装“糊涂”绝不八卦

生活中，每个人都有不想让别人知道的秘密，可是很多时候，这些秘密在不经意间就会被揭穿，这让别人尴尬万分。在这种情况之下，你一定要学会装“糊涂”，就当什么也没有看到，什么也没有听到，把别人的秘密烂在肚子里，绝对不要随便八卦。这样，别人会觉得你值得信赖，而对你产生好感。

张明和段奕是一个车间的工友，他们同时进的工厂，又分配在了一个车

间，但是两人很少说话，关系也很冷淡。段奕性格比较开朗一些，朋友也相对比较多，所以，下了班没事做的时候，通常都是约了朋友们一起去玩。这天下班后，段奕觉得有点不舒服就没有出去，而是拉上了帘子，一个人闷头睡起觉来。不一会儿，张明的女朋友找到了同样在宿舍睡觉的张明，坐在一边哭了起来，在张明的再三追问下，女朋友才道出了实情，原来，昨天晚上，下班回宿舍的时候，她被路边窜出的流氓给非礼了。张明听后，脑袋嗡的一下，愤怒得打了女朋友一个耳光，开始训斥起来。扬言要和她分手，女友一个劲地在一边哭泣。段奕本来睡着呢，张明的责骂声把他吵了醒来。张明和女友之间的对话完全被他听到了，他想这也不是自己故意的，就装作自己不在吧。可是偏偏这个时候，他一下子咳嗽了出来。这让睡在下铺的张明非常地尴尬。段奕也尴尬地笑了笑说，说："不好意思，今天有点不舒服，所以没有出去，我现在就出去，你们继续。"张明狠狠地瞪了段奕一眼，没好气地说："用不着。"说完，拉着女朋友走了出去。段奕待在原地，好不尴尬。从那之后，张明见了段奕都是躲着，不管是在上班期间，还是在宿舍里，只要有他在，张明都会躲的远远的。这件事情过去整整两个月了，张明担心的流言蜚语并没有流传开来，而且段奕见了他总是一如既往的，没有任何的变化。渐渐地，张明也不再躲着段奕了。这天下班后，他见段奕闲着呢，于是过去说："段哥，走，我请你喝酒去。"段奕明白，从那时候起，张明已经把他当作自己的好朋友了。

故事中的段奕在无意间听到了张明的隐私，但是他并没有将它传出去，而是假装糊涂，守口如瓶，最终赢得了张明的好感，两人成了非常要好的朋友。当一个人的秘密被别人得知之后，内心之中会非常恐惧，总是觉得自己不安全，但是只要你为对方守口如瓶，对方会觉得你值得信赖，自然会对你产生好感。那么，当你无意之中听到了别人的秘密之后，如何做才能做到守口如瓶呢？

1.找个没有人的地方，悄悄地说出去

替别人保守秘密本身就是一件非常不容易的事情，因为你知道了，但是又不能说，越是不能说，你内心越是憋得慌。你不妨找个没有人的地方，悄悄地

说出来。这样，既不会泄露别人的隐私，也不会因为憋在心里而难受。时间久了，你也就慢慢地忘掉了。这样，别人觉得你能为他守秘密，自然会把你当作可信赖的朋友了。

2.养成不论他人是非，不八卦别人的习惯

俗话说“习惯成自然”，如果平日里总是喜欢论人是非，八卦别人。那么当你无意间得知对方的秘密之后，在防不胜防的情况下就会说漏嘴，让别人对你产生反感。所以，平日里要养成不论他人是非，不八卦别人的好习惯，这样，你的嘴巴就比较紧，也不会轻易把你无意间听来的秘密泄露出去了。你对别人好，别人自然会对你有好感了。

3.时刻提醒自己不要去伤害别人感情

任何人的秘密被别人爆料出来，身心都会受到严重的伤害。因为周围的人一再地传播，会影响他的正常的生活。因此，当你无意中听到了别人的秘密之后，要时刻提醒自己，不要去伤害别人的感情。这样，一旦你有想说出来的欲望和冲动的时候，你就会受到自己良心的监督，这样，你也就不会轻易地爆料别人的秘密了。

4.潜意识里淡化掉，多关注自己事情

当一个人听到了别人的秘密之后，你的所有的注意力都会集中在这个秘密之后，如果不说出来，或许你会寝食难安。但是说出去就会伤害别人的情感。在这种情况下，你不妨在潜意识里淡化这个秘密，将更多的注意力放在自己的身上，放在那些让人兴奋和喜乐的事情上，这样时间久了，你也就会慢慢地淡忘了。

对方无所适从时，站出来主动帮助他

生活中，人往往会遭遇很多的迷茫和徘徊，这个时候，人表现得无所适从。不知道究竟该怎么办。如果你能在对方无所适从的时候站出来，及时地给

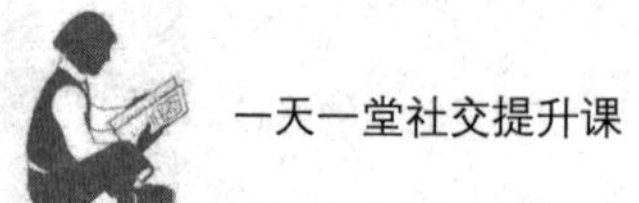

与他一些意见和建议，帮助他看清楚前面的路，作对抉择，那么无疑对方会把你当作自己的知己，对你有好印象，欣赏你也是在所难免的事情。

霞霞今年已经是28岁的年龄了，可是对于自己的婚姻表现得非常茫然。在亲戚朋友们的不断介绍之下，她接触了很多的男生，可是最终总是因这样那样的原因给推却了。在父母和社会的压力之下，她认识了现在的男朋友海。

海是个非常有才华的男生。不但生性洒脱，而且阳光帅气。更主要地是他对霞霞非常地好，平日里对她关怀备至不说，还很包容她。按理说，这样的男生对于霞霞来说，是最好的归宿。可是就在他们商量着筹办婚事的事情时，意外发生了。

原来，霞霞所在的单位刚好安排了外出旅游，在旅游的途中，她结识了一个新的朋友怀玉。当她和怀玉聊起了自己的近况时，怀玉的一些话让她有了想法。因为尽管海对她特别地好，但是海的家庭并不是很好，没有楼房，而且海喜欢随性所欲的生活，这让霞霞感觉到没有安全感。更让她动心的是，怀玉承诺给她介绍一个条件更好的男生。

于是旅游回来之后，她便非常纠结。她知道，像海这样的男生，是值得一辈子托付的人，但是怀玉说的情况也让她很动心，她常常徘徊不定。由于想法总是不确定，所以在和海的关系上，出现了摇摆不定。

振丽是霞霞的同事，可是由于她和霞霞性格有些不合，所以两人并没有太多的深交。她从霞霞最近的一些反常表现中，看出了一些端倪。这天，霞霞接了一个电话之后，和对方争吵了起来，事实上，那个电话正是海打的。

电话结束之后，振丽走过去对霞霞说：“我之前也经历过你的问题，作为一个过来人，想不想听听我的想法？”

霞霞点了点头说：“你说。”

振丽说：“我觉得婚姻是两个人经营的，更主要的是还是要看两个人之间的感情的，如果太注重了物质的生活，可能会将你的婚姻走进死胡同。与钱有关，那么就与感情无关了。事实上钱能解决的问题，都不是问题。”

霞霞说：“可是我们都是生活在现实中，不考虑物质有可能降低婚姻的质

量，毕竟婚姻不是甜言蜜语，更多的是柴米油盐。”

振丽说：“实话说，我对你的情况了解的不多，但是我想你应该明白，婚姻是以感情为主的，没有了感情，再丰盛的物质也弥补不了精神的贫瘠。我当初就选择了物质，结果错过了真正爱我的那个人。尽管现在生活衣食无忧，但是还是很空虚，很独孤。我现在幸福吗？我不这么认为。如果能重新选择的话，我宁愿跟爱我的男人在一起。可是生活往往没有回头路。”

听了振丽的话，霞霞点了点头，她给海打了电话。化解了彼此之间的误会。从那之后，振丽成为了霞霞非常要好的朋友。

故事中的霞霞在面对婚姻的时候，陷入了迷茫和徘徊，她不知道该做怎么样的选择。在这个时候，和她关系并不熟悉的振丽，从自身的情况说起，给迷茫中的霞霞指出了出路。从而赢得了霞霞的好感，两人成为了非常要好的朋友。人的一生，面对的抉择太多，难免会迷茫和彷徨，这时候，最渴望的是能得到别人的指点和帮助。如果你主动地站出来，给别人指点迷津，那么你在对方的心里自然就有了位置。当别人无所适从的时候，究竟该如何为他指点迷津呢？

1.要记得尊重对方

在给对方指点迷津的时候，一定要注意，记得尊重对方。在说出你的想法和看法的时候，要先征求对方同意才行。要是对方不同意，那么你最好不要多说什么。因为这毕竟是对方的私事。一般情况下，一个人在无所适从的时候，是不会拒绝别人的意见和建议的。但是不拒绝，并不代表不在意你是否尊重他。

2.态度一定要坦诚

既然是你给对方提建议和意见，那么你的态度一定要坦诚，你所说的话都是掏心窝子的话，这样对方才会感觉到你的真诚，才会考虑你的意见和建议。对方在那里迷茫呢，你却在一边说一些风凉话，试想，别人怎么可能对你友善，对你有好感呢？相反，还会觉得你是在看他笑话，从而对你有了更深的成见。

3.要有一定的理由

对方在迷茫和彷徨时，你所提的意见和建议，一定要有充分的理由，因为对方要想采用你的意见或者是建议，至少让他感觉到你所说的是正确的。如果你没有理由，只是一个劲地表达你的态度，那么你对别人实际上没有多大的帮助，反而会让别人心烦意乱。觉得你是在给他添堵。所以，你的建议和意见要有充分的理由，要有逻辑性，让对方信服。

4.不要和别人争执

如果对方不接纳你的想法和建议，那么千万不要和他进行争执。说白了，这是别人的事情，你是出于好心给与帮助的。如果别人愿意接受你的想法，接受你的价值取向，那么对你来说，是一件好事，对方也会记着你的好。如果不接受，那么立即打住，不要再往下说，因为既然对方不接纳，那么说了也是白说，还会引起别人的反感。

当他人胆怯时，温暖地给对方鼓励

并不是每个人都有勇气，坦然地面对所遭遇的事情。很多时候，我们都会软弱，都会胆怯，都会恐惧。这时候，我们都会从心底里渴望得到别人的鼓励，得到别人的支持，这样，我们才会勇敢地面对所遭遇的痛苦和伤害以及无法预料的灾难。如果你要想走进别人的心，让别人对你有好感，那么不妨在这个时候，主动伸出你的双臂，给予别人鼓励和安慰。

花花今年已经是15岁的大姑娘了。可是她性格非常柔弱，再加上她父亲对她管教得严，所以她特别害怕爸爸。华华是个懂事的女孩子，她从来没有让爸爸失望过。每次当她拿着全班第一名的成绩走进家门的时候，爸爸都会送给她一份精美的礼品。往往能给她带来惊喜。可是，这次的考试出了意外，花花由于考试当天得了严重的感冒，所以不在状态，很多道题都答错了。成绩一下子

有第一名落到了十多名。当成绩出来的时候，她哭得非常伤心。下午放学后，她一个人在校门口徘徊，不敢回家。她害怕爸爸会责骂她。这时候，班长刚好走出了校门，看到花花在校门口徘徊，于是走上前去问："花花，你怎么不回家，一个人在这个瞎逛啊？"班长的学习也非常好，平日里经常和花花争第一，可是每次都输给花花，这次花花出了意外，她如愿以偿地得了第一名。因此，花花心里对她多少有点气。面对她的关心，花花没有理睬。班长见花花不理睬自己，觉得有问题。于是她走上前去，对花花说："你是不是这次考试没有考好，不敢回家去啊？"班长的话说到了花花的心坎上，她委屈地看了班长一眼，点了点头，眼泪顺着脸颊流了下来。一边哭一边说："我怕我怕爸爸骂我，我不敢回家去。"看着瑟瑟发抖的花花，班长走上前去，抱住了她，不断地安慰道："没事的，没事的。你爸爸那么地爱你，怎么会骂你呢。你这次没有考好，我知道你心里委屈，可是还要担心被爸爸训，你可真不容易啊。"听到班长这么说，花花靠在班长的肩膀上哭了起来。那天，是班长陪着花花回的家。班长把实际的情况跟花花的爸爸说了一遍。爸爸并没有发火，而是安慰花花说："孩子，爸爸相信你。你永远是最棒的。"听到爸爸的话后，花花心里的石头终于落地了。那晚，她留班长在家里吃了饭。从那之后，她和班长再也没有因为名次的问题有过隔阂，而且，两人的关系特别的好。

故事中的班长，在花花因为考试没考好，害怕回家的时候，及时地给了她安慰，温暖了她的心，并帮助她给花花的爸爸做了解释。最重赢得了花花的好感，两人成为了非常要好的朋友。由此可见，当一个人恐惧害怕的时候，最渴望的是别人的安慰和理解。如果这时候我们及时地出现，给对方及时地帮助，那么对方的心自然就会向你打开了。那么，当别人出现恐惧害怕的时候，究竟怎么做才能给他安慰呢？

1.及时地给对方一个拥抱

通常情况下，一个人在恐惧和害怕的时候，会觉得自己被抛弃了。因此，当你发现别人恐惧和害怕的时候，不妨给他一个拥抱，让对方感受到你在接纳他。这样对方恐惧的心也就得到稍许的平静。同时，拥抱别人传达的是对对方的绝对的信任。因为你的身体和对方的身体在大面积地接触。因为这份信任，对方也会信任你，对你产生好感。

2.适当拍拍对方的肩膀

我们发现，孩子不睡觉的时候，拍拍他的身体，孩子就会很快睡着。由此可见，轻拍对方的身体，会让别人觉得有安全感，也是对他人的安慰。因此，当你看到别人因为恐惧和害怕发抖的时候，不妨轻轻拍拍他的肩膀，这样，对方惊恐的心会稍稍得到平静，因为你给他传递了安全感。

3.宽慰的话要说到心坎上

当然，宽慰的话是绝对不能少的。因为说宽慰的话才能告诉对方“不必惊慌”，“没什么大不了的”。但是宽慰的话一定要说到对方的心坎上，如果你说的话不着边际，跟对方的恐惧没有任何的关系，那么对方不会对你产生信任和依赖。因为他感觉，你不懂他的担心，你帮不了他。

4.告诉对方你会在他身旁

人在惊恐当中，最害怕一个人独自面对。这样会使得他的惊恐加剧。所以，当你发现别人害怕和担心的时候，要暗示对方，你不会离开他，你会一直陪着他，这样，有人和他一起分担恐惧，他便觉得没有那么害怕了。这样一来，对方对你便有了心理依赖，自然愿意接纳你，对你有好感也是自然而然的事情。

中篇

练就打动人心的社交口才

第07章　懂点心理学，赢得人际交往的博弈

我们每天都要跟形形色色的人打交道，其实这就是一个交际的过程。同样是交际，有的人游刃有余；而有的人却处处碰壁，不知如何与人交往，一路走来可谓充满了“辛酸”。其实，当我们的人际交往被困扰，显得不顺畅时，这一切就会影响到我们的日常生活和工作，严重的话将阻碍我们一生前进的道路。所以说，想要在这个社会里站稳脚跟，请做一个会交际、善交际的人吧！

话不在多，关键要把话说到位

正如莎士比亚所说：“简洁是智慧的灵魂，冗长是肤浅的藻饰。”一个气场强大的人说话绝不会拖泥带水，而是简洁精练。语言简洁是一个人果断性格的表现，是知识能力和思维能力高超的表现。言辞简洁，更能把话说到人心里。生活中，许多人喜欢在沟通上花费过多的时间，他们总是害怕对方听不懂、会误解，因此在与对方攀谈时总是不停地重复自己的话语，却不知这种累赘的重复，只会使沟通过于复杂。所以说，一个人想要在交际中站稳脚跟，关键是看你怎样把话说到点子上，说到人心里。

王江琦是一个喜欢说话的人。刚进一家公司，很多人会感觉生疏，但王江琦很快就能适应陌生的环境，见到同事主动打招呼，和同事在一起时也有说有笑，因此，同事都比较喜欢和她交往。但时间长了，同事们都有意地疏离她，王江琦当然感觉到同事对自己态度的转变，想了很久也想不出原因。

无奈之下，王江琦找到对自己比较好的老员工徐丽，王江琦对徐丽说：

“我平时和大家相处得很好，为什么现在大家都不愿和我聊天了？”徐丽对王江琦说：“你难道没有觉察到自己的问题？你喜欢说话，对人也很热情，但大家和你说话都觉得很累。”王江琦不解：“为什么啊？”徐丽说：“你说话有时太过啰唆，明明很容易就能表达清楚的意思，你说了一大堆，别人理解起来很费劲，自然没有好感，当然不愿和你多交流，这不是浪费别人的时间嘛！”

听了徐丽的话，王江琦无言以对，徐丽笑着说：“你也不必太往心里去，现在起注意改变一下说话方式，别人自会喜欢和你交往了。”经过徐丽的一番开导，王江琦认识到自身的不足，努力改正缺陷。很快就克服了说话“天马行空”的缺点，同事们发现王江琦说话突然变得自信，再加上王江琦的性格本身就比较活泼，又都愿意和王江琦交往了。

“言不在多，达意则灵。”这一点对于我们来说尤为重要。无论在什么场合，我们在讲话的时候一定要力求做到言语简洁，字字珠玑。倘若冗词赘语，唠叨啰唆，不得要领，必然令人生厌。由此可见，说话言简意赅，是多么地受人推崇。那么，如何才能做到这一点呢？

1.减少话语的重复

例如，许多人在好奇的时候常常会说：“怎么回事怎么回事？”其实，一个“怎么回事？”就足以表达你的疑惑之情，为什么偏要多加一个呢？还有的人答应别人一件事情的时候，常常说：“行行行……”一连说上好几个，其实，说一个“行”就足够了。如果你有这个毛病，还是改一下比较好。

2.说话顺序要明确

在表达一个观点的过程中，不光是要那些文采斐然的话语，更要靠内在的逻辑去吸引人，这样才有深度。要较多地采用由近及远、由浅入深、由已知到未知的顺序安排。时间顺序最好按过去、现在、未来进行安排。这样沟通起来对方更容易理解。

3.把握好语气、节奏、声调

谈心时，语气要和缓、委婉，不能声色俱厉，咄咄逼人。和缓委婉的语气能冲淡对方的敌对心理，能给对方一种信任感、诚实感，不至于造成双方心理上的压抑，不至于激化矛盾。声调不要太尖锐。语言的节奏要有舒有急，有快有慢。

4.懂得概括

在沟通的过程中，为了让对方能够很快了解自己的说话意图，往往要使用高度概括、十分凝练的语言，提纲挈领地把问题的本质特征描述出来，以达到一语中的、以少胜多的效果。概括就要学会分析形势，懂得抓住问题的关键，懂得运用极为精炼的语言，当你能够很好地抓住这几个关键点时，你的概括能力就会大大提升。

管住自己的嘴，不搬弄是非

一位著名的美学家曾经说过：“要想成为一个有气质的优雅女性，就要千万注意，不可做一个长舌妇，不要陷入是非中。”静坐常思己过，闲谈莫论人非。爱说别人闲话不仅伤害他人，对自己也没一点好处，甚至会引起别人反感。这种有害无益的事情，还是不做的好。

周一早上，小梁刚到办公室，这时乔乔就神秘兮兮地凑了过来，还没等小梁缓过神来，乔乔就告诉了她一个惊人的秘密。乔乔说：“小梁，你知道吗？我们的经理夫人是经理的小老婆唉！经理夫人当年不过是个打工妹，没学问，没背景，做着一些低级别的工作，还总想着傍个大款，于是就到婚介所登记了自己的名字，没想到真给她傍上了现在的经理，没什么本事就是有几分姿色罢了！经理之前的老婆可有气质了，又很能干，和经理一起奋斗，多年打拼成就了现在的公司，可惜啊，她不能生育，没办法分了家产离婚了，其实经理还是靠他大老婆才有今天的，他的大老婆比经理还厉害呢！现在的这个小老婆太逊色了！”小梁也没听说过这个消息，听得很兴奋，一点不亚于听哪个大明星的丑闻，女孩子总免不了会交流，于是小梁把这个消息告诉了她的好朋友小丽，

小丽又转告给了她的朋友王艳，于是整个办公室都知道了这件事。大家议论纷纷，终于被现在的经理夫人听见了，经理夫人很生气，于是她就找到了公司里的几位同事，问是谁散布的这个谣言，大家你推我，我推你，最后推到乔乔的头上。经理夫人把乔乔狠狠地批评了一顿，一封辞退信丢在乔乔面前："我们不养破坏公司和谐、散布流言和说是道非的人！像你这样没素质的人，不适合留在我们公司。"乔乔无奈地收拾自己的东西走出公司，却没有一个人敢理她，生怕被连累。乔乔自己闯的祸，只能自食其果。

《伊索寓言》里早就阐述了这样一个道理，世界上最好的东西是人的舌头，因为它能言善辩。世界上最坏的东西也是人的舌头，因为事情往往总是祸从口出。因此，职场女性想要让自己远离办公室的纷争，就要懂得管好自己的舌头，千万不要让自己像乔乔那样，否则后果不堪设想。

那么，管住自己的嘴，做一个不搬弄是非的人，你需要做到哪些呢？

1.背地不说人坏话

有一句话叫作："谁人背后无人说，谁人背后不说人。"这话说得虽然有点绝对，却也揭示了一个事实，即大多数人或多或少都在背后说过别人。不过有一点，经常在背后说别人坏话的人，肯定不会受到欢迎。不管跟谁在一起，不要总是批评别人，不管那个人在不在场都不要这么去做，隔墙是否有耳，你了解吗？你会暗地里批评别人，他们也会这么去做，也许比你还狠，所以不要轻易地冒险。

2.说话之前想一想

比如可以问一问自己：这是真实的吗？真的需要讲吗？这样的闲话讲出来以后，会造成什么样的影响呢？等之类的问题，闲话也就扼杀在萌芽状态了。所以，无沦是在什么样的情况下，背后说人闲话都会给别人造成巨大的伤害，不说别人闲话是一种做人的美德。

3.学会尊重别人的隐私

尊重隐私，就是尊重人，每个人都应该把主要精力用在关心自己的发展、社会的发展上，而不要把兴趣放在他人的隐私上。尊重隐私，就意味着个人的

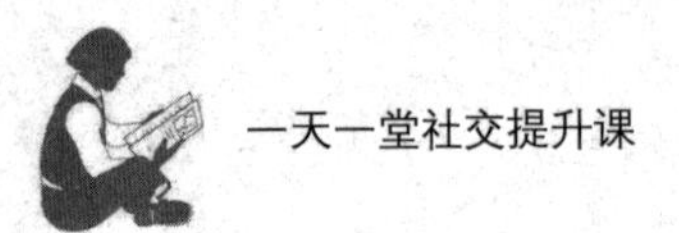

行动要自重。对于女性来说，如果你想要得到别人的认可，那就先学会尊重他人吧，一个不懂得尊重他人的人是不会有好人缘的，她交际的道路也会越走越窄。

4.多花时间修养自己的品格

古话说，静坐常思过，闲谈莫论非。每一个人都应该培养自己的这种修养，因为这是每一个人都应该具备的最起码的素质。一个总爱说人闲话，搬弄是非的人只能是一个满身俗气的人。如果你的时间很充分，那就去做一些有意义的事情修炼自己的品格吧，不要把时间浪费在说长道短的无聊中。

做个会说的人，先要学会倾听

很久以前，有一个小国派使者到中国朝拜，这名使者带来了三个一模一样的小金人，活灵活现，皇帝非常高兴。使者不仅送来了三个金人，而且还提出了一个问题："这三个金人哪个最有价值？" 皇帝想了很多办法，命人去称三个金人的重量，并且让能工巧匠去研究小金人的做工，但是比较了半天，也没发现这三个金人有任何差别，皇帝便着急了，心想天朝上国怎么能连小国的问题都答不出来。这时，有一位大臣站了出来，他准备了三根稻草，当稻草插入第一个金人耳朵里的时候，就从另外一只耳朵里出来了；当稻草插到第二个金人耳朵里的时候，就从嘴巴里出来了；当稻草插入第三个金人耳朵里的时候，就到了肚子里，再也没出来。大臣说："第三个金人最有价值。"皇帝若有所悟，奖赏了大臣，使者听了皇帝的答案后也点头称是："真正有能力的人，是会倾听、会思考的人，而不一定是最能说的人。"

"上帝给人类两只耳朵，一张嘴，意思就是要我们多听少说。"懂得倾听，有时比会说更重要。在生活中，一个有魅力的人一定是个好的倾听者，而不是那些整日东家长西家短，喋喋不休的人。在社交过程中，最善于与人沟通

的高手，就是那些善于倾听的人。

陈哥下班回家后，兴致勃勃地对媳妇敏敏嚷道："媳妇儿，今天对于我来说不同寻常，下午的时候我们老板召见我，让我独自接手一项工作任务……"

陈哥话音未落，敏敏就急不可耐地说："哦，是吗？那就好。不过，现在你还是先去买一袋面粉吧，一会儿做饭等着用呢！"陈哥一脸无趣，无可奈何地去买面了。吃晚饭的时候，陈哥忍不住又提起老板让他开发项目的事情，因为这是他第一次独立接受这么重大的任务，也是进公司以来第一次得到老板这么器重，所以，陈哥心里非常兴奋，又有点胆怯，渴望得到敏敏的理解与鼓励，更渴望敏敏能为他高兴高兴。可是，敏敏却又一次打断了他的话："我说你别净想着自己的事好不好？儿子的成绩在倒退，你也该管一管了，你最好明天抽空去学校一趟，与他的班主任老师见个面，谈谈情况……"于是，陈哥默默地吃完饭，然后闷闷不乐地坐到沙发上抽起烟来。从此，他在单位里不论遇到了什么事情，回家后再也不愿向敏敏倾诉了，他心里觉得很孤单。

很多女性因为生活的繁琐而忽视了倾听另一半的心声，其实这样对于婚姻关系来说非常不利，会让彼此的距离越来越远。倾听可以让你感受到对方心底的声音，让你更了解对方；倾听可以给别人一种随和的感觉，还可以让别人感觉到你的真诚。倾听是我们每个人内心的需求，我们需要别人了解自己，需要知心朋友，最重要的就是需要对方的倾听与理解。

所以说，学会倾听，才能更好地交际。

1.听出对方全部的表达

听，就要听说话者所说的全部意义，而不是断章取义。仅仅听说话者在说些什么是不够的，积极地倾听要听出"弦外之音"，包括说话的感情和语气对他所说的内容的润色，也应当毫无遗漏地一一听进去。

2.倾听的心态要正确

一位著名心理学家说：好的倾听者，用耳听内容，更用心"听"情感。倾听是一项技巧，是一种修养，是一门艺术，倾听并不是简单地听，而是全身心地投入、专注地听；它不仅仅是听听而已，还要借助各种技巧，真正听出对方所讲的事实、所体验的情感、所持有的态度。

3.目视对方，让对方把话说完

聆听时，必须看着对方的眼睛。人们在判断您是否在聆听和吸收说话的内容，是根据您是否看着对方来作出的。让人把话说完整并且不插话，这表明您很看重沟通的内容。人们总是把打断别人说话解释为对自己思想的尊重，但这却是对对方的不尊重。

4.倾听要给予对方一定的安慰和支持

倾听要适时进行鼓励和表示理解，谈话者往往都是希望自己的经历受到理解和支持，因此在谈话中加入一些简短的语言，如“对的”“是这样”“你说得对”等或点头微笑表示理解，都能鼓励谈话者继续说下去，并引起共鸣。当然，仍然要以完全聆听为主，要面向说话者，用眼睛与谈话人的眼睛作沟通，或者用手势来理解谈话者的身体辅助语言。

学会称赞，让交际更顺畅

心理学家威廉·詹姆斯说：“渴望得到赏识是人最基本的天性。”是的，赞美能给他人带来成就感和自信心，是一种不可多得的拉近彼此距离的有效方法。无论对方是男女老少还是伟人或者平凡人，在听到真诚的赞美的时候，都会感到十分受用。赞美别人，就仿佛用一支火把照亮别人的心田，也照亮自己的心田，有助于发扬被赞美者的美德和推动彼此友谊健康地发展，还可以消除人际间的不和睦和怨恨。

周六早上九点，王美玉正在家里休息，接到了领导琳姐的电话：有时间吗？陪我逛街去吧。虽然琳姐的语调很平和，和蔼可亲，但王美玉也不好拒绝，毕竟琳姐是领导，不同于自己那些朋友。而且，王美玉作为琳姐身边的得力助手，自然不应该怠慢琳姐的吩咐。于是，她简单地收拾了一下，就出门

了。下车之后，王美玉走到商场门口，远远地，王美玉看见琳姐穿着白色圆领T恤，外套是黑色小西装，下身是最近流行的哈伦西裤，既像是职场丽人，又像是邻家姐妹，琳姐年纪并不大，三十岁左右。王美玉走进了一些，忍不住惊呼：“哎呀，琳姐今天穿得真漂亮！”然后指了指旁边的花儿，说道：“你瞧，把花儿都比下去了。”女为悦己者容，琳姐一听马上喜形于色：“哪里，这都是两年前买的，我还没怎么穿过呢，你觉得很好看吗？”王美玉兴奋地说：“当然了，但不是任何人都能穿出这样的气质，主要还是琳姐你人长得漂亮，如果是我穿起来，估计就是扔进人群里都找不出来。”琳姐听得心花怒放，边笑着，一只手已经主动地挽起了王美玉的手肘，如此亲密的动作让王美玉有点受宠若惊。

赞美是一门学问，巧妙赞美别人，不仅会赢得对方的尊重，还会提高你在别人心目中的地位。只要是优点、是长处，对别人没有害处，你就可以毫无顾忌地表示你的赞美之情。因为它代表欣赏一个人的某个特点，并肯定这个特点。那么，赞美有什么技巧吗？

1.背地赞美效果更好

当直接赞美对方时，对方极可能以为那是应酬话、恭维话，这样效果并不能令对方有荣誉感，而只觉得这是上司对自己的一种安慰罢了。赞美若请第三者代为转达，效果便截然不同了。此时，当事者必认为那是认真的赞美，毫无虚伪，于是真诚接受，感激不已。

2.赞美的话说得明白一点

交往中，应从具体的事件人手，善于发现别人哪怕是最微小的长处，并及时进行赞美。赞美用语愈翔实具体，说明你对对方越了解，也就代表你越看重他的长处和成绩。让对方感受到你的真挚、亲切和可信，你们之间的人际距离就会越来越近。

3.在赞美中传达你鼓励的话

用赞美来鼓励对方，能达到事半功倍的效果，尤其在“第一次”。无论任何人干任何事情，都有第一次的时候，如果对方第一次干得不好，你应该真诚地赞美一番："第一次有这样的表现已经很不容易了！"别人会因为你的赞美而树立信心，下次自然会做得更好。

4.做到恰到好处

过分夸张不是赞美而是奉承。赞美令人高兴，奉承则令人尴尬，更令正直的人讨厌。对一个脸上有疤痕的女性说"你真漂亮"，那等于是在骂她丑八怪。对一个字写得七扭八歪的人说"你的字真漂亮"，他认为你不是在夸他，而是在损他，他不记恨你才怪呢。

5.自然而然地流露出你的赞美

会说英语的中国人遇到欧美人，往往会获得很高的评价，虽然你的英语水平很烂。西方国家直白而又夸张，随时随地的赞美别人已经成为一种习惯。一个资深经理在谈到如何激励员工时说，其实我用得最多的话就是"你真棒"，然后他们就都变得真棒了。所以，不要吝惜你的赞美，让自己形成一种喜欢赞美别人的习惯吧。

对待优势，学会轻描淡写

不知大家是否发现这样一个现象：当你比其他人优秀的时候，难免会遭到周围人的嫉妒，如果你不能适时地隐藏锋芒，则会给你的日常交际带来非常不利的后果。其实，这种事情是非常普遍的，但是懂得巧妙化解这种不利状况的人又有多少呢？生活中，更有一些人在具备一定的优势之后，会变得目中无人，这样常常招致他人的反感，渐渐远离了人群，而她自己却不以为然，还认为是别人在嫉妒自己。其实，这类人需要做的就是淡化自己的优势，只有懂得淡化优势的人才能更好地淡化你身边的嫉妒。心理学认为，所谓淡化优势就是淡化嫉妒：当自己明显比别人强时，你在感情上还是要和大家在一起，这样别人就不会再嫉妒你了，从而认可你的努力以及依靠努力所取得的优势。

一次张青和王云云在超市买东西，王云云在超市买了一袋包装干果后，在张青面前说："你们买的散装干果很多都是生虫子的，还是买包装的好。"张青故作惊讶地回应："天哪，你不早说，我刚才还又买了三斤呢，我看你试吃的时候说好，就买了，要知道你可比我识货得多。"王云云对张青的回应好像很满意，或许张青这么说满足了她的虚荣心。但其实那是张青对付她贬低别人抬高自己的一种方式。张青心想："不就是想抬高你自己嘛，我满足你。其实我心里很不高兴的，即使你买的是上等货，为什么你要事后才说我们买的干果不好呢？"还有一次，高考第二批本科各大院校上线的分数线公布时，王云云的儿子没有达到第一志愿的大学录取分数线，只能去到第二志愿的大学。于是她就到处说第一志愿的大学只是一纸招牌，其实第二志愿的大学要好得多。其实明眼人都明白，如果王云云儿子考进了第一志愿的大学，她就不会这么说了。

如果一个人总是喜欢不断强化自己的优势，那么她的人际关系就岌岌可危了。因为谁都会在自觉不自觉地强烈维护着自己的形象与尊严。假如你总是在别人面前显示你的高高在上，摆出一副无人可及的优越感，那么你就会无形中给他人带来一种蔑视感，随后排斥心理乃至敌意便会成运而生。

成熟的谷穗总是低着头。大家千万不要因具备了一定的优势就趾高气扬，否则，你将为此付出沉重的代价。只有学会了谦虚处世，淡化优势，时时将自己视为一个普通人，才不会因一些表面的东西而影响自身前进的脚步。那么，如何淡化自己的优势呢?

1.谈论优势的时候，态度要谦和

人处于优势自是可喜可贺的事。加上别人一提起一奉承，更是容易陶醉而喜形于色，这会无形中加强别人的嫉妒。所以，面对别人的赞许恭贺，应谦和有礼、虚心，不仅显示出自己的君子风度，淡化别人对你的嫉妒，而且能博得对你的敬佩。

2.多说"我们"，学会平摊彼此的成功

当你和同事一起被领导派出去办事，同事没办成，你却办成了。此时，如果你开口闭口都是"我"字，会让同事觉得很不舒服，所以，一定要多用"我

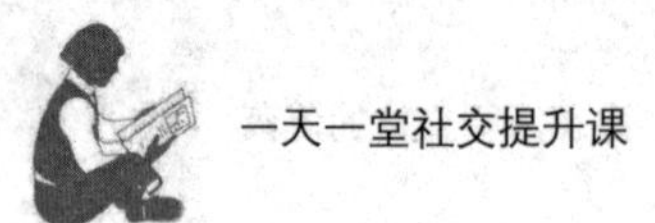

们”，将成功的因素多归结为前面同事的努力所做的铺垫。这样能使同事感觉到心理平衡，也会更加敬重你。

3.低调做人，高调做事

都说：“高调做事，低调做人。”聪明的人，从来都是低调内敛的，她们从不会自恃有才而骄傲自大，目中无人。“淡化优势”即在别人面前故意装傻，装糊涂，以此来掩盖自己的聪明才智，照顾到别人的自尊心，从而赢得他人的好感。

懂得察言观色，见机行事

“出门观天色，进门看脸色。”观天色，可推知阴晴雨雪，携带行具，以不受日晒雨淋；看脸色，便可知其情绪。面部表情的色彩不同，人的情绪也不同。学会察言观色，是不可忽视的为人处世之道。知道情绪，便能善相处；善相处，便能心相通；心相通，便能达到一致。对于女性来说，想要在交际过程中更为顺利，我们不妨多学点察言观色的本事，一个懂得看人脸色的人才不会在谈话中说错话、做错事，才会把话说到人的心坎里。

杨勤在一家空调公司做销售，刚开始她并不懂得销售里面所蕴含的种种门道，因此总是处处碰壁。一次，杨勤来到一户人家做推销，进门时，正好看见家里一位五十多岁的大叔在清洗空调，便走上前说：“叔叔，您家的空调时间太久了，你就是清洗干净也会影响使用的，而且不但费电对身体还不好！”结果杨勤还没说完，这个大叔就非常不高兴地打断了她的话说：“姑娘，你说这话我就不爱听了，我家的空调已经用了四五年了，从来没有修过，而且无论制冷还是制热都非常好用，我们才不打算换新的呢！真是的，现在的人为了推销，什么招都想的出来。”听了那位大叔的话，杨勤只能无奈地走了。上班一个多月，杨勤一台空调也没推销出去，她觉得很苦恼。于是，她去找比她有经

验、业绩很好的同事刘姐帮忙，结果发现他们在推销空调的时候，常常不会一个人说个不停，反而会先去观察对方，并根据对方的举止来判断对方的心思，之后再进行推销就容易多了。从刘姐那里回来之后，杨勤明白了很多，又来到了一户人家做推销，但是此时她没有急着说出自己的意思，而是仔细观察对方的一举一动，发现对方家中的空调经常出现空挡，而从外观上来看也用很久了，但对方却时不时走上前擦擦。于是杨勤对那家的主人说："阿姨，看来您对这台空调很有感情，一定是有什么令您怀念的事情吧！"那位妇人一听，立即说道："姑娘，你怎么看出来的呢？这台空调啊，是五年前我老公给我买的，我这人一到夏天特怕热，但是那个时候空调又挺贵啊，我老公就攒了很久的钱给我买了这空调！""阿姨是个幸福的人，您有一位如此爱您的丈夫！看来这空调的意义真是不小哦。""确实如此，但是毕竟也用了好多年了，老公说看看换一台新的。"这时，杨勤马上从口袋里拿出了自己公司的空调介绍，递给那位阿姨，说："如果您真的打算换一台的话我可以帮您推荐一下。"终于，杨勤就成功地推销出去了一台空调。

大家一定要记住，与人相处，就必须懂得看脸色行事，如果继续保持之前莽撞无知的个性，你很容易得罪人，也很难办成事情。因此，要学会察言观色，留意对方的表情，互谅互让，该进则进，该躲则躲，当止即止，就可避免许多不必要的纠纷，求得和睦相处。

那么，如何才能在交际中做一个察言观色、见机行事的人呢？

1.会听"话"

要学会察言观色，就首先要学会聆听，任何一句话，认真去听，都可能听出某些道理，不可能毫无价值。但是，我们常常不在乎这些道理，却斤斤计较于对方表达时的态度和语气。换句话说，我们不认真听对方在讲什么，却十分介意对方是怎么讲的。所以说，"听话"也要会听，否则难以琢磨对方的意图。

2.抓住"决定性瞬间"

任何一个人，对自己神情的掩饰，都不可能达到绝对的滴水不漏。关键问题是，你在对方错综复杂的神情变化中，能否准确判明哪一个变化是有决定性

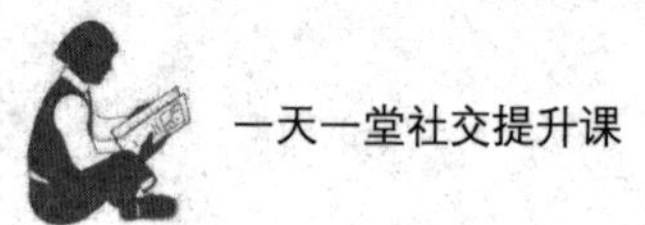

的。对于机智的人来说，其弥补失误的本领也是异常高超的，他不可能让你长时间地洞悉到他的破绽。

3.不要认死理

察言观色，重在见机行事，重在察言和观色同时进行，总体分析。和他人打交道，千万不要认死理，如果只认对方口头上说的话，或只认自己眼中所见的表情，这都会让你进入察言观色的误区，最终导致“死无葬身之地”的后果。

第08章　真诚赞美，精确到位的赞美让人欣喜

赞美不是阿谀奉承，赞美要想达到预想的效果，就要怀着一颗真诚的心，一种发自内心的赞美才能被人们接受。另外，这种赞美要精确到位，足够细腻，让被赞美的对象找不出破绽，从而用赞美的话抓住对方的心。赞美的话是每个人都喜欢听的，但是要注意自己的语言有轻重缓急之分，用词越朴素越好，太花哨就会失真，反而不中听。如果还是感觉这样的赞美会被别人说成奉承，那么不妨借他人之口说出自己的赞美之意，这样效果会更好。

一句赞美的话就能抓住对方的心

在谈话中能抓住对方的心是一件非常能体现一个人能力的事情，因为不是每个人都会对对方所说的话感兴趣，很多时候人们都在忙碌，谈话经常会被忽视，不被重视的谈话又怎么能吸引对方呢？所以想办法用一句话就能抓住对方的心，这种好的办法就是赞美。赞美是一件能够让人心情愉快的交流方式，一种非常巧妙的表达方法，适当真诚的赞美能够一句话就抓住对方的心，这对建立一种愉快的成功的交流是非常有益的。那么针对如何一句话就抓住对方的心，可以从以下几个方面入手：

1.寻找对方兴趣点

如果一个人十分擅长做某事，或者对某件事情十分感兴趣，那么你对他在这件事情上的认可一般都会使其有一种成就感，这样的认可无疑会给对方内心带来一种喜悦的情绪。每个人都需要别人的肯定，因为这样才能有动力去做一些事情，才能实现自己的人生价值。所以当你能够找到谈话对象的兴趣点，并

且能进行恰当的赞美时，对方一定会被你的真诚打动，抓住对方的心，愿意从心里接纳你，和你交谈。

李硕是一名篮球运动员，平时喜欢钻研篮球技艺，但是不善言谈，除了几个熟识的朋友外，其他人很难与其接触。但是李硕漂亮的球技还是吸引了很多粉丝向他要签名和照片，但是李硕不愿接近粉丝，这让他的粉丝很着急。一天，李硕在球馆练球，他坐在那休息时，一名男青年坐了过来，李硕以为是粉丝，刚要离开，这名男青年说："你刚才那个上篮姿势很标准，是可以上教科书的。但是，是不是可以再加入一些个人的技艺使你的上篮更加实用？"李硕一听，立刻没有了离开的意思，便问："你觉得可以在哪进行改进呢？"两个人就这样聊了起来，后来这名男青年成功地要到了李硕的签名，并与其合影留念，这让李硕的粉丝们羡慕不已。

这个男青年是李硕的一名粉丝，但是他与其他粉丝不同的是他要到了不愿意和粉丝接近的李硕的签名。从例子中不难看出这个男青年用一句很中性的赞美之言抓住了刚刚起身要离开的李硕，从而成功地与李硕进行了交谈，并要到了签名和合影的机会。其实，这名男粉丝的方式很简单：用一句赞美的话抓住对反的心，之后他便获得了深入交谈的机会。

2.发现对方的得意之处

很多时候，对一个人的得意之处进行赞美，可以瞬间引起对方的好感。比如，对一名女性最漂亮的地方进行赞美，对一名男士最为成功的地方进行夸赞，对一个人最看好的一件事情进行认同，等等，都可以获得对方的好感，能够抓住对方的心。

例如赞美女性。女性是美的，但是在实际生活中，把所有的漂亮集中于一个人一身的情况很少。这时候，你就需要学会发现美。法国艺术家罗丹说的话很值得我们三思："不是生活中缺少美，而是我们缺少发现美的眼睛。"诚如斯言，我们在赞美女人之前还是要观察一番"生活"的。比如说，一个女人很可能没有漂亮的脸蛋，但是如果她的气质很好，同样可以纳入我们进行赞美的主题。但是，如果面前的这名女性确实不漂亮，那么就不要费尽心思去找一个

非常牵强的地方去赞美其漂亮，否则会弄巧成拙。比如，对身材不好的女性也不可随便赞美她的苗条，因为明眼人都能看出这是一种奉承，说的是假话。结果，人家会以为你是在讽刺她。对于相貌平平、身材一般的女性，我们可以转换方向，从她的修养上找话题。

小玲是一家化妆品公司的员工，她对时尚略懂一二，她的上司是一名曾经从事过服装设计的中年女性，平时出入也都是打扮入时，这让小玲每次都对上司注目良久。一次，上司因为业务的事情找小玲谈话，在工作谈完后，小玲对上司说："您的衬衣是不是范思哲的新款，给人一种清新靓丽又不乏硬朗洒脱的感觉，真的很适合您。"小玲的话让上司出乎意料，她没想到自己的手下有一名懂时尚的下属，并且正好说中了自己最得意的这件衬衣，上司心中非常高兴。小玲之后成为了上司的助理，前途更加光明了。

小玲用一句话就将自己的上司吸引住了，之所以能够抓住上司的心，就是因为小玲夸赞的衬衣正是上司最为得意的一件，对上司最关注的东西进行赞美，自然会让上司感到无比开心。

在赞美时，不要只是说一些好听的话，这样做的结果只能是太过死板，效果自然不会好。所以要想用一句赞美的话就抓住对方的心，就要能够发现对方的兴趣点和得意之处，有针对性地进行赞美，从而能够使对方的心瞬间被抓住。

面对陌生人也能自然地说出赞美话

和陌生人交谈本来就是一件比较困难的事情，因为对对方不是很了解，不知道哪句话会说错，也不知道对方喜欢听什么样的话。这时如果十分冒昧地去赞美是不是会出现弄巧成拙的现象呢？答案是有可能的，但是我们可以通过一些技巧避免这种现象的出现，例如可以通过初步的交谈来了解一下这个人的性情，然后再通过一些比较自然的，不容易听出来的赞美来博得对方的好感，这里有几点建议：

1.平稳淡定出真情

很多时候人们说话时会眉飞色舞，手舞足蹈，说得口沫横飞，尤其是赞美一个并不认识的人时。虽然他所说的内容很精彩很吸引人，但是这些内容总是过于花哨，不能让人相信。很多演讲者的激情洋溢感染了众多的听众，但是当演讲者在实际行动中做了与自己说的相违背的事情的时候，人们会感到气愤，以为自己被忽悠了。这种情况并不少见，因为很多过于激情的话语会让说话者本人也不知道自己在说什么，能忽悠就忽悠了。俗话说“平平淡淡才是真”，越是平平稳稳说的话往往越能够让人们心里感到踏实，能够相信。尤其是陌生人之间，一种过于活跃的印象给人的感觉是不可靠，而一种平平稳稳的印象则能够为人们取得他人的信任加分。

例如，你要去赞美一位并不认识的漂亮女性，如果你大谈特谈她的美，她的漂亮，那么对方可能会感到你的好意，但是可能会觉得你华而不实，有其他的目的，听两句就会躲远。可是如果你非常坦然非常诚恳又不乏绅士风度地和对方说：“小姐，也许这样说有些冒昧，但是我确实被你的美貌吸引了。”一般的女性在面对这种朴实的赞美时会从内心感到一种高兴，会对你的赞美表示感谢。所以，你要激动，但不要狂躁，要淡定，说话时也一样，平平淡淡中见真情。

2.真诚才能打动人

赞美要真诚，这样才能打动人。如果在赞美他人时是为了某种目的，那么在选择赞美的内容时一定会比较不自然，让人一看就非常假，是为了赞美而赞美。在赞美他人时要调整好自己的心态，要做到真诚，赞美的话语是从自己的心底发出来的，这样才能打动别人的心。把自己的真心捧在手心，别人就会推心置腹地与你畅谈。比如你与陌生人之间本是隔了一层的，你的真诚会让对方怦然心动，那种防备心理就会为之融化。再如与异性交谈，双方存在性别差异，矜持和自重之心很难让人去放开地沟通。但是谁也拒绝不了真诚之心，真诚代表着一颗冰清玉洁的纯净之心，让人禁不住心荡神驰。不要以为自己的真

诚别人不会体会到，人都是情感动物，像真诚这样的情感和状态是能够被他人感受到的。比如你的表情、眼神、语气、话语本身，都可用以表现真诚。不但要让真诚自然显露，而且要善于表现真诚。带有真诚的赞美，无论你们是否认识，都会取得对方的好感，能够为进一步交流打下好的基础。

3.创新赞美

除了赞美的态度，赞美的角度和话语也是非常重要的。总是同一种赞美方式会让人见怪不怪的，所以赞美达到的效果也会打折扣。因此，在赞美他人时可以选取新角度，要标新立异，使人眼前一亮，这样才能瞬间抓住对方的心。例如，对于一个美丽的女人来说，赞美她的人已经不少了，所以你的赞美可能是步了第一千零一个男人的后尘，她不会很在意，同时还会觉得你流于一般，不太出众。这样，你在赞美的时候就不妨换个方式，譬如说打个比喻等。要善于发现赞美的角度，平时多些观察，也许陌生人对自己来说能掌握的信息太少，但是通过简短的谈话总是会了解一些信息的，就根据自己的了解来寻找赞美的角度，往往会事半功倍。

4.不做无用功

如果自己的赞美之词不能够引起对方的兴趣，那么就不要继续这种赞美了，如果还在不依不饶地说着那些自己看来能够取悦他人而在他人看来很无趣的话，那么谈话离失败也就不远了。所以不要做无用功，看眼前的路走不通，就不要继续走了，换一条，要灵活一些，这样才能找到适合对方的赞美方式，才能通过自己的赞美与陌生人建立一种有效的谈话，逐步使对方对自己产生好感，敞开心扉进行交流。

赞扬他人的话也有轻重缓急之分

赞扬他人也要分轻重缓急，有些话可以随便去说，可以拿过来从各个角度赞扬，但是有些话是有轻重之分的，是不能随便拿出来作为赞扬他人的内容的。另外，还有些话可以在当时拿出来赞扬，恰如其分，但是有些话需要等一下再拿出来说。所以，话在什么时候说轻些，在什么时候要说重点，都是需要拿捏的，尤其是赞扬他人的时候，当某人的某件事情得到恰如其分的赞扬地时候才会获得理想的效果，给对方留下一个好的印象，促进人际交往，建立良好的沟通。

1.小事一件，勿用大赞特赞

很多时候一个人，特别是一些社会地位比较高的人，在做了一些让人称赞的事情后会被赞扬得天花乱坠，其实这在很大程度上是在赞扬这个人，而不是对事。也许对人的赞扬并没有过错，但是赞扬者会给人一种溜须拍马之感，这种习惯一旦形成或者被周围的人效仿，一种不良的风气就会形成，不利于工作的开展。

老周是一家公司的职员，由于家里一些事情要处理，所以需要向自己所在部门的主管请假，老周以为会很麻烦，很忐忑。可是老周只是把情况一说，主管就同意了，这让老周非常高兴。事后老周无论在哪都会说自己的主管有多好，很多次他甚至说这是我遇见的最好的领导，哪个领导都不行，结果一次被部门经理听个正着，对老周心存不满。许多次老周的工作都被经理否定，这让老周很是郁闷。

从这个例子中不难看出，老周因为心存感激，所以说了一些赞扬自己领导的话，结果被领导的上司听到。如果这些赞美的话只是说我的领导真不错，那么上司听到也许不会有什么异议，问题就出在老周说自己的主管是自己遇到的最好的领导，言外之意就是部门经理也不行，这就把话说过了，赞美的话说重了。其实主管请给自己假是再正常不过的事情了，没有必要那么过度赞扬，这会让被赞扬者不适，也会令周围的人不适。因此，当小事一件被办成时，不用兴师动众地去赞扬，只要把话说到即可。

2.普通人也能做大事，说多少都不为过

很多时候，一些人做了很了不起的事，但是赞扬的声音却很小，很大程度

上是因为这个人的社会地位不够高，出于这种心理，虽然人们内心有一些赞扬的话，但是一般不会对其说出来。其实这样做是不对的，一些好的事迹，尤其是那些最为普通的人做出的比较轰动的事，是需要人们去高调赞扬的，这样也会为社会树立一个好的榜样，从而影响其他人，使大家都去学习这种有利于社会进步的精神，使社会更加和谐。

小刘是一名国企职工，平时工作上进心非常强，总是能够在所在部门争先创优。一天他走在回家的路上看到前方有一个人正在抢一名女性的包，正在女性喊人帮助时，小刘一个箭步窜过去与歹徒斗在一起，周围群众发现后也来帮助，最后制服了歹徒并扭送到公安局，后来大家都为小刘鼓掌。大家的赞扬声络绎不绝，这让小刘感到很激动，并觉得自己帮助他人做得值。

从这件事不难看出，小刘虽然是一名普普通通的公民，但是他做出的事情是非常伟大的。一个人能够对一个未曾相识的人伸出援手就已经是非常了不起的举动了，再加上他遇到的是抢劫的歹徒，他能不顾个人安危做出这样的行为，实在是值得人们去赞扬，这种赞扬怎么大都不为过，因为这种行为是值得人们去学习的，只有这样，社会才有正气，这种行为才会减少。因此，对待这种行为时，不要吝啬自己的赞扬。

3.赞美不要来得太快，但是也不要错过末班车

赞扬有时候不需要来得太快，因为有些事人们还没有反应过来，这时你的赞扬会让人觉得你趋炎附势。应该在观察之后再思考如何去赞扬他人是最好的，不要着急，要求稳。但是也不要太慢，有时候这件事情都过去了一段时间，结果你突然冒出来一句关于这件事情的赞扬，大家会觉得莫名其妙，摸不着头脑。所以不要太快也不要太慢，要恰到好处，有一个轻重缓急之分。

办什么事都有一个轻重缓急，说话也要分深浅、轻重。只有掌握说服他人的技巧，才能使别人按我们的想法去行动，达到办事的目的。

赞美之言越朴素越好，花俏话反而不中听

有人说赞美的话就是让人爱听的话，这话不假，因为赞美本身就是夸人，谁都愿意别人夸自己，所以适当地赞美可以使人们的心情变好，使彼此间的关系更融洽。但是赞美不是一味地说好听的，很多时候虽然说的话很华丽，辞藻非常丰富，话语的结构也非常巧妙，但是往往比不上一句朴实的话。其实，赞美让人觉得是从心底发出的声音，效果最好，那么朴素的话听上去最为真实，因为朴素的话也最接近事情的原貌，最容易打动人心。下面就介绍几种能够使赞美更加朴素的方法：

1.从具体事情着眼

很多人说好话说得天花乱坠，就是人们所说的花言巧语。其实这样的话也是很有难度的，如果说得好，当然可以起到神奇的效果，但是如果发挥不好，一般都会产生很大的负面效果，因为这种话说不好就显得很假。所以如果掌握不好尺度，最好不要去费尽心思琢磨，直接说一句朴实的话，比什么都管用。

郑强是省篮球队的一员，他平时训练很刻苦，而且很有天分，有些技术动作在他人看来都是不可想象的，但是郑强总是能够轻松做出来，所以人们很羡慕他，随着郑强在队里的地位提升，很多人也总是找机会去赞美他。其中一名队友就在休息时说："强哥，你的技术真是漂亮，我觉得打CBA都可惜。"郑强听了这话只是淡淡地笑了笑，并没有过多的话语。另一个队友则对他说："郑强，你的技术很到位，是教练提倡的那种，相信我们队会因为你的发挥取得好成绩的。"郑强听后感到倍受鼓舞，接连向这名队友点头致意，并在练球的时候拍了拍这名队友的肩膀，轻轻说了一声"加油"。

郑强技术全面，并且在队里有着一定的地位，那么无论有目的还是没有目的，队友赞美他都是非常正常的。不过从第一名队友的赞美来看，郑强并不感冒。第一名队友的言外之意就是郑强可以去打类似NBA的比赛，虽然这是一种夸赞，但是毕竟在现状看来很不靠谱。在这名队友的话语中不难看出一些溢美

之词，但是给人一种强烈的说好话的感觉，所以郑强并没有多大反应。相反，第二名队友的赞美显得朴实了很多，首先他的话语中没有明显的夸赞词语，其次，他说的都是实际的情况，让人觉得非常实际，所以郑强被他的好意打动，并且倍受鼓舞。

很多时候，我们在夸赞别人时也要从实际着眼，不要只是说空泛的溢美之词，因为这样做的效果往往会大打折扣。

2.赞美的同时指出不足

很多时候，我们在夸赞别人的时候都是好话说尽，其实这样做也容易被别人识破，可以在赞美的同时尽量指出其中的不足之处，这样往往会体现出你的真诚，但是要注意这种不足是要点到为止的，否则你的赞美效果会付诸东流的。

战士小刘平时训练总是躲着那些累的难的，结果成绩一直不理想。但是小刘有一个特长就是打枪打得准，一次，他在射击考核中超长发挥，获得了突出的成绩。一向严肃认真的连长，不失时机地当场对小刘提出了表扬，当着大家的面说他的枪法好，并鼓励他再接再厉，给小刘很大的鼓舞，但是连长也提出了小刘的怕苦怕累问题。此后，小刘像是换了一个人似的，不仅克服了怕苦怕累的毛病，而且有着很高的积极性，各项工作开展得都很顺利，年底还被评为“优秀士兵”。

从连长的赞美中不难看出他的良苦用心，一方面鼓舞年轻士兵，一方面告诫他戒骄戒躁，这种赞美再朴实不过了，能让士兵心中产生一股向上的劲头。平时我们的赞美也可以像这样，在夸赞的同时指出不足，能够很好地达到赞美的预期效果。

赞美他人，是对别人精神上的激励。赞美对于被赞美者来说，是一种激励，它能点燃被赞美者自信的火炬，使其迸发奋进之力。特别是现在这个竞争激烈的社会，每个人都渴望得到上司、同事等等的肯定，这是他们前进的强大动力。任何人在成长过程中，都渴望别人的赞美。但是赞美不是不负责任的恭维，所以不要虚伪地奉承迎合。积极地发现对方的长处，找到他人身上的优点，用朴素的语言去赞美，效果要比花哨的话效果好得多。

捕捉被人遗漏的闪光点，做出别出新意的赞美

很多时候，我们自己身上一些优点一直伴随着我们，但是也许是觉得太平常太熟悉了，我们就是发现不了。于是在与他人相处的某一天，朋友或者同事在不经意间指出了这个优点，并非常诚挚地赞美了一番，这时自己心里的感觉是和喝了蜜一样的感觉。所以，我们在赞美别人时，不要总是关注那些众人皆知的优点，要善于观察，寻找那些人们身上被人们忽视遗漏的闪光点，做出别出新意的赞美，让被赞美者欣喜若狂。

1.用闪光点开玩笑，培养舒畅心情

人与人之间的相处没必要太拘谨，更不需要总是那么严肃认真，尤其是现在生活压力巨大，人们之间如果一直是一种类似沉默的态度，那么每个人都会在压力上加压力，所以可以换一种轻松的方式。比如人们可以开玩笑，很多时候真诚的赞美不是必须在态度上正式，只要说出的话是真心的，内容是真实的，那么即使是开玩笑也会被他人心领神会的。所以一个人可以通过观察要赞美对象的闪光之处，通过一个不经意的玩笑点出这个闪光点，是可以起到奇效的。

小丽和丈夫是大学同学，两人毕业后结婚有三年了，很恩爱，每次出门小丽都对丈夫照顾有加，这让丈夫也非常疼爱小丽。一次同学聚会，很长时间没见了，大家在饭桌上聊得不亦乐乎。也许是过于兴奋，丈夫把一粒玉米吃到了脸上。小丽就让丈夫别动，然后自己亲手帮丈夫把玉米粒摘了下来放到桌子上。这一幕被在场的同学们看在眼里，大家开始起哄，同学小刘就说：“你们也太过分了吧，想让我们羡慕是吧，尤其是我这种还单身的。”大家听后都笑了，不过丈夫和小丽心里都甜滋滋的，两人感情在后来的生活中更加牢固了。

小丽把丈夫脸上的玉米粒用手拿下来也许就是平时自己的一种习惯，自己已经习以为常了，但是这种爱的表达方式被同学们逮个正着，并被用开玩笑的方式捕捉到了。虽然同学只用玩笑来说出这个事，但是玩笑中却暗含着对这对夫妻感情的肯定，还有着真诚的赞美和美好的祝福。从同学的话中并没有说什么你们感情真好的话，但是却将这个意思用一种含蓄的方式表达得淋漓尽致，不需要再做过多的解释，被赞美者也心领神会，所以这种赞美的方式可以巧妙地用在其他方面，让被赞美者从内心欢喜，从而产生对你的好感，拉近彼此的距离。

2.装作自己不知情，赞美更真实

在赞美他人的过程中，你会遇到各种各样的情况。不过大部分是有准备的，大家心知肚明一笑了之，效果也有好有坏，但是有一种赞美是一定会受到好效果的，那就是不经意的，并且是对自己没有注意过的闪光点进行捕捉。因为这样的赞美往往突如其来，一般出乎意料的惊喜首先会让人们的内心感到快乐，然后会有所思考。这样的赞美通常会让人们回味无穷，所以效果也是相对一般赞美较好的。所以平时自己可以准备好，在适当时候假装不知道，让对方出乎意料，获得惊喜。

小爽和小静是同班同学，小静每次喝完牛奶就将袋子里剩下的牛奶滴到手上然后反复涂抹，小爽看在眼里，后来在网上查了一下发现牛奶可以美容。后来小爽在课间发现小静又在把剩下的奶往手上涂抹，小爽就凑过去问这是在干吗，小静就说这个可以美容，小爽就表现出一副非常惊讶的样子说："你懂得真多，这样做不仅美容了，而且没有浪费，真不错。"小静听了，心里感到非常高兴，和小爽的关系一直不错。

小静这样做，看来已经习以为常，也不会想到谁会为这个赞美自己，小爽也不是不知道牛奶美容的功效，而是故意做出请教的姿态，这样一来，既可以显得小静懂得很多，又赞美了小静不浪费东西的品质，可谓一举多得，让小静心中对小爽多了几分好感。

其实生活中很多时候，人们是需要一种不在预料之中的赞美的，因为这样往往能够使人们发现自己的价值。所以我们可以注意观察身边的人，善于捕捉他人身上的缺点，从而在适当的时候做出很有新意的赞美，这样可以达到较好的效果。

借他人口说出自己的赞美之意效果更好

有时候，人们会在赞美他人的时候觉得不自然，因为自己准备并不充分，而且心底并不是十分想赞美对方，怕表现不自然的时候被说虚伪。其实这种担忧不是没有道理，有必要去想一些办法来解决这样的问题。其实这样的问题较好的解决办法就是将赞美之词用他人之口说出。可以在赞美某个人时借他人之口说出自己心中的夸赞之词，这样一来，即使说的话不靠谱或者并不是非常能够被人接受，也不会怪到自己的头上，因为不是自己说的。那么赞美恰当的时候，又会使被赞美者对你产生好感。因此，这种赞美方式回旋的余地很大，也更加灵活。

1.针对孩子巧赞美

父母对孩子的赞美是很重要的，因为这对鼓励孩子做得更好非常重要，但是赞美是需要一定的客观性的，父母偏爱自己的孩子是毋庸置疑的，那么这种赞美往往会被孩子认为是理所当然的，没什么值得注意的，结果起不到赞美应有的作用。因此，这时可以注意借他人之口说出夸赞孩子的话。

一天，贝贝陪妈妈在家里看电视，这时，好久不来的小姨来串门了。贝贝很高兴，一会儿给小姨倒水，一会儿张罗给小姨洗水果。小姨走了之后，妈妈笑着跟贝贝说：“贝贝，小姨刚才夸你了，说你懂事，还会招待人了，又热情又大方。”“真的吗？小姨真的这么说的？”贝贝大眼睛里闪着快乐和兴奋。“是真的！以后要继续努力啊！”妈妈鼓励她说。“嗯！”从此后，贝贝对家里来的每一位客人都特别有礼貌，招待得热情、周到。妈妈发现借他人之口表

扬贝贝似乎格外有效，于是在很多方面都如此应用，果然帮助贝贝树立了很多好习惯。

通过贝贝的例子，不难看出对孩子进行适当地赞扬和认可是多么重要。但是这里有一个技巧就是，父母并不是以自己的口吻赞美，对孩子的赞美和鼓励的话都是借他人之口说出来的，这样一来就更加确保了这些评价的可信性，让孩子更加相信这就是他人对自己的赞美，就激发了自己，让自己做得更好。

2.间接赞美传佳话

借他人之口间接赞美别人，能够使紧张的人际关系得到缓解，使良好的人际关系更加和谐融洽。

在同一家公司任职的李小姐和苏小姐素来不和。李小姐请求另一个同事王先生作解释协调工作。王先生说："好的，我会处理这件事的。"后来李小姐遇到苏小姐时，苏小姐是既和气又有礼，与从前相比，简直判若两人。李小姐向王先生表示谢意，并且好奇地问："你是怎么说的？竟有如此的神奇效果。"王先生笑着说："我跟苏小姐说有好多人称赞她，尤其是李小姐，说她既温柔、又善良，而且脾气好、人缘更佳！如此而已。"从此，李小姐和苏小姐的矛盾不复存在，两个人的关系一直很好。

这个例子很典型，通过他人之口缓解了两个人的矛盾，并成功解决了矛盾。很多时候，人们就是希望听到一些人的赞美，尤其是那些自己非常在意的人。但是很多时候由于种种因素阻碍使被在意的人不能亲自将心中的话说给在意自己的人听，那么这些话可以借他人之口传达，这些话所起的效果不但不会打折扣，而且可以翻倍。

心理学中的"社会赞许动机"理论告诉我们，每个人的行为都希望得到别人的赞许。美国心理学家威廉·詹姆士说："人类本性上最深的企图之一是期望被赞美、钦佩、尊重。"莎士比亚说："一句赞美相当于我十天的口粮。"心理学家杰丝·雷耳说："赞美对温暖人类的灵魂来说，就像太阳一样，没有它，人类就无法成长。"

可见，赞美的作用是十分巨大的，是生活和工作中必不可少的。有专家指出，我们所做的每一件事，百分之九十以上的目的是为了获得认同，被人关注。俗话说，“好言一句三冬暖，恶语伤人六月寒”，我们赞美别人给他人一个好的心情，让他人能够快乐地度过每一天的生活，同时也是一件能够让自己快乐的事。那么就让我们选择恰当的赞美方式，使用适当的赞美技巧，建立良好的人际关系，让他人也让自己更加快乐，让我们一同体味生命的意义。

第09章 说话有分寸，点到为止不让言语伤人

俗话说：一句话可以把人说跳，一句话也可以把人说笑。语言的力量就是这样神奇，既能给人带来沮丧和烦恼，也能给人带来勇气和欢乐。那么说好一句话的关键是什么？关键是把握住说话的“度”。是的，若想在人际交往中做一个受人欢迎的人，就要分场合说话，掌握时机说话，还要懂得有分寸，在说话前多考虑下措辞，斟酌哪些话该说、应该怎样说，这样才能获得好的交谈效果。如果说话不思考，不讲究分寸，可能因不小心说错话而给自己惹来麻烦。那么，在说话中该注意哪些问题呢？本章我们将会为大家一一讲解，希望大家能从中找到自己需要的答案。

揭人短处，谁还愿与你交往

“揭短”有时是故意的，那是互相敌视的双方用来作为攻击对方的武器。“揭短”有时又是无意的，那是因为某种原因一不小心犯了对方的忌讳。不管有心无心，在待人处世中揭人之短都会伤害对方的自尊，轻则影响双方的感情，重则导致合作的破裂，产生负面影响。我们一定要把好自己的嘴，千万不要随便戳伤对方的痛点，否则你的交际之路将会越走越艰难。

出身贫寒的明太祖朱元璋做了皇帝后，很多昔日的穷哥们儿来到京城找他，满以为朱元璋会念在昔日共同受罪的情分上给他们封个一官半职，谁知朱元璋最忌讳别人揭他的老底，觉得那样会有损自己的威信，因此对来访者大都拒而不见。有位和朱元璋一块光屁股长大的好友几经周折总算进了皇宫。一见面，这位老兄便当着文武百官大叫大嚷起来：“哎呀，朱老四，你当了皇帝可

真威风呀！你还认得我吗？当年咱俩一块儿光着屁股玩耍，你干了坏事总是让我替你挨打。记得有一次咱俩一块偷豆子吃，背着大人用破瓦罐煮。豆还没煮熟你就先抢起来，结果你吃得太急，豆子卡到嗓子眼儿里了，还是我帮你弄出来的……”这位老兄还在那喋喋不休唠叨个没完，宝座上的朱元璋再也坐不住了，心想此人太不知趣，居然当着文武百官的面揭我的短处，让我这个当皇帝的脸往哪儿搁。盛怒之下，朱元璋下令把这个穷哥们儿杀了。

看到上面的故事，我们应该明白揭人短处的害处有多大，严重的时候真的是能给自己的生命造成威胁。所谓人无完人，金无足赤，谁都有点缺点，都有自己的忌讳之处，如果这些被人当面说出来，无疑是打了人家一个大耳光，太不给人留情面、留余地了，而揭人之短的人除了招致对方的怨恨、报复外将一无所得。

张丽丽是一位二十五岁的姑娘，从小她就长得很胖，吃了不少减肥药也不见效，心里很苦恼，也最怕有人说她胖。公司有一个同事叫王小米，王小米总喜欢开玩笑，平日大大咧咧的，周一早上，她看见张丽丽，笑着对她说：“丽丽啊，周末这两天你吃了什么呀，像气儿吹似的，才两天工夫，又胖了一圈儿。”张丽丽立马恼羞成怒：“我胖碍着你什么了？不吃你，不喝你，真是狗咬耗子，多管闲事！”王小米不由闹了个大红脸。

在这里，王小米明知张丽丽的短处，却还要把话题往上赶，这自然就犯了对方的忌讳，不找麻烦才怪。肥胖是女人不可触及的话题，王小米明知道张丽丽对自己的身材很敏感，还拿此打趣，这样的行为的确让人反感。俗话说，“打人不打脸，揭人不揭短。”我们要想与他人友好相处，就要尽量体谅他人，维护他人的自尊，避开言语“雷区”，千万不要戳人痛处。

那么，为了避免因戳到对方的痛处而影响以后的交际，应该注意什么呢？

1.对对方有所了解，以免祸从口出

了解对方可以做到在交际中“知己知彼，百战不殆”。因为每个人都有自己的个性和习惯，有自己的需求和忌讳，如果对交际对象的优缺点一无所知，那么交际起来，难免会踏进“雷区”，触犯对方的隐私。

2.少散播他人不得意的事情

人生在世，总希望自己能一帆风顺、有所作为，实现人生的价值。但是，月有阴晴圆缺，人难免有失意之处，失意之处暂时忘却倒也轻松，有人有意无意提起就使人心灰意懒，沮丧不已。万事如意、踌躇满志之人则多以昔日的失意为忌讳，生怕传播开去，有失脸面。

3.不提及别人的尴尬事

每个人都会遇到一些尴尬的场面，如果你知道对方的糗事，请你保持沉默，当你说出口的那一刻，对方又受到一次伤害，这样他会加剧对你的厌恶。所以说别没事找麻烦，多一个敌人并不是一件多么幸福的事情。

4.说话有尺度，三思而后行

与人交际，嘴边一定要有所收敛，很多时候我们都要在说话时留个心眼，三思而后开口，什么是自己应该说的，什么是不应该提到的，要始终在自己的心里有个谱，以免遇到尴尬的状况，让人产生误解与怨恨。

人群相聚，都不免要找个话题闲聊。天上的星河，地上的花草，眼前的建筑，身后的山水，昨日的消息，今天的新闻，都是绝好的谈话内容，何必去说东家长西家短，无事生非地议人家的短处呢？说人家短处是一种不道德的行为，我们必须克服。

玩笑不可随便开，掌握分寸要牢记

张妮和杨月在同一个公司上班，平时两人关系也不错。一年愚人节，张妮故意装作气喘吁吁的样子跑到杨月的办公室，说：“杨月，你姐姐在公司出事了。”杨月一听就着急了，赶紧往他姐姐的单位打电话，结果弄得那单位的人莫名其妙。杨月后来才知道这天是愚人节，但他觉得张妮咒他姐姐出事的这个玩笑开得太过了，张妮却以为，本来就是愚人节，一个玩笑有什么大不了的。

两个人最终还是因此发生了激烈的争执，甚至反目成仇，再也不相往来。

陈小林是一个爱八卦、爱胡说八道的中年妇女，平时就爱开玩笑，经常因为开玩笑而惹出事端，可她仍不接受教训。一天，陈小林与几个同事在一起喝酒，在酒精的作用下，她又开起了玩笑，说："大家快看啊，陈大哥家的闺女长得不像他，倒像他家隔壁的张大哥。"惹得同事们一阵大笑。陈大哥是一个一根筋的中年男人，平时行事跟其他人不一样，别人看来是玩笑，但是他却容易当真。不了解情况的陈小林这下可算是惹了大麻烦。陈小林本来就只是想幽默一下，谁知说者无心，听者有意。陈大哥回到家就仔细盯着闺女看，越看越像陈小林开玩笑说的那样，顿时恼羞成怒，指着他老婆破口大骂。陈大哥的老婆莫名其妙，委屈极了，等明白过来之后，便矢口否认。粗鲁的陈大哥接着又大打出手，连给他老婆说话的机会都没有。陈大哥的老婆越想越委屈，气得当晚割腕自杀，幸亏抢救及时才保住了一条命。后来，陈大哥找到陈小林想要问个明白，陈小林笑着说："哈哈，陈大哥不会当真了吧？没有的事，就是想幽默一下而已。"陈大哥气愤地说："哪有你这样说话的？你这个人简直是不可理喻。"从此以后，陈大哥和陈小林的关系就疏远了，除了工作需要，他们基本不说几句话。

玩笑应该带给别人快乐，而不是给对方带来痛苦和愤怒。不论和谁开玩笑，我们一定要把持住开玩笑的分寸。也许你认为做人没有必要那么谨慎，或者觉得大家彼此已经很熟悉了，但是请不要忘记，每个人的心中都有自己的底线，如果你不好好掌握住这个度，你的交际将会出现很大的危机。

那么，开玩笑需要如何把握住这个度呢？

1.开玩笑，切忌过分搞恶作剧

恶作剧有时虽然可以引起哄堂大笑。例如某人要坐下时，你抽掉椅子，他冷不防摔了个四脚朝天。人们可能因此发出笑声，但这样的笑声是廉价的，这种恶作剧非常要不得。

2.开玩笑，内容要高雅

笑料的内容取决于开玩笑者的思想情趣与文化修养。内容健康、格调高雅的笑料，不仅给对方以启迪和精神的享受，也是对自己美好形象的有力塑造。

3.开玩笑，切忌不怀好意

与人为善，不仅是做人的根本，也是开玩笑需要掌握的一个原则。如果有人借开玩笑对别人冷嘲热讽，发泄内心不满，即便是傻子都会轻易把他识破。你也许会因为一时逞口舌之利而占到上风，但玩笑中潜藏的挖苦会使别人认为你对他不够尊重，你们的关系自然会慢慢疏远。

4.开玩笑，不要牵扯工作内容

在公司，休息时间你可以开开玩笑缓解一下疲劳，活跃一下气氛，但是对于工作上的问题还是谨慎一点为好。为何呢？你不妨想一下，或许你本意只是打趣一下，但是万一对方信以为真呢？那么你的一句玩笑将会导致工作出现问题，不仅影响彼此的感情，还会给公司带来麻烦，到时候你就哭笑不得了。

5.开玩笑，少牵扯对方隐私

开玩笑时必须要注意尺度和分寸，尤其不要拿别人的隐私开玩笑。因为每个人都有隐私，而且也不允许别人触及自己的隐私。一旦有人喜欢拿别人的隐私开玩笑，那他必定是一个不受欢迎的人。

6.开玩笑，你要分清人

每个人的性格都是不一样的，有些人喜欢开玩笑，你越跟他开玩笑，他越觉得你把他当朋友，和这样的人可以适当开开玩笑。有些人正好相反，天生严肃认真不苟言笑，说笑稍微过了度他就当真，所以，你最好不要和他过分地开玩笑，万一他没笑，反而较真起来就麻烦了。

7.开玩笑，要注意场合

不要任性而为，否则你的行为就成了一个“笑话”。深处安静的环境下，不要开玩笑。如，大家都在安静的学习或者是忙碌工作的时候；场合比较正式或者紧张严肃的时候，不宜开玩笑。如，参加庄重的会议或社会活动的时候。如果不分场合随意开玩笑，那么你在对方眼里一定是一个素质不高的人。

那些说话诙谐的人通常会受到大家的欢迎与喜爱，他们总能为自己营造一个轻松愉快的交际氛围。但是，如果不注意开玩笑的方式，可能会适得其反，不仅会破坏融洽的气氛，还会伤害对方的感情。因此，在我们与人交往时，一定要把握好开玩笑的尺度。

话该不该说，你清楚吗

一个成大事的人，首先要做的就是要管住自己的嘴，知道什么话该说，什么话不该说，该闭嘴时就闭嘴，该沉默时就沉默，因为这可以让自己更清晰地思考。然后，且闲庭信步，看花开花落。

谭玉玉刚刚参加工作不久，初入职场的她难免有些兴奋。谭玉玉本来就是一个很活泼的女孩子，有她在办公室的气氛活跃多了。小到芝麻，大到西瓜，无论什么事她总是能说上两句。同事们似乎都不错，谭玉玉也很开心能找到这么个不错的工作。进公司两个月后谭玉玉就发现，销售部经理和行政部经理常常起冲突。销售部经理和行政部经理本也没有什么利益冲突，可就是单纯的相互看不惯。行政部经理是老员工，又比销售部经理年长，可是工资却不敌新来的销售部经理。行政经理心中不舒服，想要以自己老员工的身份排挤销售经理，可是经理也不是省油的灯，于是就这样相互抵触着。事实上，他们俩都不是什么省油的灯，行政经理仗着自己是老员工，不仅挤兑新员工，有时还会滥用职权，态度很不友好。销售经理则想独揽客户，掌控大权，和老总一较高低，而后转身单干，这样的做法确实影响手下和公司的发展，让人无法忍受。谭玉玉刚入职场，很单纯地为公司的利益担忧，所以她也渐渐有了牢骚，这样下去公司怎么会好呢？自己是新人，被欺压没关系，可是他们影响到公司了，这可如何是好？可是在两个经理面前，谭玉玉又不敢多说，毕竟自己只是个小人物。李姐也是公司的老员工，为人相当老实厚道，所以自然而然成了行政经理欺压的对象，也许是因为大家都是被上级欺压的对象，谭玉玉和李姐之间的关系越来越好，两人也常常谈起办公室的种种事情。谭玉玉看李姐是老实人，又同是受欺压一辈的，也就毫无顾忌地把心里的不满和牢骚讲了出来，将自己

对两位领导的看法以及对公司的担忧一股脑儿说了出来。谭玉玉说得很痛快，李姐也点头赞同，两人有种相见恨晚的感觉。一夜长聊，谭玉玉很开心。可是早上一进办公室就遇上行政经理满是凶光的眼，接下来的时间行政经理不停地为难谭玉玉，谭玉玉很是不解。下午销售经理又将谭玉玉叫到办公室，很直白地问道："你对我是不是很有意见？"谭玉玉一时不知该说什么。谭玉玉是老板亲自面试招来的，更何况老板很看重她，所以她也不舍得离开。可是面对两位经理的双重打压，谭玉玉确实已经没有精力去应付工作，不得不选择辞职。事后，谭玉玉很后悔，正是因为自己的口无遮拦，最终误了自己的前途。

在职场中，说话问题显得尤为重要，不要什么都说，否则后果不堪设想。什么话该说，什么话不该说，一定要清楚，话一说出口就收不回，所以当着同事的面一定要有所警惕。

那么，为了避免说错话，应该注意什么呢？

1.为人低调，少自夸

如果自己在某些方面比其他人都强，这些方面是否应该成为你炫耀的资本呢？再有能耐，也应该小心谨慎，因为这不是让你露一手的地方。再说了，强中自有强中手，倘若在座的有比你厉害的，那你一定马上成为别人的笑料。

2.学会沉默，多听别人发言

沉默本身不是金，只是一个炼金的过程，将各种情况进行综合分析，得出一个相对合理的结论后，才谨慎发言，这样，他给人捧出来的总是金子，自然会被人认为是一个极有价值的人，因而受到重视和信任。适当的时候，我们要懂得沉默。

3.不谈自己的私生活

别把情绪带到工作中来，更别把故事带进来。办公室里容易聊天，说起来尽图痛快，不看对象，事后往往懊悔不迭。可惜说出口的话泼出去的水，再也收不回来了。千万别聊私人问题，也别议论公司里的是非短长。

要注意，普通的一句话，会因分寸感平添几许力量，话少又精到，给人感觉深思熟虑。说话的分寸决定与你谈话的对象、话题和语境等诸多因素的需要。换句话说，要言之有度。

不要急于开口，请三思而后言

很多时候，我们无心出口的一句话，很可能会给他人造成伤害。所谓“差之毫厘，失之千里”，语言表达的一点偏差可能会导致意义的离题万里。若想避免这种不必要的麻烦，最重要的一条便是：管好自己的嘴巴。说话前一定要三思，要用大脑考虑一番再出口。

朋友们应该听过关于杨修的故事：杨修，字德祖，东汉末文学家。出身名门望族，与曹植是好朋友。他博学睿智，才识过人，但为人恃才傲物，数犯曹操之忌。表面上曹操对其才华非常赞赏，但其实心甚忌之。虽说曹操素来爱才，但一定是可以驾驭之才。像杨修这样恃才狂妄、牙尖嘴利的人，最终只能给自己带来杀身之祸。杨修总是自认为绝顶聪明，有事没事就爱炫耀。一次，曹操的院宅翻新修建好了，但曹操嫌工匠造的园门太宽了，就在门上写了一个“活”字。别人看不懂是什么意思，杨修一看，立刻就明白了曹操心中所指，于是赶紧就宣布答案说，不就是说门太“阔”嘛。杨修也好为人师。曹操欲考察儿子曹丕和曹植的能力，经常给他俩出出难题。按理说这是家事，外人不应该跟着瞎掺和，可是杨修却管不住自己的嘴，经常给曹植出谋划策。有人把此事告诉了曹操，杨修的处境可想而知。曹操兵进兵斜谷时吃了败仗，正在进退游移之间，随口传令以“鸡肋”为夜间口号。杨修非常理解曹操进退两难的心情，猜到他可能会退兵，于是让随从准备归程。一时大家都知道曹操欲归之意，于是纷纷做起了退兵的准备。曹操夜里心烦意乱，出军帐散心，正好看到这个情案，肺都快气炸了。他把杨修叫来质问，杨修却振振有词：“鸡肋不是食之无味、弃之可惜吗？由此知王意。”而此时，曹操正担心军心涣散，影响局势，于是盛怒之下就斩了杨修。

看完上面的故事，大家应该明白，如果杨修在每一次开口之前能懂得思考一下话该不该说，说出来会造成什么样的影响，说话的对象合不合适，那么他就不至于落个被斩的下场。古话说得好“三思而后行”，其实也很适用于说话这方面。“三思而后说”。就是讲慎言，就是讲在说话前要多加考虑，切不可信口开河，不知深浅，没有轻重。

有个名叫陈芸的女孩，就因为说话不当丢掉过两份工作。事后，每次想来她都是痛恨不已，后悔莫及，但一切都已无济于事。

第一次是因为不小心泄漏了主管人事的副经理外出“约会”的消息。那天，陈芸和男朋友在一家西餐厅吃饭，两人边吃边聊，吃完饭的时候，他们正要买单走人，恰好看到副经理和一个身材高挑的女孩相依着走进餐厅。陈芸第一眼就看到了他们，因为她早已知道副经理是有妇之夫，女儿都已经四岁了，而且一向是谦谦君子模样，个人生活很有口碑，陈芸对这样的花心男子一向深恶痛绝…后来在办公室，有一次大家在谈论什么样的人是好男人时，忽然有人说主管人事的副经理就是一个重感情、有责任感的难得的好男人，又列举了一大堆事例加以证明。刚开始陈芸还沉得住气，没有言语，最后，见大家一致认为副经理是个好男人，简直是完美无缺，她实在气不过，就把那天见到的情景添油加醋地向大家叙说了一番。大家听到此，禁不住面面相觑……第二个月，陈芸就被炒了鱿鱼，副经理还把她喊到办公室，给她看了一张照片，并说，这就是那天你见到的和我一起吃饭的女孩，她是我的亲妹妹；接着，他又拿出一张全家福……陈芸这才发现两人长得非常相像，但是一切都晚了……陈芸第二次被炒鱿鱼却是因为业务的缘故。她接待一个客户时，为了让对方更看重自己，增加成功砝码，大谈公司的经营之道。公司经理最终有所耳闻，害怕这女孩有一天会一不小心泄漏了公司的商业机密，尽管对她的工作能力一向很是赞赏，仍然不得不忍痛割爱，将她辞退，以防后患。

一定要注意，如果你不知道自己说的话会不会惹出麻烦，那就请你一定要耐住自己的性子，先思考几分钟，斟酌斟酌自己要说的话，这样才能将你说话造成的危害降到最低。

那么，在交际中如何防止失言呢？

1.心态很重要，要做到从容淡定

语言总是受控于大脑神经，当大脑神经过度兴奋时，思维就杂乱无章，表现在语言上就是语无伦次，信口开河。为了防止因紧张而失言，我们要进行必要的心理训练的模拟演习，视讲坛如家，视陌生人如同朋友，在师长、领导面前保持良好的心态。相信经过一番练习，将不会出现失言后悔的现象。

2.说话要慢，不要急

说话前，不要急于脱口而出，而应先把想说的话考虑一下再说，想问题的时候要做到周到、细心。回答别人的话时，语速要慢，但大脑转得要快。这样就可以给别人一个比较完美的答案了。

3.对自己言行负责

我们应对所说的每一句话负责，要做到一言九鼎，才能树立自己的公信力，才能赢得朋友的心。如果说话不经大脑，信口开河，又随意反悔，那么只会把别人对你的信任践踏在脚下，最后让你失去自己的信任度。

三思而后行，三思而后说。在行动之前要考虑好所有的情况，才能够顺利地达到自己的目的；同样，在说话之前也要仔细考虑，才能够达到预期的效果，否则，就有可能把事情搞砸。

慎重对待他人的隐私

马克·吐温说：“每个人像一轮明月，他呈现光明的一面，但另有黑暗的一面从来不给别人看到。”罗曼·罗兰说：“每个人的心底，都有一座埋葬记忆的小岛，永不向人打开。”这座埋葬记忆的小岛和月亮上黑暗的一面，就是隐私世界。朋友之间，关系即使再亲密，也都会有一些不愿让对方知道的东西，即所谓的隐私。与朋友相处时，对其隐私我们要给予绝对的尊重，不能认

为这是朋友对你的隐瞒而千方百计地探问，否则，很可能与朋友产生间隙，甚至导致关系破裂。

在大学时，李晓慧和陈丹玉是一个寝室的，两人关系非常好，无话不说。后来，李晓慧发现陈丹玉从来不提起自己父母的事，便随口问了问，陈丹玉一下子眼睛就红了，说出了实话：父母在自己上小学时就离婚了，后来爸爸病逝，妈妈嫁了别人，自己一直跟着小姑生活。为了安慰陈丹玉，李晓慧也说出了自己的一个秘密，说自己也有难以启齿的事，就是自己有体臭，以前做过手术，可伤口才恢复不久，就发现根本没有除干净，洗过澡后就没有什么，可是一出汗。味道就又来了。为这个事，李晓慧很害怕和他人靠得太近。两人就这样互相安慰着对方。转眼半年的时间过去了，李晓慧有了男朋友，一次，她不小心说出了陈丹玉没有父母的秘密，没想到男朋友是个大嘴巴，没过多久这件事就在班上传开了。陈丹玉很生气，便把李晓慧有体臭的事告诉给其他人，大家一下子看李晓慧的眼神都变了。为这事，李晓慧的男友和她分了手，并且李晓慧和陈丹玉曾经那么深厚的友谊也随之破碎了。

别人将隐私告诉你，是对你的信任。我们一定要懂得对别人的隐私守口如瓶，这样才能得到他人的信赖，友谊才能不断加深。反之，如果不把“保密”作为一种义务，一种责任，而热衷于流言蜚语，不但失去朋友，甚至会失去周围的人对你的信赖，最终成为“孤家寡人”。

那么，面对隐私引发的一系列问题，我们应该怎么做呢?

1.不该说的话，只字不提

我们一定要善于控制自己，明白什么是可以说的，什么是不可以说的。不应说的话，不管在什么情况下，也不管对什么人都一定不要泄露，坚决做到守口如瓶。不要让人的隐私从自己的口中传出去，否则自己就很容易受到伤害，苦果最终还得自己品尝。

2.必要时，对某些事情要装作不知道

如果你在偶然的情况下得知了他人的隐私，一定要装作不知道，千万别当众谈论。唯有如此，对方在与你相处时，才不会觉得尴尬，更不会对你产生敌意。否则，说不定在什么时候，对方就会给你难堪，或者是找你麻烦。

3.得知他人隐私，要讲信用，不散播

有人把你当作真心的朋友对你倾诉衷肠，你获得了他人的隐私，切记千万不可得意，因为在无形之中你已经增加了一份责任。不管有意还是无心，若他人的隐私从你口中暴露，既会使他人难堪，又会使你的信誉大打折扣。所以，千万不要散播他人隐私，否则你真的是难以立足。

如果你在偶然的情况下得知了他人的隐私，一定要装作不知道，千万别当众谈论。唯有如此，对方在与你相处时，才不会觉得尴尬，更不会对你产生敌意。否则，说不定在什么时候，对方就会给你难堪，或者给你制造困难，你将很难在职场上立足。

第10章　话只说三分，保持好警惕不忘防人之心

所谓“害人之心不可有，防人之心不可无”，生活并不是我们幻想的那样十全十美，我们所遇到的人也并不是都会真心真意地对自己，所以说必要的戒备之心还是应该有的。与人交际中免不了说话，如果做不到有所保留、什么都说，那么你就很有可能遭到小人的算计。大家都知道“有话只说三分”，其实这不就是为了避免招来祸患吗？说话是有技巧的，怎样才能让自己避免在交谈中掉入陷阱呢？本章将会为大家详细讲解。

话多之人要警惕，逢人只说三分话

祸从口出，说话太多往往容易惹祸上身，坦率不是错，但是毫无保留的坦率就是笨了。俗话说，“逢人只说三分话”，还有七分话，不必对人说出，这是一种变通的说话手段，更是一种自我保护的方法，毕竟不是所有的人都是跟你交心的。这一点，大家一定要注意。

然然和晓琳是好姐妹，关系一直很好。用她们自己的话来形容，她们之间可谓无话不说不谈。彼此以对对方没有秘密为坦诚。有一次，然然向晓琳借了三千元钱，一直没有还。晓琳很多次想问她，但由于关系太好，碍于面子一直没能开口。时间一长，然然也给忘了这事。晓琳心里想着然然肯定是不想还了，因此，两人之间话越来越少了，关系越来越疏远。晓琳把然然借她钱的事告诉了其他的好朋友，说是然然故意不还她钱，想赖，为人不好，让别人也要注意然然。还向别人说了些与然然的其他不为人知的事和秘密。一来二去，这些话终于又传到了然然耳朵里，然然听说后很是不舒服。认为晓琳这是在背后

中伤攻击自己。她找到晓琳，把钱扔在她面前，并说了让晓琳很伤心的话，并要找出传话的人一起对质说清楚这事。最后闹得两个无话不说的好朋友成了见面如仇敌的关系而收场。

这个世界没有你想象得那么大，更何况是对着熟悉对方的人谈论另一个人呢？当你肆无忌惮地吐露你的不满时，你们之间的情谊也就临近终点了。

其实，“见人只说三分话”，并不是说要你完全封闭自己，而只是一种保护自我的手段，它是一种可以变通的说话方式，要求自己能看清对方，再选择说几分话。若是知己之人，或对方是一个坦荡的君子，自然可以推心置腹，否则说话没有保留就会伤害他人、伤害自己。

1.对于小人，尽量不说

世界上充满了斗争与矛盾，社会上的小人真的是非常多，“易退易涨山溪水，易反易覆小人心”。身边充满了陷阱，说话稍有不慎，便有被套进去任人宰割的危险。虽说逢人只说三句话，但是遇到小人，三句话都会过多，重要的信息最好一句都别透露，否则吃亏的就是自己。

2.少说多听，礼貌又不失言

在社交场合中，少说多听是一条永恒的法则。能说会道固然会让你吸引很多的目光和关注，但是也有可能会让你陷人多说则多错的境地。所以，一定要管好自己的嘴巴，少说多听也是一种智慧。

3.不同的人，不同地对待

对待不同的人，说话做事一定要有区别！逢人只说三分话，这三分都是真话，那七分不说的，也是真话。未可全抛一片心，抛出来的是真心，藏在心里的当然也是真心！所以在为人处世过程中，我们可以忠厚，但绝对不能当傻瓜。

逢人只说三分话，不是不可说，而是不必要说的话不要说。善于处世的人，说话圆滑而保守，是不必说、不应该说的缘故，绝不是他不诚实，更不是狡猾。因此，换句话来讲，说三分话是一种修养。此外，说话必须看对方是什么人，如果对方不是可以尽言的人，我们说三分话，已经很多了。

同情心不能随意泛滥，看清楚对象再行动

《伊索寓言》里有这样一则故事：一头年迈的狮子，无法再凭力量驰骋沙场，去争夺领地和食物了。想要活命就必须获取食物，不能力拼怎么办呢？就只能靠智取了。足智多谋的老狮子很快心生一计，决定躲进一个山洞，然后躺在里面装病。因为洞口常有小动物经过，他一旦听到有小动物经过的声音，就开始痛苦地呻吟起来，借此引来好奇的小动物，同时激发他们的怜悯心。等到小动物一进洞，就突然扑过去，把他们吃掉。这个办法果然奏效，许多小动物因为同情老狮子而进到洞里被狮子吃了。泛滥的同情心，使许许多多无辜的小动物就这样白白地送进了狮子贪婪的大口，成了狮子的美餐。聪明的狐狸经过细心观察，发现了这个奇怪的现象，许多小动物只要经过狮子洞口，总是有去无回。他开始怀疑洞里的老狮子在玩什么鬼把戏，便决定去一探究竟，彻底揭穿老狮子骗人的把戏。一天，狐狸悄悄来到老狮子的洞口，只远远地观察老狮子，看他能玩出什么花招，却丝毫不敢贸然前进一步。正在假寐的狮子感觉有小动物来了，偷眼一瞧，好家伙，这回来了一只狐狸，真是太好了，我正饿得肚子咕咕叫呢，不过狐狸很狡猾，我得想想办法，不能让这送上门的美味跑了。于是他又开始故伎重演，痛苦地呻吟起来："哎哟，哎哟，我的脚怎么这么痛啊。"狐狸心里暗暗发笑，可还是假惺惺关切地问："大王啊，你怎么啦，哪里不舒服啊？"狮子痛苦地答道："我老了，不中用了，前天散步，一不留神就把脚崴了。朋友，我估计不久就要和你们永别了。"狐狸忙说："瞧您这么强壮威武，这点小病怎么会有事呢？"老狮子说："我可不是装病，不信你过来瞧瞧。"狐狸笑了："我可不敢过去，只怕我这一去，就会像其他动物一样，成了你的一顿美餐。"老狮子的呻吟声更加痛苦了，他要装得更逼真一些，来赢得狐狸的同情。狐狸见老狮子还在装病，只冷冷地瞥了狮子一眼说："别再装了，我早已识破你的诡计了，难道我是瞎子吗，没看见这里只有进来的脚印，没有出去的脚印吗？我怎么还会上你的当呢？"

看完上面这个故事，大家应该明白滥用同情心的可怕。所以说，在遇到事情的时候要多思考，不要滥用自己的同情心，要学会审时度势，及时预见可能发生的危险，避免不幸的发生。

张卿和李玉是多年的老相识了。李玉最近离婚了，独自生活了一段时间。最近，李玉因经济情况将自己的房子卖了。于是张卿邀请她搬到自己的家中居住。 张卿同情李玉，总是尽己所能地帮助她。为了减少她的生活开支，张卿管她吃喝，分文不收。张卿用自己的积蓄来满足李玉的一切需要。半年后，李玉搬走了，从此以后再没跟张卿联系过。这一事件使张卿感到，自己受到了伤害。她告诉朋友说：“我毫无保留地敞开自己的胸怀和钱包，慷慨地给予一切。我难以抑制自己的同情心，可是李玉最后却翻脸不认人。”

看完上面的故事，我们不免为张卿感到寒心，长时间的倾囊相助到最后换来的却是永不联系。同情是一种良好的心态，而不是盲目地去为别人做很多事。为了真正做到与人为善，而不被伤害，务必要抑制自己过分同情的欲望。

社会上带着面具的人很多，我们不否认其中有真实的苦难者，但是我们也不可否认确实存在着一些骗取他人同情心的骗子，那么我们该如何提高自己的警惕，防止在交际中被骗呢?

1.坚定立场做事

有些忙牵扯到自己的立场问题，不能帮就不要勉强自己，因为在你释放自己同情心的那一刻，你的麻烦正在悄悄走近你。所以说，一定要有自己的立场，不要耳根太软，否则你就会被他人利用。

2.自己多留心

仅仅进行道德上的谴责，指望骗子们良心发现，显然是远远不够的。 还需要我们提高警惕，不可让同情心泛滥，以免助长这些风气。其实，自己经历得多了，慢慢地就能培养出一定的意识，这就需要自己多留心观察，长点记性。

对于我们来说，同情心不是说不应该有，而是要在施与中认清对象是否值得去给。真正的善做人者大都懂得把握同情的分寸，不会不分对象不加节制地慷慨付出一切。否则，一不小心，不但会使宝贵的同情心白白浪费掉，自己也

容易深受其害。

并非所有的人都适合听你发牢骚

莉莉和王姐是同事，俩人在公司都做设计，王姐是一名老员工，莉莉是年轻气盛的新员工，难免会有意见不一致的时候。然而每次王姐的意见都会被领导采用，而莉莉的主张每次都显得很多余，因此，莉莉常常在其他同事面前发牢骚，说王姐会讨好上司。有同事提醒她不要随便发牢骚以免被领导听到，但是莉莉不当一回事。一次，领导派王姐出去办事，同事阿米来找王姐商量问题，阿米问王姐的去处，莉莉说："我可不知道，王姐今天没来上班，我一大早就没见到她"。阿米说："不可能啊，没听说王姐请假啊！"莉莉："王姐和领导什么关系，哪里还用请假啊！"这句话正好被过来看王姐办事回来没有的领导听见，领导黑着脸说："莉莉，你到我的办公室来一趟"。结果，莉莉被以毁谤领导的罪名给开除了。

生活中无奈的事情太多，发发牢骚调节心情也是正常的。但是切忌对着自己不太了解的人发牢骚，那样就会给自己带来不必要的麻烦。

王晓燕的领导浩哥是个脾气暴躁的人。有一次，浩哥在没有问清楚事情原由的情况下就开始发脾气，委屈的王晓燕哭了……下班之后，王晓燕和张凯琪一起去坐车，在路上谈起了上班时被骂的这件事。张凯琪说："大家都知道，今天浩哥是不对，反正他就是个乱发脾气的人，你别往心里去了，我们是好姐妹，你这个样子我看着也挺难受的……"王晓燕刚刚平复的心情一下子就乱了，眼泪立刻掉了下来："是啊！真的不是我的错。浩哥咋这样呢？平日里总是不把下属当人看，每次都发疯似的，搞不清楚对象就开始嚷嚷着怪我，我能怎样？跟我没关系！"张凯琪赶忙安慰说："人家是领导啊！得罪了领导可不好，这可是关系到你的生存大计的问题，劝你还是忍一下吧！"王晓燕一听张凯琪这么说，更加泣不成声："我还能怎么忍啊？就浩哥那个臭脾气谁能受得了啊！简直就是地痞无赖！对了，我跟你说，那天我逛街看到他跟一个年轻女人非常亲密，一定是外面的第三者。哼，都这么老了还这么不检点！一天到晚就知道对我们这些好欺负的发脾气，没有涵养。"听到这些，张凯琪什么也没敢吱声，只是一句句的劝王晓燕别太激动。没一周的时间，王晓燕被调到一个非常偏的分公司去打杂了。王晓燕为什么突然间被调离当前的公司？难道是因为浩哥上次对王晓燕发脾气？当然不是。张凯琪跟王晓燕不是同一伙，而跟浩哥才是同一伙的。王晓燕在吃饭时的"倾诉"，虽然只是发发牢骚而已，但是被张凯琪一五一十地"原音重现"给浩哥了。那么，王晓燕被调职也是不可避免的事了。

朋友们，你们是不是也喜欢发牢骚？那么请注意了，偶尔的牢骚是可以的，能缓解一下当前的压力，但是如果你一味地发牢骚，那么你的好朋友都会对你产生反感。最严重的是，像上文中的莉莉和王晓燕一样，发牢骚不分场合和对象，其实这样的行为是最不可取的，因为早晚有一天你的牢骚会被他人散播，你的处境就会十分艰难。

其实，改变一下自己的心态，尽力避免发牢骚，对我们来说是非常重要的，这会减少很多麻烦，但是大家知道怎么克服自己爱发牢骚的心理吗？

1.学会转移

当自己遇到不愉快的人或事，怨气怒气即将涌上心头时，赶紧进行回避和转移，多想些使人高兴的事，避免消极情绪进一步恶化。我们可以把牢骚中的"不满"转化为激励自己的力量，尽自己的最大努力克服客观条件中的不利因素，这样就是一种更为积极的力量。

2.培养良好的心态

没有任何抱怨，不仅是一种平和的心态，更是一种非凡的气度。没有人欣赏好抱怨的人，就是因为这不是有出息的行为，真有志气、有出息的人从来不会抱怨。我们要学会在顺境中感恩，在逆境中依旧心存喜乐，远离愤怒，认真、快乐地生活，怀大爱心，做小事情，就能达到理想的人生境界。以乐观、

包容的心态去正视现实吧，眼下的世界会越来越广阔。

朋友们，同一个世界，换个角度去思考，你会发现一个崭新的世界。思路决定出路，思路的突破决定你人生的突破。不必抱怨，试着站在他人的立场上思考问题，多为别人着想，你就能收获更多的好人缘。

学会识人，避免在交际中上当

在这个节奏飞快、竞争激烈的社会中，要有自己的理想位置和社会地位，首先就要有亲密的朋友和知己。而选择朋友的前提，就是要读懂人，认清人的真面目。如果你不懂得识人，那么你在交际中就免不了磕磕绊绊。

艾晓晓在谈恋爱的时候，很是举棋不定，因为同时有两个男人向她表明了爱意，一个是能说会道的龙哥，大学里是校辩论队队长，还是小有名气的校园诗人，发表过一些美丽的诗；而阿明，却是老实木讷的工科生，不会甜言蜜语，却会在下雨的时候送伞，生病的时候送药。换作龙哥的做法，要是下雨，他一定会扔下伞，拉着艾晓晓在雨里奔跑，然后对她说一些一生一世的情话。那种场景，的确很浪漫，惹来不少艳羡甚至嫉妒的眼光。他说会带她去欧洲旅行，到布拉格广场大声喊出爱的誓约，说会给她一辈子的浪漫。艾晓晓渐渐觉得，自己陶醉在龙哥的情话和誓言里了。艾晓晓终于还是选择了跟龙哥在一起，她不是没看到阿明落寞的眼神，只是，他连她走到别人身边的时候，都默默地不肯说好听的话挽留，只是沉默了许久，说了短短的一句：祝福你们。她心里忽然一阵泛酸，可是，毕竟心里已经有了决定。女孩子，总是喜欢听一些贴心的情话，美丽的誓约，在阿明的身边，她觉得有些无聊。之后的恋情却没有那么一帆风顺。龙哥虽然嘴巴很好用，生活上却做不到像阿明那样，对艾晓晓无微不至。他有点依赖心理，大事小事都希望让艾晓晓替他做，然后，再甜甜地在她的耳边说一句“老婆我爱你一生一世”“能干的老婆辛苦了”之类的话。一开始，艾晓晓觉得甘之如饴，可终归还是累了，她是女孩子，希望自己是被呵护、被捧在手心的那一个，而不是像养孩子一般，对待自己的爱人。但是，龙哥能给她的，只有用之不尽的甜言蜜语和轻飘飘的誓言了。后来，艾晓晓丢了工作，很多事情也不顺利，龙哥感觉自己需要操心很多，看不惯消沉期的艾晓晓，于是他就果断地提出了分手。此时的艾晓晓才明白，口头上的誓约只能入耳，入不了心。心里一直依靠的龙哥并不是真正的喜欢自己，艾晓晓对自己识人的本事无奈地笑了。

学会识人是人际关系中的一门必修课。会读的人读全面，不会读的人仅读到枝节；会读的人读内在的本质，不会读的人仅读表面的现象。人仅仅能力强、会做事还不够，会识人才是最重要的。在人际交往中，会不会“识人”，才是能否“成事”的关键。

那么，怎么识别一个人的面目，各位朋友知道吗?

1.学会观察对方的爱好

一个人的兴趣爱好与其性格特征和心理状态有着密切的联系。例如：有的人喜欢体育运动，有的人喜欢钓鱼，有的人喜欢做一些非法勾当……这是由于每个人的性格和心理存在差异造成的。我们在交际的过程中，可以从兴趣爱好上了解一个人的性格，获知其心理状态。

2.从对方话语中看人

言谈不用测试，也不用查背景，只要一张口，个性就截然分明，声音透露了一个人的心，用心倾听就能猜得八九不离十，只要细加留意，这个人的每一句话都充满了暗示。我们要想做个社交处世达人，就要学会通过语言了解对方的心理。言谈是一个人品性、才智的外露。通过言谈和辨声，能够从人的欲望、抱负和经验表白上，进一步了解一个人，从而达到窥探对方内心世界的目的。

3.周围人的评价

有些恋爱中的女人在迷恋一位外表优秀的男士时容易丧失理智，即便周围的人一直好言相劝，到时候吃亏了才后悔莫及。所以说，不要随便相信一个

人，尤其是不太熟悉的人，要懂得参考一下周围朋友的意见，这样才不会掉进沼泽。

一个人就是一本书。读人，比读其他文字的书更难。在生活中，每个人都是书，每人又都是读者。你认认真真地读，读了大半辈子，很可能还没有读懂这本“人之书”。每个人都渴望自己被人了解、被人接受，但事实上最难懂的就是人。

关系再密切，也要顾及对方脸面

董海星在深圳的一家公司做网站编辑。刚去公司，领导就安排一直工作比较优秀的刘子琳暂时做董海星的师傅，在工作上带一下新人董海星。刘子琳是浙江人，孤身一人在深圳工作。董海星和刘子琳慢慢熟悉之后都惊喜于对方和自己有那么多共同点，大有相逢恨晚之意。每逢周末，董海星和刘子琳就聚到一起，或是看电影，或是去图书馆看书，或是出去游玩……两个人感觉在异地他乡遇到一个知己非常幸运，在外人看来她们就像是两个姐妹。刘子琳在工作中遇到的烦恼、情感上碰到的困惑都愿意找董海星倾诉。而董海星生性大大咧咧，为人热情，也就乐得帮刘子琳出谋划策，一来二去，两人便成了无话不谈的好朋友，决定在一起合租。终于，两个人找了一处离公司不远的出租屋，合租生活刚刚开始的一段时间，刘子琳和董海星的关系变得更为亲密，除了每天一起工作之外，下了班，两人就去超市买菜一起做饭，在她们看来这种生活非常快乐。但是距离过近也并非全是好事，在半年左右的时间里，她们开始出现大大小小的摩擦。董海星性格外向，是个直肠子，每次在工作上，有不同的意见，她都直言不讳地提出来。有几次，她批评刘子琳的文稿，毫不留余地，甚至让刘子琳觉得下不来台。对这些，董海星毫无知觉，她觉得工作是工作。可是，几次下来，刘子琳的脸色越来越不好，刘子琳个性内敛，平时在同事面前

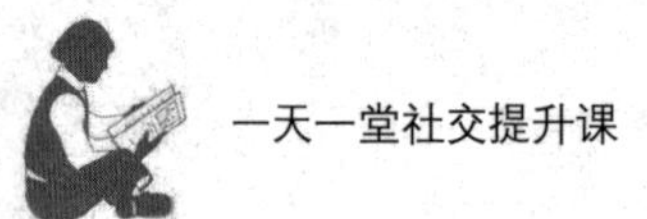

也是一副不苟言笑的姿态，董海星心直口快的反对意见，让她觉得在大家面前尊严扫地。两个人的关系渐渐没有以前那般亲密。

每个人都有很多的朋友，但是这就代表着什么都可以说，不用在乎对方的颜面吗？不是的，每个人都有自己的底线，如果你总是打着好朋友的名义忽视对方的面子，那么你们的情谊真的不会长久。所以我们一定要记得，关系再亲密也要顾及对方的感受，说话的过程中一定要有所保留，很多人一旦伤害了就很难回到最初的样子。

1.言多必失

很多人在与闺蜜或者朋友关系越来越近的时候话也随着越来越多，其实这并不是一种好现象。再近的关系也要有点距离，话也不要说得太满，这样才能让情谊维持得更为长久。所谓言多必失，话说多了一定会出现失误，说不定哪句话就把朋友得罪了，适当地沉默才是更为合适的选择。

2.面子问题不可忽视

关系近了就可以说话肆无忌惮吗？并不是。不管与人关系多近，都要注意维护对方的面子，不要揭人短处、说人坏话，毕竟每个人都是要面子的。如果你总是打着朋友的名义让对方下不来台，那么总有一天你的麻烦也会到来。

3.区别对待，换位思考

在交际中，可根据对方不同的性格，“对号入座”地进行有的放矢地交谈，目的是能达到预期的效果。此外，我们要懂得换位思考，当你站在他人的角度思考问题的时候，你就能体会到他人的感受，那么你就不会出现“出言不逊”的状况，也懂得了交际的技巧所在。

懂得尊重旁人的人才能悟明人生的大智慧。这一类人姿态优雅、举止从容，因为有足够的自信支撑自己，也有足够的宽容去审视旁人。所以会被他人所尊重，因其身上所散发出的高贵又平和的气息实在是让人向往。

适当收敛锋芒，免遭他人嫉妒

《庄子》有一句名言：“直木先伐，甘井先竭。”说明有一定才干而又锋芒毕露的人，虽容易受到器重和擢用，但也容易遭人嫉妒和暗算。“木秀于林，风必催之；堆出于岸，流必湍之；行高于人，众必非之。”这句古语告诉我们，遇人遇事不要太过锋芒毕露才好。我们应该明白，过分显露自己的才能并不是一件好事，适当收敛自己才是大智慧，否则总有一天你就会被推上风口浪尖。

凯莉是一名刚刚毕业的学生，毕业没一周的时间她就以出色的表现被一家公司聘请为策划人员。因为大学时凯莉就是中文系的才女，进入单位后，她在自己的工作岗位上可谓得心应手。领导交待的任务，凯莉每一次都能出色地完成。再加上她工作特别勤奋，进单位不久，就深得领导器重。可凯莉没想到，在风光到来的同时，麻烦也来了。先是很多在单位待了多年依然原地踏步走的同事讥笑她为了一点奖金熬红了眼；接着又有很多不如自己的同事看到她拿荣誉证书，因为心里不平衡就到领导那里告凯莉的状，说她利用单位电话打私人长途，利用上班时间写私人稿子……一时间凯莉被搞得头晕脑涨。可凯莉并没有因此就消沉下去，她明白当务之急就是找一条最佳的路子来摆脱自己的困境。凯莉沉下心来，仔细观察各个同事身上的优点。凯莉发现那位经常在领导面前说她坏话的同事绘画能力超强，于是就时不时说：“姐，我也很喜欢画画，可是手太笨，总是找不到窍门，有时间一定去你家学习学习，你可别不收我这个笨徒弟啊！”听凯莉这么一说，那位女同事竟然不好意思了，这样一来二去，她们之间的关系竟然发生了变化，那位女同事再也没去说凯莉的坏话。还有，那个喜欢嘲笑凯莉的女人有一个非常聪明的儿子，在和她聊天时，凯莉时不时把话题扯到她儿子身上：“张姐，看你儿子的照片就感觉特机灵，听其他同事说你儿子每次考试都拿第一，你是不是在教育孩子方面有自己的一套方法啊，等我以后有了自己的孩子，我可得好好跟你取取经，让你也帮我培养出

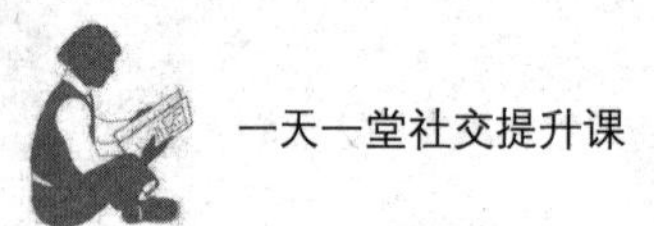

一名优秀人才。”谈起孩子，那个张姐一套接着一套，在一次次的交流中，她对凯莉的成见也慢慢消失了。

对于优秀的人来说，遭人嫉妒是不可避免的一件事，但是并不代表这是一件没法解决的事情，案例中凯莉的做法就非常有效，朋友们不妨学习一下，与其置之不理遭人暗算，不如主动寻求解决的办法。在此，提供几种面对他人嫉妒时的态度，以供参考：

1.谦虚做人，懂得满足

请切记别被晋升加薪之类的喜事冲昏了头脑，要处处表现得虚心、容易满足。总之，就是采取谦让的姿态。多说一些：“那绝非我的功劳，是大家共同努力的结果。”或“多谢你的夸奖了，其实要更加努力，才能胜任此职。”之类的话。

2.用宽容的力量去化解

一个人要想解脱被人嫉妒的苦恼，最根本的是：胸襟要宽，气量要大，不去斤斤计较别人的一言一语，始终保持坦诚的态度与人相处。即使是嫉妒自己的人，也不必疏远，这样一来，也许别人对你的嫉妒也就随之瓦解，闲言碎语也不再有市场。

3.发现并夸赞对手的闪光点

你要懂得欣赏自己的对手。当对手有所成就时，你一定要真诚地表示祝贺。你不想遭人嫉妒，首先是不要嫉妒别人。让你的对手保持一种良好的感觉，有利于两个人的关系处于相对平衡的状态。

每个人都有嫉妒之心，同时，每个人都可能被人嫉妒。因此，当你遭到他人的嫉妒时，一定要放开心胸，以包容豁达的心态来处理人际关系，不要让反嫉妒的火焰燃烧了自己，又伤害了他人。

第11章　培养幽默魅力，让交流有意外惊喜

每个人都想拥有魅力，无论是男女，因为这会给一个人的社交带来很多有利因素，使自己的人际关系网更加发达更加顺畅，那么在社交场合展现自己魅力的最好方式就是语言交流。使自己的语言更具有魅力的方式除了表现自己知识的渊博、说话风度翩翩、词句优美意以外，有一个最重量级的杀手锏，那就是幽默。幽默的魅力是无人能够低档的，风趣的表达可以让交流有意想不到的收获。所以，不妨培养自己的幽默能力，做大家的开心果，让自己的人气一路飙升，建立良好的人际关系。

培养幽默，幽默的人天生带有吸引人的魅力

幽默没有场合的限制，不管什么时候，不用考虑什么场合，只要在交流中适当地运用幽默，就能帮助你开启沟通的大门。其实，不仅仅是沟通中需要幽默，在平时的生活和工作中，也是少不了幽默的。在本就压力重重的生活和工作面前，人们需要一个轻松的心态，所以时刻都能保持轻松幽默的人，往往也是能够受到他人欢迎的人，因为没有人喜欢一个整天闷闷不乐板着脸和其他人说话的人。下面就介绍几种培养幽默给生活带来精彩的小方法：

1.工作中的幽默让你更加精神抖擞

工作是给人们的精神增添压力的最主要因素之一，人们会因为工作繁忙而丢失了好心情，没有了好状态。所以不妨在在平时培养自己的幽默能力，使自己能够自我减压，同时能够获得他人的青睐。

小山是一家租赁公司的员工，一天她拿租借合约给顾客的时候，打开合约和文件，就要顾客签这签那。顾客签完了之后，她笑着问：“您该不会是有签

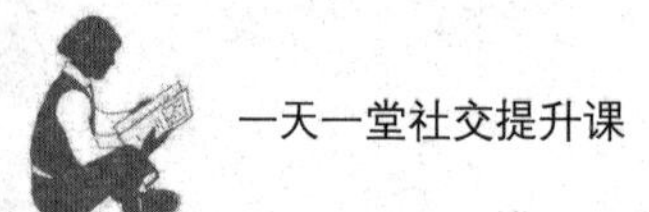

了卖身契的感觉吧？”顾客听了笑着回答说：“是呀，我后悔也没用了，已经签名了。”之后，小山和顾客都扑哧一笑，笑得不亦乐乎。过后顾客很爽快地付了佣金，顾客高兴付钱，小山感觉做好了自己的工作，赚了佣金也开心。

工作中如果都能像小山这样，那么工作的氛围就不会沉闷，在快乐的氛围中工作，人们可以享受这个过程，把工作当做享受，这样的境界是令人羡慕的。很多成功人士都是很懂幽默的，在他们眼里，幽默就像一座桥，能够将自己与社会成功对接。如果细心地去体味和感觉，你会发现有幽默的人在身边，处处都充满了笑声。

2.巧用幽默，让自己像个智慧的结晶

朋友之间的交流再普通不过了，但是每天都是一个样，难免会让人感到乏味，所以适当添加些幽默佐料可以让你们的关系更加融洽，每天都有新鲜之感。

小贾的朋友刚刚搬家，借乔迁之喜邀请大家到家中做客，小贾自然在被邀请之列。但小贾的朋友在准备迎接大家时有些紧张，不知道如何让大家吃得好玩得好。然而，此时正是小贾发挥幽默的时候。小贾在帮朋友做准备工作时说：“小李在被邀请时问我怎么来这里，怎么过来比较方便，我就告诉他只需用手肘按门铃即可。他问我为什么非用手肘按，我说：‘你总不至于空手去吧？”小贾的一番话把朋友逗得开心地笑了，小贾成功地运用幽默向朋友开玩笑，并帮朋友松弛了紧张的心情。

试想，如果小贾在朋友紧张的时候不理不睬，只是一味地帮他做准备工作，那么朋友自然会更加紧张。还好小贾是一个不错的朋友，善解人意的他用的幽默很巧妙，也许他已经告诉了小李怎么过去比较方便，但是在和朋友说时就故意省略掉了这一步，而是直接说用肘直接按门铃，这样一来给人一种避开问题故意打岔的感觉，不过是发生再熟悉的朋友之间，并不会产生误会，而且还会有一种故意开玩笑的感觉，氛围也会轻松许多，再加上小贾成功的“肘子”幽默，使为准备迎接大家而紧张的朋友得到了放松，能够更好地做好迎接工作。

幽默就像是一种有磁性的宝物，它能轻易地就博取他人的好感，它总是让人愉快地接受他人的诚意，拉近两个人彼此之间的距离。尤其是在两个人并不是十分熟悉或者刚刚有过矛盾的时候，幽默可以用一种含蓄的让人能够接受的方式消除人们之间的陌生或者怨气，使人们放宽心情，更好地去进行交往。

一个幽默的人，他的风度和素养使自身的魅力更加明显。幽默是一种高深的说话艺术，恩格斯曾经说过："幽默是具有智慧、教养和道德的优越感的表现。"幽默不仅让自己能够轻松应对各种境遇，而且给周围的人们带来了快乐，可谓一举两得。所以，不要再吝啬你的话语，不要再杜绝幽默，让自己幽默起来，提高自身的语言能力，尽显自己的人格魅力吧。

说点幽默话，你的人气将一路飙升

一个人的人气旺，那么他发展的道路就多，就像一家店，来光临的顾客多，才能把生意做大，所以一个人不能仅仅局限于自己的那个小圈，而是要放眼，要让自己的人气旺起来，走到更远的地方。于是大家都在思考如何提升人气，有些人为如何提升自己的人气绞尽脑汁，有的去参加各种训练完善自己，有的去做些让人感到惊讶的事情以引起人们的注意，还有些人会主动去接触他人进行沟通。其实，那么费神大可不必，因为只要稍微说点幽默的话，就可以使你的人气一路飙升。

1.以幽默魅力吸引他人注意

在自己着手提升人气之前要有一个重要的前提，那就是吸引他人的注意，因为没有人去注意你，怎么会有人来捧场，就更别提人气了。所以在平时的交流中，不妨把自己的语言加工一下，将幽默的元素巧妙地融入进去，这样一来，往往会使人们眼前一亮，自然就会对你多加注意，再加上幽默本身具有的

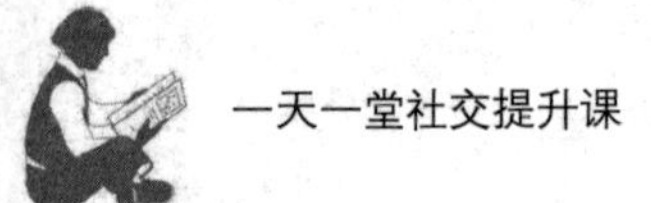

那种不可抗拒的吸引力，人们会更加愿意与你交流，这样一来你的人气自然就慢慢聚敛了。

某公司在举办的产品展销会上，几位年轻的营销人员用专业术语详细地向消费者介绍了产品的性能、使用方法等，给人以业务精通的印象。在回答消费者提出的问题时，他们反应很快，对答如流。最重要的是，他们的表现既彬彬有礼，又幽默风趣，给消费者留下非常难忘的印象。有消费者问："你们的产品真能像广告上说的那么好吗？"营销人员立即答道："您用过后就会发现它会比广告上说的更好。"消费者又问："如果买回去使用后发现性能并不好怎么办？"营销人员马上笑着回答："不，我们想念您的感觉。"展销会大获成功，产品销量大大超过以往，更重要的是，产品品牌的知名度得到了提高。

很多销售人员在回答类似于"产品的质量有广告上说的那么好吗"这样的问题时会非常郑重地回答，做各种保证，说产品绝对会物超所值。虽然这样的正式回答能够给人一种信任之感，但是消费者总是保持着一颗充满警惕的心，用一种质疑的眼光去看待这个公司。那么如果能够将消费者的情绪调动起来，情况就会不一样了，因为人的情绪往往会影响一个人的思考，从而改变对某些事物的态度。那么，从上面这个例子中的营销人员的回答中不难看出他们的幽默和机智，这样的回答不但能够让顾客满意，而且可以营造一种轻松愉快的氛围，使顾客保持一个好的心情，只有这样才会使顾客对公司有好的印象，从而使公司聚敛了人气，才能对产品的销售有推动作用。其实，一个人的素质是可以通过说话来体现的，我们每一个人都可以像营销人员那样，在说话上下一些功夫，多说一些幽默的话，不仅能够提升自己的语言能力，而且也使自身形象有了一个改善，从而使自己的人气更旺。

2.环境越单调幽默越奏效

很多时候，人们所处的环境是一成不变的，那么这就难免会单调和乏味。在这样的环境里待时间长了，人们的创造力和行动力都会有所下降。人际关系也会随着这种环境的蔓延变得沉闷不堪，所以在这样的环境下，来点幽默，可

以使自己能够获得大家的青睐。

一位警察在处理一起交通事故后，坐下来填写报告单。在一位乘客的反应一栏中，他觉得很难用简单的几个字说清楚，于是干脆写道："他们像热锅上的蚂蚁，急得团团直转。“生活中，正是这些似是而非的怪事，给我们带来了无穷的乐趣。”

很多时候幽默就在我们身边。警察在工作中会有很多麻烦事，尤其像在出了交通事故的时候，大家都在焦急地等待，那么人们的情绪自然不高，这时警察的压力更大，所以能够在这样的时刻适当发挥一些幽默，那么起到的作用是巨大的。

只要你稍微留意一下，生活中到处都可以发现许多不易为人察觉的幽默。英国思想家培根说过：“善谈者必善幽默。”幽默的魅力就在于很多话不需直说，但是人们却可以通过一种默契的方式获得这些信息，适当地说一些幽默的话吧，你的人气将一路飙升。

投其所好的幽默方式令你百战百胜

幽默不仅要自己感兴趣，还要让他人感兴趣，而且从某种程度上看，他人感兴趣更加重要。如果只是自己感兴趣，而他人不感兴趣，那么自己在那不停地说，虽然口若悬河，但是对方会因为对你的说的话并不感兴趣而无动于衷，没有丝毫的反应。这样的话，你的幽默就会变成不幽默，就会产生尴尬。所以在想发挥自己的幽默才华的时候不妨尝试着了解一下对方的兴趣，根据对方比较喜欢的内容来设计自己的幽默，这样往往能够成功引起对方的注意，令你的幽默百战百胜。

1.用幽默时，先看清对方是谁

每一个人都是一个独立的个体，有着自己的一套生存方式，喜好也会因为自己的生活经历不同而有差异，所以同样的一个幽默对这个人管用，但是对另一个人可能不会起到什么作用。所以要根据个人的喜好、个人对幽默的承受能力改变自己的幽默方式。

一个人在市场上买了六只来自异国的麻雀，准备进献给本国的国王。按照这个国家的习俗，“七”才是吉利的数字。如果仅送六只，这个人担心国王会生气，于是就决定混一只本国的麻雀进去，凑够七只献给国王。国王见到七只麻雀，果然很高兴。但当他仔细玩赏一遍后，突然发现其中有一只本国的麻雀混在其中，立即大怒：“这是怎么回事？是不是你故意加入来欺骗我孤陋寡闻的？”那人吓了一跳，但他马上解释道：“陛下的眼睛果然厉害，可是陛下不知道，这只本国的麻雀是其他六只异国麻雀的随行翻译啊！”国王一听，虽然他的话有几分荒谬，但见他奉承得体，还是嘉奖了他。

从这个例子中可以看出送麻雀的人反应很快这一点毋庸置疑，但是更重要的是他每做的一件事都是按照国王的喜好进行的。如果这个人看只有六只麻雀就送六只，那么一见面国王可能就会感到不悦，甚至勃然大怒。这个人所做的准备和行动中有几处可圈可点的地方。首先，他送麻雀的数量是本国的吉利数字七，这让国王见到七只麻雀后感到非常高兴。其次，他在国王发现自己掺杂了一只本国麻雀在里面后，并没有被吓得魂飞魄散，张口结舌，而是顺着国王的话夸赞国王的眼力，然后再根据两国交流要有使臣随行翻译的惯例运用自己的幽默，从而成功赢得了国王的青睐，不但没有被惩罚，反而受到了褒奖，这样的能力不能不让人赞叹。

2.用幽默时，兴趣点很重要

很多时候，幽默不能发挥其效力，很多人为此感到不解，其实可以从兴趣点的角度来重新审视一下，很有可能是你开玩笑的对象对你所说的内容不感冒。

老张和老李都是铁杆球迷，老张看球做家务两不误，老李却正好相反，一看起球来就什么都不管了，家里两口子经常闹矛盾。于是，李嫂专程向张嫂请教。张嫂说：“在我们家里，主要是依靠足球知识开发人力资源。比如该给花浇水了，我就说：‘亲爱的，给米兰队员喝点儿水吧。’该喂鸽子了，我就

说：‘亲爱的，给菲戈准备些点心吧。’房间里脏了，我就说：‘亲爱的，托蒂该出场了。’我最近又找到一位更好使唤的球员。”“谁呀？”“皇马队的7号，劳尔。”李嫂从来不看足球，所以她根本没听懂张嫂在说什么，牛头不对马嘴地说：“嗨，光挠耳朵有什么用，还要等到每个月7号。”李嫂的话把张嫂惹得哈哈大笑：“你懂什么呀，劳尔，这‘尔’字是文言文‘你’的意思，劳尔不就是劳驾你的意思嘛！我常常对他说，‘劳尔倒杯水’，‘劳尔洗洗碗’，嘿，效果特别好。不过，你先要弄清楚他最喜欢的球员是哪几个。”李嫂将信将疑地问：“这方法管用吗？”“当然！”张嫂得意地说，“这叫投其所好。”李嫂听得心里痒痒的，急着就回家试去了。几天后两个人再碰头，张嫂见李嫂满面春光的样子，自己也会心地笑了。

这个例子让人忍俊不禁，两个老太太为怎么和老伴沟通而进行了一番讨论，张嫂成功将经验传授给李嫂，并最后获得了成功。张嫂高明的地方就在于她能够去了解老伴的兴趣爱好在哪里，然后根据他的兴趣来与他沟通，这些沟通方式都是十分幽默的，这种幽默之所以都能与老伴产生共鸣，能够发挥应有的效力，都是和幽默本身所带的元素与老伴的兴趣相吻合有十分紧密的联系。

我们身边的每个人，因为身份、性格和心情的不同，对幽默的承受能力也有差异。在幽默之前不妨观察一下对方的情绪信息和性格特征，如果可以，最好掌握对方的兴趣爱好。从对方的兴趣点出发，用幽默投其所好，可以让你屡试不爽。

学点小笑话，适时讲出来炒热气氛

有没有遇到过这样一种状况：在你对面有一个你非常想交流的对象，你大胆地与其打招呼，对方也很热情地回应了，但是接下来你的话语就戛然而止了，对话陷入了尴尬，再也进行不下去了。如果你遇到过这样的情况，不用着急，因为这样的窘境可以通过幽默方式来解决。平时注意搜集些小笑话，在关键时刻能够发挥出意想不到的作用，尤其是那些“无话可说”的情境下，适时讲出来些有趣的事，能够很好地调节氛围，大家放松后就会打开思路，对话就会顺畅起来。

1.当你初次面对上司

很多新到一个岗位的年轻人都会有一个经历，那就是第一次走进上司的办公室，两个人了解还不够深入，所以话题自然不会太多，那么如果你遇到了一个十分健谈的上司还好，因为他会主动和你谈话，找各种无伤大雅的话题，交谈会很轻松。但是如果你的上司也很沉默，那么你应该怎么做呢？

小张是一名刚刚毕业的大学生，他通过了考试到一家企业工作，上班后的几天他感觉还不错，一天经理要他到办公室去一趟，这是他第一次与经理会面。来到办公室后，小张恭恭敬敬，非常有礼貌，并在经理让座之后，非常规矩地坐到了沙发上。经理年纪不大，看上去很斯文，似乎总是处在一种思考的状态，不怎么说话。小张由于第一次面见领导，很是紧张，于是他尝试着几次开口都没有什么话出口，于是气氛一下陷入了尴尬。这时经理开口了：“小张，你听说过马克·吐温和格兰特将军吗？”小张点头，经理接着说：“当马克·吐温还是一个不大知名的作家时，有人把他介绍给格兰特将军。两人握过手后，马克·吐温想不出一句可讲的话，而格兰特也保持平日的那种缄默态度。最后还是马克·吐温结结巴巴地说了一句：‘将军，我感到很尴尬，你呢？’”小张听后开心地笑了，没想到经理这么幽默和平易近人，之后两个人的谈话变得异常轻松和顺畅。

也许小张的上司是个沉默寡言的人，也许他的上司根本就是想考验一下小张，不管怎样，上司在这样的时刻用一则恰如其分的笑话打破了僵局，使双方的谈话重新开始，并顺畅进行。幽默的作用就是十分神奇，试想如果两个人都不说话，那么结果会是怎样的呢？想必会有些可笑吧，就是在这样一种尴尬的情境下，幽默就有这种扭转力，使氛围瞬间活跃。做一个乐观的人，因为幽默

属于乐观的人。幽默的人话语里时常充满着让人感到温暖舒心的春意，带着让人轻松快意的笑料，使人能够摆脱低沉的状态，变得心胸坦荡，抛开得与失，成为一个妙语常在笑口常开的人。

2.用幽默化解尴尬

每个人都有自己的缺点或者缺憾，那么能够直面这些不足的人都是拥有一颗非常强大的心的，但是很多时候，人们会在面对对方指出自己的不足时感到尴尬，如何回应成了人们应该去思考的问题。

有一次，林肯遇到了一个老太婆，她对林肯说："你是我见过的最丑的一个人。"林肯不急不缓地回答道："请多包涵，我也是身不由己。"老太婆笑了，说："我倒不以为然，你可以待在自己的家里不出门啊！"这个故事是林肯亲自与别人讲的。林肯的这番趣谈，使听众笑得前仰后合，但又使人觉得他是多么坚强和自信。他敢于面对现实，敢于笑自己，是一个心地诚实的人。

人们都知道美国前总统林肯的长相是很难看的，但是这并不能怪林肯自己，然而人们每次在谈论这个话题时，相信林肯的内心不会太舒服。但是林肯从来没有回避过这个问题，尤其是当人们当着林肯的面说出这个问题时，相信大家都会感到十分尴尬，那么这时如果没有人站出来说句话，想必林肯闹笑话就是必然的了。好在林肯能够直面这个问题，能够用一种轻松幽默的方式去回应。这个小笑话是林肯亲自讲给他人的，说明林肯能够看开这个问题，并运用小笑话调节氛围，作为伟人，这不能不让人佩服。

恩格斯说过："幽默是表明工人对自己的事业具有信心并且表示自己占有优势的标志。"一个人只有具备乐观的信念，才能对于一些不尽人意的事泰然处之。我们都喜欢听幽默的语言，就像喜欢听动人的音乐、欣赏美妙的文章一样。但是生活就是充满了让人不满意的地方，很多时候我们面对的是并不友好或者和谐的氛围，那么试着用幽默来化解，你会赢得他人的尊重，成为生活中一道亮丽的风景线。

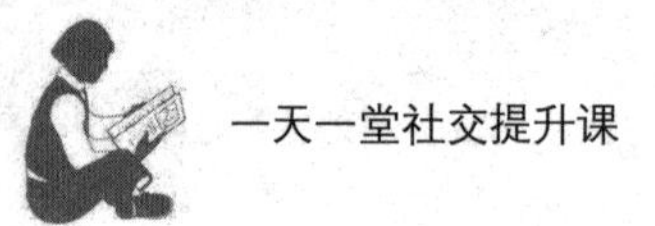

一点“冷幽默”，让人感到你很特别

冷幽默是幽默的一种方式，这种方式有一个特别之处，那就是它的后半部分总是能够出人意料。不过正是因为这种幽默方式很特别，总是让你猜不到后面将要发生的，所以能够给人一种新鲜的感觉，是一些好奇心比较强的人喜欢的幽默种类。冷幽默往往不是一笑而过，而是会引起一个人的思考，从中还会得出一些道理。这样的幽默会让你在人们面前显得很特别，所以如果能够适当运用冷幽默，自然能吸引人们的注意。

1.遭遇难以解释的尴尬

一位夫人打电话给建筑师，说每当火车经过时，她的睡床就会摇动。“这简直是无稽之谈！”建筑师回答说，“我来看看。”建筑师到达后，夫人建议他躺在床上，体会一下火车经过时的感觉。建筑师刚上床躺下，夫人的丈夫就回来了。他见此情形，便厉声喝问：“你躺在我妻子的床上干什么？”建筑师战战兢兢地回答：“我说是在等火车，你会相信吗？”

这则故事的亮点就在故事的结尾，在这名夫人的老公回来之后发现一个陌生的男人躺在自己老婆的床上，换成谁第一反应都会有疑惑、气愤的因素。那么面对着夫人丈夫的质疑，建筑师如果一味地解释自己是接到夫人的电话过来的，想必没有一句话会获得丈夫的真正理解。于是建筑师非常幽默地说了一句似乎不着边际的话，但是让我们想一想，这样的场合还能说什么呢？其实，建筑师这样的话可以起到一个缓冲作用，使这名夫人的丈夫能够稍作思考，然后这个夫人必然会向自己的丈夫解释，再加上建筑师的一些有效的话语，想必问题会得到解决。

2.遇上不想答应的“帮忙”

有一名英国绅士与一名法国女人同乘一个包厢。英国绅士看上去英俊潇洒，并且做事彬彬有礼，这些都深深吸引了对面的法国女人，于是法国女人想引诱这个英国绅士。她脱衣躺下后就抱怨身上发冷，无奈英国绅士把自己的被

子给了她，可是她还是不停地说冷。最后英国绅士无可奈何地说：“我还能怎么帮助你呢？”法国女人听后娇滴滴地说：“我小时候妈妈总是用自己的身体给我取暖。”英国绅士听后，笑着说：“小姐，这我就爱莫能助了。我总不能跳下火车去找你的妈妈吧？”

在这样的情境中，对于男人来说是很难把握的，然而，善解风情的男人是好男人，不解风情的男人更是好男人。对于法国女人风情万种的诱惑，英国绅士不仅没有动摇，而且用自己非常机智的幽默轻松回绝了，可谓妙哉。英国绅士的幽默是典型的冷幽默，因为大家都知道女士的意思是需要这名英国绅士，也知道谁也不可能把女士的妈妈请过来。那么英国绅士装作不懂，然后去请女士的妈妈，从字面来看荒唐可笑，但是深层意思很清楚，所以在此时此刻，英国绅士的幽默令人佩服。

3.用冷幽默“冷”翻全场

麦克走进餐馆，点了一份汤，服务员马上给他端了上来。服务员刚走开，麦克就嚷嚷起来：“对不起，这汤我没法喝。”服务员重新给他上了一个汤，他还是说：“对不起，这汤我没法喝。”服务员只好叫来经理。经理毕恭毕敬地朝麦克点点头，说：“先生，这道菜是本店最拿手的，深受顾客欢迎，难道您……”“我是说，调羹在哪里呢？”

这个故事足以雷翻全场，这种近似无厘头的幽默在正式的场合很难出现，那么在朋友聚会或者家人团聚的时候却可以尝试一下。由于冷幽默大多十分无聊，内容让人感到很奇怪，尤其是前半部分会让人莫名其妙，后面突然来个让人摸不着头脑的结果，所以在一些正式的场合不适合做这样的幽默，但是在熟人面前就有很大的发挥余地了。在熟悉的不用见外的人面前，没有必要一直保持一种非常严肃的状态，可以或者应该来些幽默，尤其是这种冷幽默，大家都懂的，而且可以营造欢乐的氛围，何乐而不为。

冷幽默其实很不错，掌握它的精髓，在能够发挥的时候不要错过使用的机会，尤其是在炎热的夏天，可以适当来些冷幽默，不仅使大家放松心情，开怀一笑，而且还可以有“防暑降温”的作用呢。

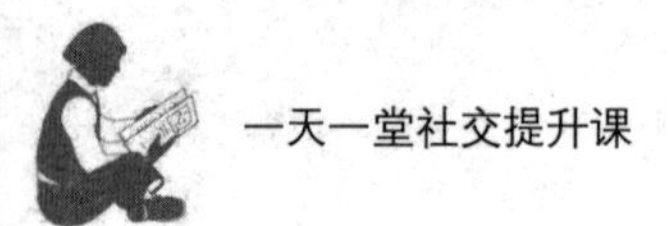

放下身段，偶尔做做大家的“开心果”

很多人为了保持自己在他人心目中的形象会注意一些细节，无论是谈吐还是一些小动作都会十分谨慎，生怕哪里做得不好会破坏自己在他人心中的形象。这样做，无论是在职场还是在一些比较正式的场合都是可取的，但是这样做有一点局限，那就是会让一个人感到十分疲惫。如果一个人生性就是严谨严肃，那么他一直那样也无可厚非，但是往往人们并不是一个那样的人，而是为了一些目的刻意那样去做，时间长了难免会因为压抑去寻找机会发泄一下。所以在平时可以适当调节一下自己，例如可以放下“身段”，偶尔运用一下自己的幽默，做做大家的“开心果”。

我国书画家启功在成名之后，经常有人上门求字求画。启功先生为人谦和，心地善良，不愿拂人之意，无奈上门的人太多，便影响了他的工作、创作和身体健康，所以，他常在自己的门上挂着一个牌子，上书：“大熊猫病了！"看到这样的话，来者通常会心一笑而回。

启功先生是我国著名的书法家，他的字画价值非常高，那么上门求字画的人自然会络绎不绝。可是每天都接待这些上门来访者，自己的事情自然就被耽误了，可是如果断然拒绝，又非常不礼貌，会伤了和气。那么老先生就在他的门上挂了一个谢客的牌子，上面熊猫便是指自己，病了是谢客词。从这个牌子中可以看出启功老先生的幽默天分，他把自己比喻成熊猫，有很多层意思，他本人非常珍贵，他的字画非常珍贵等，但是更重要的是熊猫的可爱，他这样的比喻给人一种非常亲近的感觉，让人们一看这个牌子既不会因为不接待而生气，又会觉得启功老先生和蔼可亲，甚至有些孩子气，十分可爱，令人尊敬，所以就识趣地离开了。那么启功老先生的这种幽默就是放下了自己是大书法家的身段，用一种玩笑的形式谢客，从而使自己能够专心做工作，令人喜欢。

一次，有一个将军与士兵一起开庆功会，在与一个士兵碰杯时，那个士兵由于过于紧张，举杯时用力过猛，竟将一杯酒泼到了将军的头上。士兵当时吓

坏了，可老将军却用手擦擦头顶的酒笑着说：“小伙子，你以为用酒就能治好我的秃顶吗？我可没听说过这个药方呀！”说得大家哈哈大笑，士兵也对将军充满了感激和崇拜。

老将军如果对士兵的冒失行为横加斥责也无可厚非，因为毕竟是自己的错。可是如果那样做，现场的氛围就会非常紧张，气氛也就被破坏了。因为毕竟不是作战的时候，又是一个酒会，主旋律是轻松和快乐，可是遇到酒洒到自己头上的情况，作为一个将军不说点什么又会略显尴尬，所以将军的玩笑开得非常得体，这不仅缓解了士兵的紧张，而且为将军自己赢得了尊重。其实将军能够与士兵打成一片也是因为他能够做出了一个放低身段的幽默，一个将军，位高权重，能够在一个普通士兵面前做出此等行为，不得不让人敬佩。

有一次，电话公司的电脑出了一些差错，小张拿不回付出的多余的亏损，他打电话去抗议，但是到后来电话公司还是扯皮推诿，小张很生气，于是到那个电话公司里进行正式的抗议。不久，那个电话公司的经理亲自来接待小张，在搞清楚的情况之下，他答应还小张亏损，但是，由于小张抗议太多次了，心里总是不敢相信那个经理说的话，就说：“你到底能不能真的做到？”经理回答说：“没问题，如果我做不到，我就让你拿锤子敲我的头吧？再不行的话，就锤3次。”小张很惊讶，外加经理傻乎乎的表情，小张忍不住就当场笑了。

这位经理的幽默近似冷幽默，但是他能做到放下身段，和顾客如此交谈，顾客也就心里有底了。其实，人们之间的关系很简单，很多时候就是那一层由于陌生造成的隔膜，如果能够沟通，那么问题就容易解决得多，而幽默就是促进这种沟通的最好方式。

只要会幽默，就能释放知性的欢乐，那么这世上也可让人人都能感觉到真善美。在社交的任何一个团体之中，不论你只是其中的普通一员，或是领导层，善于运用幽默的力量，都能让自己获益匪浅，在社交活动中游刃有余，不断成功。

第12章 口齿留香，嘴上有情令人为你“心悦”

在与人交往和接触的时候，我们会通过和对方的交谈来进行判断。那些说话温和，语气柔软的人往往让我们感觉到很温暖，从而打心眼里喜欢他。相反，那些说话横冲直撞的人，则让我们心生抗拒。所以，在人际交往当中，一定要注意说话的方式方法，让别人感受到你的温暖和爱，从内心深处喜欢你。那么，究竟如何说话才能让人对你心悦诚服呢？这一章所探讨的一些方面，值得你借鉴和学习。

慢言细语，展现你的涵养赢得他人倾心

生活中，有涵养有素质的人对待别人总是很和蔼，他们和别人说话的时候，语气柔软，语调温和，这样让别人觉得他们在尊重自己，而不是用强势的语气来征服你，他们在不知不觉中占据了别人的心。基于这种情况，人们总是从对方的说话态度中判断是否懂得尊重别人，是否有素质有涵养。

所以，在与人沟通和交流的时候，一定注意一下自己的说话方式，说话的速度放慢一些，说话的语调平和一些，把你的友善和尊重传达给别人，从而给别人留下好感，实际上这样已经征服了对方的心。

段海和赵小琴是通过相亲的方式认识的。由于双方的年龄都很大了，所以在父母的压力之下，他们认识不到一个月就订了婚，为此，段海不但为赵小琴买了很多时尚的衣服，还买了金银首饰。婚期很快推进，可是就在他们准备领结婚证的时候，赵小琴突然反悔了。这让段海和他的家人有些措手不及。为此，两家闹的很不愉快。段海上大学时的一个教授，最近刚好来到了段海所在

的城市旅游，段海热情地接待了老师，在闲聊期间谈到了此事，伤心和痛苦之情溢于言表，教授答应帮助和解此事。于是这天，段海将赵小琴约了出来。并把教授介绍了一番。教授温和地对赵小琴说：“你们之间的事情，段海大概给我聊了一下，你是怎么考虑的，能给我说一下吗？”赵小琴望了教授一眼，有些不安和忐忑，教授捕捉到了她的这个眼神，点了点头给与了肯定。于是赵小琴把自己内心的疑虑说了出来。她说：“老师，其实赵海对我也挺好的，可我就是不知道为什么，没有一点儿安全感，总觉得嫁给他就跳进了火坑一样。”教授微笑着说：“为什么会有这样的想法呢？”赵小琴抬起头，看着老师说：“他现在没有房子，结婚后一点保障也没有，而且他的工作也没有大的发展前途，我嫁给她看不到一点儿希望。”教授想了想，对赵小琴说：“其实，我倒是觉得，房子和婚姻没有直接的关联。只要这个男人对你好了，走到哪里你都是幸福的，如果他对你不好了，就算你住进了皇宫里，你一样不会幸福。”赵小琴低下头，不说话了。教授微笑着拍了拍她的肩膀，缓缓地说：“当然，我并不是说服你要嫁给她，每个人对幸福的理解都不一样，你要想清楚自己究竟要什么。”那次谈话过去不长时间，赵小琴和段海携手走进了婚姻的殿堂。

故事中的教授和赵小琴谈话的时候，非常地温和，这在一定程度上缓和了赵小琴的对抗情绪，从而打开心扉慢慢地接纳了教授，因而教授所说的话对她也起了一定的作用。由此可见，在人际沟通当众，说话温柔一些，让别人觉得你很有涵养，从而让别人为你倾心，欣赏你，接纳你。那么，如何才能让自己温柔一些呢？

1.说话的声调要平和一些

一般情况下，说话的声调高，表明态度强硬，这样对方觉得受到了压抑和逼迫，因而心里产生的反抗就会强烈。相反，如果说话的声调相对平和一些，别人觉得你是在和她商量，而不是在强迫，对你的对抗情绪也会相应地减弱很多。这样，对方会感受到你很尊重他，你很有修养。进而对你产生好感，才能打开心扉。

2.说话的语速要放慢一些

说话急躁的人，内心也很急躁。如果你在和别人沟通和交流的时候，总是把话说得那么快，那么别人觉得你内心非常急躁，你的急躁情绪会影响别人，让别人跟着你急。事实上，很多矛盾和问题就是这样产生的。如果你能把语速放慢一些，让别人感觉到你很沉稳，感觉你很有修养，这样别人内心自然就不会急，你反而会赢得别人的心。

3.说话的口气要温和一些

说话的口气表明着内心的态度。如果你总是口气生硬，那么让别人觉得你态度很强硬，因此你遭到的对抗便会越强，事实上，这恰恰反应了你没有涵养，不懂得尊重别人。如果你能把说话的口气放缓和一些，这样才更像是在交流，别人对你也才会刮目相看。否则，你得到的只能是别人的厌恶和对抗。

4.不要把你的情绪带进来

如果你想要和对方沟通，那么最好在说话的时候不要把你的情绪带进来，因为对方是在和你交流，不是来看你的脸色的。事实上，一个总是带着情绪和别人说话的人很难让别人相信他的涵养很高，让别人觉得他很有修养。因此，要想赢得别人的倾心，除了注意说话时的一些细节之外，还要注意不要把你的情绪带进来。

多套点“关系”，让对方感到离你并不遥远

很多时候，你看着周围的陌生人似乎跟你都非常地遥远，没有任何的关系。你觉得跟他们交流和沟通非常难。但是，只要你仔细去观察和了解，他们身上其实与你有太多的联系。因而，要想在人际交往当众，获得别人的喜爱和欣赏，那么就要多套点“关系”，让别人觉得离你并不是很遥远。

大学毕业之后，海明在一家报社找到了一份专业对口的工作，因此她感

到非常的满足，但是很快，她就发现，她的领导，也就是编辑部的主任吴华似乎并不大好相处。她来只有两个多星期，就已经被吴华叫去批评了好几次了。因此，海明觉得她有必要跟吴主任好好套套近乎。可是吴华平日里总是拉着脸，不拘言笑，这让海明觉得无从下手。这天中午，大家伙都出去吃饭了，海明由于手头一点活耽误了半个多小时，这时候，吴华突然把她叫进了办公室。这让海明多少有些紧张。吴主任依旧拉着脸，只是这次并没有聊工作，而是对她说：“我今天身体有些不舒服，不想下去了，你能帮我带一份盒饭吗？”海明一听，立即意识到机会来了，于是她连忙点头：“没问题，你想吃什么菜啊？”吴主任想了想说：“那就家常豆腐和鱼香茄子吧。”海明微笑着说：“真的啊？我也非常喜欢吃这两个菜，上大学的时候经常和同学一起吃呢，时间一长不吃觉得总少点什么。”吴主任听了，笑着点了点了点头。实际上，海明根本不喜欢吃家常豆腐和鱼香茄子。不一会儿，盒饭买回来了。海明拿到吴主任的办公室里，对她说：“吴主任，只有最后一份家常豆腐和鱼香茄子的盒饭了，我给您买了。我想和您一起吃饭，顺便分享一点，可以吗？”吴主任一愣，半天没缓过神来。海明故意表现的不好意思，她低着头说：“本来我也想买的，可是只有最后一份了，所以……”吴主任点了点头，说：“好啊，当然可以。”就这样，海明又一次获得了和吴主任接触的机会。实际上，她并没有去吃吴主任的菜，而是抓住机会和她聊了起来。她说：“吴主任，我听您说话，好像有点河南的口音，您是河南人吗？”吴主任微笑了一下，说：“是的，我老家是河南焦作的。”海明故作惊讶地说：“真的还是假的啊？我男朋友也是河南焦作的。”吴主任听了，也顿时来了兴趣，笑着说：“是吗？那就是说以后我和你就是老乡了？”海明见吴主任的情绪高涨了起来，高兴地说：“吴主任啊，咱们还真是有缘啊，喜欢一样的菜，还是未来的老乡。”吴主任笑着说：“你以后别再叫我吴主任了，多生份啊，你叫我吴姐就可以了。”

故事中的海明抓住给领导买饭的机会，主动向对方靠拢，以喜欢同样的菜和未来的老乡等的手段，和吴主任套了多层关系，拉近了和吴主任的距离。由

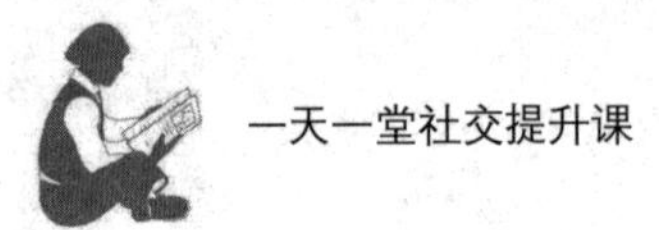

此可见，不管是生活中还是职场中，人都喜欢和自己有些关系的人，觉得他们才是自己的人。因此，要学会向别人靠拢，利用各种条件和对方套关系，套近乎，这样才会让别人觉得和你并不遥远。那么，如何才能和别人多套关系呢？

1.多去迎合对方的喜好

每个人都有自己的喜好，当别人也有和自己同样的喜好时，你会觉得两人之间的心理距离会迅速地拉近很多，即使是两个相互陌生的人，也会有这样的反应。因此，要想让别人感觉到你并不遥远，那么就要主动去迎合对方的喜好。当别人发现你和他有相同的爱好时，自然跟你近乎起来了，相互之间也有了更多的聊天话题了。

2.寻找和对方的共同点

尽管人与人之间有太多的不相同，但是只要你细心观察，即使和你的喜好截然相反的人，也会和你多多少少有共同点。比如年龄相仿，老家接近，或者是穿的衣服类型相似，等等，只要你想找，都能找到共同点，当你和对方有了共同点的时候，事实上在双方的心里也就有了交点。这对两人心理距离的拉近有很大的帮助。

3.谈及双方都认识的人

每个人都有自己的社交圈子，当双方有了共同的朋友之后，你会发现你和他的心理距离也会慢慢地靠近。因为彼此之间多了一些了解和认识。所以，如果你想迅速地和别人改善关系，那么不妨找找，你和他是否有共同认识的朋友，或者是共同认识的人，这在一定程度上能拉近彼此之间的心理距离。

4.制造一些偶遇的缘分

如果你在同一个时间，同一个地点，一而再地遇到对方的时候，你会觉得这是缘分，当别人心里有了缘分这个概念的时候，便会开始接近你，了解你。因为他觉得或许这是天意。但是你不能当做天意，你要人为地去制造这些缘分，并利用你的这些小手段，拉近和对方之间的距离。

轻言轻语也有震撼人心的能量

并不是把话说的越重，越能征服别人的心，相反会激起对方内心激烈的抵抗。因为别人觉得你在压迫他，你在逼他来顺从你。即使你说的话是正确的，是有一定的道理的，对方也不会去接受。相反，如果你能换个说话的方式，轻言轻语，或许对方的心因此而被你所震撼，即使你说的不够全面，对方也会接纳你。

耿佳今年已经是24岁的大姑娘了，按理说早到了谈对象的年龄了，可是耿佳好像一点动静也没有，这让父母担心起来了。但是，当爸爸妈妈给她提及此事的时候，耿佳不耐烦地说：“这事，根本用不着你们操心。”爸爸听出话里面的意思了，笑着说：“原来我们闺女早就在搞地下活动呢。哪哪天带回来给我和你妈瞧瞧啊。”耿佳笑着说：“行，没问题。”可是，当耿佳带着男朋友，前来拜见父母的时间，却遭到了父母的反对，原来对方是一个瞎子。父亲非常生气，他训斥道：“你好端端的一个大姑娘，怎么就找了个瞎子呢？你的水准就这么低吗？”耿佳反驳道：“瞎子怎么了，他对我好。”父亲恼羞成怒，骂道：“好个屁，你知道什么是对你好吗？人家三眼两语就把你给说转了。”耿佳哭着跑进了自己的房间，狠狠地摔上了门。妈妈一直坐在一旁没有说话。过了一会儿，她来到耿佳的房门前，敲了敲门，房门打开了，她走了进去。看着女儿委屈地哭着，她心里非常难受。她一边安慰女儿，一边问道：“佳佳啊，你说你这么优秀的一个女孩子，怎么可能看得上他呢，究竟发生了什么事情，你给妈妈说啊。”耿佳趴在妈妈的肩膀上说：“上次我下班回家，路上遇到了危险，是他大喊了一声，才吓跑了坏蛋，她救了我。”妈妈听了，语重心长地说：“乖女儿，他对你有恩，你报答他是对的，但是你不能拿自己一辈子的幸福做赌注啊。难道你真的喜欢他吗？你要是真地喜欢他，妈妈也不反对你，问题是你真的打心眼里喜欢他吗？”耿佳陷入了深思。第二天，她告诉了爸爸妈妈，她已经和对方分手了。

故事中的父亲愤怒地责骂了女儿，不但没有让女儿屈服，还让她因此有了强烈的反抗心理，而母亲的轻言轻语却深深地震撼了耿佳的心，最重做出了和对方分手的决定。由此可见，有时候要想说服对方，让别人顺从你的意愿，训斥和责骂往往会让别人与你更加对抗，相反，用一些轻言轻语的话，却能俘获人心。那么如何用轻言轻语来震撼人心呢?

1.把话说到对方的心坎上

很多时候，人在面对抉择的时候，往往很矛盾。这样决定了觉得有顾虑，那样决定了觉得不甘心。尽管对方做了决定，但是他内心依然会很纠结，只不过因为做了决定暂时被掩饰了起来。你在跟对方沟通的时候，用温和的口气，用朋友的身份将对方内心中隐藏起来的纠结挑起来，将他的顾虑说出来，这样，对方的心会被震撼，所作的决定也会动摇。

2.让别人自己去认真思考

毕竟是你在试图说服对方，让别人顺从你，但是任何人都不是小孩子，都要权衡利弊再做决定，都要认真地去思考。所以，这时候你不要再多说什么，多说话反而会引起对方的反感，让事情向相反的方向发展。给对方充足的空间，让他安安静静地去想，因为你的话已经震撼了他的心。

3.给对方留最充分的时间

如果你觉得你所说的话触动了别人的心弦，那么不要再来催促他，也不要用时间来给他设置限定。否则，一再地催促他，在没有想清楚的情况下，对方会因为受到逼迫而重走旧路，当对方重走旧路之后，你再去劝说就会变得难上加难。因此，要给对方充足的时间去考虑，当他考虑明白的时候，实际上也就是向你屈服的时候。

4.表达出你对别人的尊重

在你用轻言轻语震撼了别人的心之后，一定要对他有足够的尊重，并对他充满希望。比如，你可以对别人这样说：“你好好地去想一想，等你想明白之后……”这样，让对方明白，你并不是完全不管他，而是在耐心地等他。这样，对方内心之中有了这个期望之后，会更快地向你倾斜。

会做更要会说，让对方理解你的好意

生活中，很多人心地善良，可是却拙口笨舌，一心想着去帮助别人，可是却遭到了别人的误会和伤害，并因此结下了很多没有必要的矛盾。因而在帮助别人的同时，还要会在言语上下工夫，让对方能理解你的好意，事实上，也是在增强你所做的好事的作用。做一件小的事情，取得别人的认可和肯定，比做一件大的事情，遭到别人的误会和伤害更有意义。

当你怀着一颗善良的心去做事情的时候，还要及时的向对方表达你的善意，从而避免误会的产生。那么，如何做到这一点呢?

1.要学会善于表达自己的情感

生活中，很多人内心热情似火，可是却不善于把这种情感表达出来，因此很多时候容易遭到别人的误会和伤害。当你怀揣着一份善良想要对对方好的时候，不妨把你的这份善良用嘴巴表达出来，跟对方取得沟通和交流。这样，对方才能理解你的好意，否则，你一个劲地再那里低头做事，谁知道你有没有害人之心呢?

2.平日里要加强表达的逻辑性

有时候，表达的逻辑性不一样，对方所感受到的意义也会完全不同。比如，一个教徒对牧师说：“我祈祷的时候可以抽烟吗？”牧师会觉得祈祷这么神圣的时候竟然想抽烟，如果你说：“抽烟的时候可以祈祷吗？”牧师会觉得你在抽烟的时候还不忘记祈祷。同样是一句话，可是两种表达所传递的信息却不一样。因此，要想让别人理解你的好，平日里一定要加强语言的逻辑性。

3.重点表达你对对方的那份好

同样是表达，如果语言的侧重点不同，同样效果也不会相同。如果你在向别人解释你的善意，却重点放在自己的身上，说你如何努力地去做事情，那么别人觉得你与他没有多大的关系，你的好意并没有传达过去。如果你表达的时候，重点放在对对方的好上，别人因此而对你给以同样善意的回报。这样才能避免误会和矛盾。

4.要用一些手势语来辅助表达

如果你觉得语言表达不清楚的时候，不妨加一些手势语来辅助表达，比如你想表达接受对方，可以张开双臂，你想表达对对方的好，不妨对他鞠个躬，或者是用双手拍拍自己的胸膛，然后伸向对方。这样，别人自然会明白你的好意，你的友善。有了手语，别人更能清晰地了解你所表达的意思。

5.说话的时候一定要态度缓和

既然是想向对方表达你的友善，那么和对方进行沟通和交流的时候，一定要态度缓和。如果你言辞激烈地和对方争论，对方怎么会感受到你的真诚，你的友善呢？因此，如果你是真地想对对方友善，对别人好，那么说话的时候不要带情绪，声调低一些，说得缓慢一些。这样别人自然会感受到你内心的那份好了。

表面乐于与对方亲近，令其心生愉悦

在人际交往过程中，如果你表现出对对方的热情，那么对方也会给与同样的热情来回报你，如果你表现出非常愿意和对方接触和亲近，那么对方内心会非常高兴，也会表现出来和你接触和亲近的热情。因此，要想让别人喜欢你，欣赏你，那么表面上你就要表现出乐于与对方亲近，这样，别人自然会非常开心。

华语是电动车销售公司的业务员，实话说他的业务能力并不强，但是往往很多时候，别人拿不下来的客户，他却能想一些歪点子顺利地拿到订单。因此，单位里的销售员都很佩服他的机灵和聪明。这天，公司让他和同事小陈一起去拜访一家大型市场的老总蔡某，希望能说服他在市场内开设他们这个牌子的电动车专售。第一次是小陈前去的，结果没说上几句话，就灰溜溜地回来

了。他说蔡总根本不给他说话的机会。这一次，是华语前往的。他来的到了蔡总的办公室门口，轻轻地敲了敲，进了蔡总的门之后，还没有来得及说话呢，蔡总就暴跳如雷地吼道：“你怎么又来了，刚才不是给你说了吗？不行！赶紧走吧，我还忙着呢！”华语微笑着说：“蔡总，我不是来说服您在市场里开设电动车销售专柜的。”蔡总抬起头，说：“那你是来做什么的啊？”言语中少了很多拒绝。华语依旧微笑着说：“我是来向您学习的。”蔡总诧异地问：“向我学习的？学习什么啊？”华语谦虚地说：“您不接受我的建议，那肯定是我哪里做的让您不满意了，您看，您是前辈，给我们晚辈指点指点吧，让我们在这条路上少栽跟头。”蔡总笑呵呵地说：“哪里，哪里，你刚才表现挺好的，真的，只是我们真的没有想要开设你们电动车销售的专区的想法。”没等蔡总招呼，华语已经悄悄地坐在了蔡总的边上，说：“若果我真的表现的可以，您也不会开口赶我出去啊。蔡总，我真的是想向你学习学习的，您就给我指点一下吧。拜托您了。”蔡总微笑着说：“要是有什么不合适的话，就是你们来的时间太突然了，因为这个时候我刚刚午睡起来，没精神。根本没有兴趣听你们说话。……”那天，当华语走出蔡总的办公室的时候，手里已经拿着蔡总同意开设电动车销售专区的合同了。

故事中的华语在拜访蔡总的时候，遭到了对方的驱赶，但是他并没有因此而退去，而是摇身一变，由销售员，变成了蔡总的仰慕者，由于转换了身份，对方的拒绝情绪明显地缓和了，再加上他表现出对蔡总的仰慕和亲近，让蔡总顿时心花怒放。由此可见，在人际交往当众，如果你觉得要让对方对你倾心，那么不妨表面喜欢他，仰慕他，让对方心生喜悦，那么，他自然会对你产生好感。那么，如何向对方表达你想要亲近的意愿呢?

1.谦虚地向对方请教

一般情况下，当你向别人谦虚地请教的时候，你向对方所传达的意思是你很欣赏他，你想向他学习。实际上也是向对方传达，他身上有你喜欢的东西，你想与他接近。这样，对方的虚荣心被调动了起来，给你当上了老师，自然会心花怒放。对你也是喜爱有加。因为从你身上才能证明他的能力。

2.要赞美对方的成就

要想和别人拉近关系，让别人喜欢你，那么适当地恭维和赞美还是必不可少的。因此，适当地赞美对方的丰功伟绩，恭维他本事大，能力强。当对方听到这些恭维话和赞美词的时候，会沉静在自己的回忆中，内心自然非常愉悦。那么，你在对方眼中也就有了意义，有了价值。对方对你自然是喜欢有加了。

3.表达你的仰慕之情

人对于自己敬仰的人往往才会心生仰慕。因为你仰慕对方，说明对方在你的心里高高在上，非常伟大。因此，在你想要让别人喜欢你的时候，不妨表达你对他的仰慕之情，这样，对方的形象无意之中被放大了很多。别人自然愿意和你多接触，多交往了，因为你让他很兴奋，很开心。

4.寻找和对方共同处

除此之外，要想表达你想和对方亲近，不妨寻找你和他的共同点。这样能在短时间内迅速地拉近彼此之间的心理距离。事实上，这在一定程度上也能让对方的心情愉快。因为遇到和自己相似的人，遇到一个“知音”，对于很多人来说，是一件值得庆贺的喜事，他给你带来的喜悦往往藏在内心深处。

给对方提建议，注意用“甜蜜”口吻

生活中，我们都希望别人能按着自己的想法来考虑问题，希望别人能按着自己的意愿来处理问题，可是别人不是你。于是，有的人便强硬地强迫别人来接受自己，而有的人则喜欢用提建议的方式来表达自己。

往往很多时候，越是强迫别人，越是遭到别人的反感。相反，如果你把你的意见用提建议的方式表达出来，则有可能被别人采用和接纳。但是，在提建议的时候，也要注意说话的语气和态度，如果用“甜蜜”的口吻，则被对方接纳的几率会大大地增加，相反，如果语气太过生硬，则会让别人感觉不到你的

真诚。

王踝今年参加了高考，成绩出来后，让他着实兴奋了好久，因为他的实际成绩比他估出来的成绩高了整整一百分。可是，当他兴奋地把这个消息告诉爸爸妈妈的时候，爸爸妈妈却陷入了深思。因为按照他们的计划，他们希望王踝上一所省重点院校，毕业后再考个省公务员。这天，妈妈把王踝叫到了身边对她说：“王踝，我和你爸爸都希望你不要出去了，你就上那个省重点院校吧。毕业后，就在老家考个公务员，安安稳稳地过日子。”王踝气愤地说：“凭什么啊，我又不是没能力，我有这个能力去上一所更好的院校，这对我来说是多么大的机会啊，多少人渴望都得不到呢，你们竟然让我放弃！”妈妈生气地吼道：“这事没得再商量！现在还不是你翅膀硬的时候。你给我乖乖地听话，否则我有你好看的！”王踝愤恨地摔门而出。那一晚，王踝到晚上12点了才回家。可是当他打开门的时候，发现爸爸静静地坐在沙发上等他。见到王踝后，爸爸拍了拍沙发，招呼王踝坐过去，说：“儿子，爸爸想和你聊聊天，可以吗？”王踝看着父亲，点了点头。爸爸说：“我听你妈妈说，你执意要去北京上学，是吗？”王踝说：“爸爸，其实我现在心里也非常非常地矛盾，不知道该怎么办。”爸爸：“想不想听听爸爸的建议？”王踝点了点头。爸爸说：“你出去的目的是什么呢？很显然，是想闯出自己的事业，可是哪有那么容易啊。你爸爸当年和你的想法一样，后来也是灰溜溜地回来了。所以，我建议你还是留在省城，这边熟悉的人多，也能帮助你。”王踝：“这么好的一个机会就这么放弃了，觉得实在是太可惜了。”爸爸：“人这一辈子，有些东西是你必须要放弃的，有舍才有得啊。”说完，爸爸拍了拍王踝的肩膀睡觉去了。那晚上王踝想了整整一夜。在填报志愿的时候，他选择了留在省城。

故事中的妈妈在和王踝沟通的时候，没有注意方式方法，本来是在提建议，却变成了责备和谩骂。结果遭到了王踝的激烈对抗，而爸爸在和王踝沟通的时候，用了温和的“甜蜜”口吻，最重说服了王踝。由此可见，在你给对方提意见的时候，最好不要带情绪，不要强迫对方，否则你提的建议便会失去作用。那么，在给对方提建议的时候，注意哪些“甜蜜”的口吻呢？

1.说话时的态度要平缓

在你给别人提意见和建议的时候，态度一定要平缓，这样让别人感觉到你是在提意见，而不是在下达命令。别人会以你的态度为基础做出相应的回应。如果你态度激烈，对方也会态度激烈，这样，提意见也就失去了意义。相反，如果你态度平缓，一定程度上也能稳住对方的心绪，只有这样，你的建议才有可能被别人所接受。

2.说话时的口气要温和

同样，在提意见和建议的时候，说话的口气也非常重要。因为说话的口气直接体现着你的心里状态和态度。如果你说话的口气很强硬，那么对方会觉得你不是在提意见，而是在逼迫他，对方自然不会接受。但是如果你说话的口气很缓和，那么别人会觉得你是在阐述想法，在提意见，自然也会考虑你的建议。

3.说话时的位置要平等

在提意见的时候还要注意一点，那就是要把彼此之间的位置放平等。不管你是长辈，还是领导，这时候都要把别人当作你的朋友，这样你的建议才会被别人所接受和采纳，如果你不把位置放平等，觉得自己是长辈，是领导，便可以决定别人的事情，那么你就大错而特错了。

4.说话时尊重对方抉择

要知道，你只是在提建议，最终的决定权在对方的手里，别人可以接受你的建议，也可以不接受你的建议。因此，这个过程中一定要尊重别人的决定，当别人接受了你的建议，要表现得低调一些，当别人不接受你的建议，也要表现得淡然一些，这样，更加能获得别人的尊重。

下篇

熟谙为人处世的社交智慧

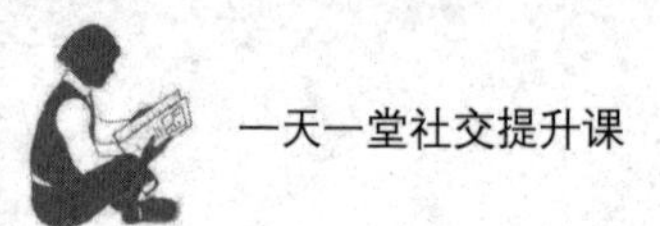

第13章　适度地伪装，做一个心中有数大智若愚的人

事实证明，在人际关系中过于精明的人并不是特别受人喜欢，人们会因为各种各样的原因排斥她们，不愿与之亲近。所以说，想要与他人达到很好的相处状态，就要学会收敛自己的锋芒，学会适度地伪装自己。适度伪装是一种交际策略，更是一种人生智慧。

小事不计较，大事不糊涂

老祖宗很早就告诉我们在为人处世方面要做到“小事不计较，大事不糊涂。”这句话怎么解读呢？其实这句话是说在小事上不妨糊涂些，别太计较得失，而真正遇到大事就需要保持清醒的头脑，关键时刻再显露自己的大智慧。生活中，我们不要总是遇事就争个明白，一些无关紧要的小事就让它过去算了，为此斤斤计较、争论不休反而会损害自己在众人眼中的形象。

杨迪在一家报社任采访部主任，由于业务能力精湛，经常受到领导的好评，同时也深受同事们的钦佩。但俗话说“人怕出名猪怕壮”，杨迪的优良表现还是引来个别人的嫉妒。开选题会讨论选题的时候，他们故意指出杨迪所报选题的不合理之处，想方设法刁难她。对于这些，杨迪心里很清楚，但她每次都笑脸相对，不慌不忙，也不带任何情绪地向大家叙述自己选题的可行之处。而且每次她都会向对她提出异议的同事表示自己的感谢。那几个和她关系比较铁的同事对此看不过去，他们就私下里跟杨迪说为什么不在主编那里奏他们一本，让他们赶紧离开报社。每当听到这样的话，杨迪都只是笑一笑，告诉好心的同事，这些都是小事，犯不着非得弄个青红皂白。她还安慰同事，大家在一

起工作产生点小摩擦很正常，没什么大不了的。如此看来，杨迪真是个厚道之人，有着非同常人的心胸。但是她可并非是好惹的主儿，就拿不久前报社改革的事来说，杨迪的表现就足以让人对她的看法来个一百八十度的大转弯。原来，报社新领导上任，“三把火”之一就是改革采访部和编辑部。本来采编分离的制度要改为采编合一。这样，就会裁掉一部分员工，尤其是采访部只会采访写稿的记者是最容易被裁掉的。而对于这样的改革，大部分人都颇有微词，包括牵涉不到的部门也觉得不可理解。因为作为一份颇有影响力的大报纸，又是每周3期，工作任务之艰巨可想而知。而版面的编辑和采访的记者本来就该各司其职，这样才能抓到更多一线的新闻，也才能编辑出更好的文章和版面。就在这个消息即将公布之前，听到风声的杨迪就找到了自己的上司马主编.杨迪说出来自己觉得这样改革不妥的想法，并且向领导摊牌：如果报社如此改革，自己就辞去这里的工作。作为采访和编辑能力都超强的杨迪这个顶梁柱，报社是坚决要保护好的，她要走了，报纸的半边天可就塌了。最终，领导层经过商榷，改变了当初的想法，只是进行了些许微调。这样，同事们的利益得到了有效地保障，大家更对杨迪高竖大拇指了。

大智若愚，这是一种很高的修养。愚，并非自我欺骗或自我麻醉，而是有意糊涂。由聪明而转糊涂，由糊涂而转聪明，则必左右逢源，不为烦恼所扰，不为人事所累。

那么，怎样才能处理好所谓的“大事、小事”呢？

1.不要过于在乎细枝末节

我们平时在日常生活中，往往为了一些小小的事情而伤了和气。此时，静下心来想想，那真是得不偿失。“小不忍则乱大谋。”我们在细节上千万不要牵扯过多的精力，否则，“一着不慎，满盘皆输”。

2.避免感情用事

有些人一遇到事情时就会失去理智，常常会感情用事，此时的感情常常带有盲目性、冲动性和时间性，聪明的人在处理这类纠纷时常常用“不置可否”“听其自然”的方法，或者称为“冷却法”。

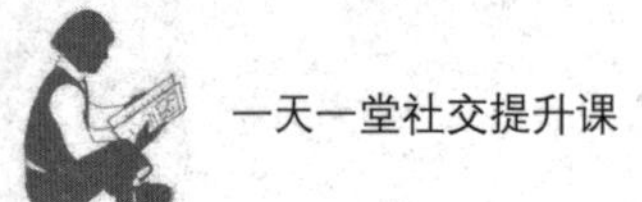

3.认清大事，专心做事

何为大事？影响全局的事为大事，决定整体的事为大事，范围内的工作之重为大事，也就是说以结果来评价事之大小，而不是以事之大小决定结果。在人生的道路上，对那些无关紧要的琐事要学会视而不见，把心思转移到该做的大事情上。只有这样，才能集中精力做我们应该做的事情，才能告别平庸，实现我们的理想。

聪明和糊涂是人际关系的范畴里必不可少的技巧和艺术，其本身并无优劣之分，只不过太聪明的人，学点“糊涂学”中的妙处，于己大有裨益。聪明是天赋的智慧，糊涂有时也是聪明的一种表现，人应集聪明与糊涂于一身，需聪明时便聪明，该糊涂时且糊涂。

太过精明，反招人反感

《红楼梦》中的王熙凤相信大家都非常熟悉。王熙凤何等冰雪聪明，简直就是人中尖子，恐怕这世上有很多男人都不及她。她八面玲珑，外柔内刚；她表面向你微笑，心里却在给你下套子。看上她美色的贾瑞被她的计策整得一缕孤魂上青天；看上她老公的尤二姐被她的两面三刀给逼得吞金自尽；而她的“偷梁换柱掉包计”则送掉了颦儿脆弱的性命。至于王熙凤的本事那可大了，整个荣宁两府在她的整治下服服帖帖，一个秦可卿出殡这样的大事到了她手里简直是小菜一碟。她能说会道，贾府上下没有不知道她琏二奶奶的厉害的。可王熙凤却是一个精明过头的人，精明到处处好强、事事争胜，哪儿都落不下她，因而得罪了大太太，得罪了众人，加之贾母撒手人寰，她的靠山没了，终于落到“叫天天不应，叫地地不灵”的地步，最后惨淡收场。聪明反被聪明误，王熙凤的下场就是精明过度的完美诠释。

人们都有这样的心理：精明的人在人际交往中目的性更强，甚至更会耍心

机。因此，社交生活中，聪明的人们，你要学会装装糊涂，让自己适当地处于“愚者、弱者”的角色上，让别人忽略自己。这样能消除他人心中的芥蒂，从而有利于更进一步的交往。

谭中玉和张子阳是大学同班同学，毕业后，两人同时进了同一家公司。她们两个工作能力相当，但是谭中玉为人比较“木讷”，张子阳为人比较精明。木讷的人自然是不招人待见，而精明的人在同事中混得顺风顺水。很多人都说张子阳肯定是先晋升的那一个，因为她精明、会算计。张子阳的确是一个很会算计的人。在日常工作中，她总是把吃亏获利算得清清楚楚，吃亏的事她是一点都不沾，而获利的事她总是跑在最前边；老板在时，她是全公司最勤快的一个，老板一离开，她就成了最悠闲的那一个；别的同事都在兢兢业业地做分内的工作，张子阳却将手头的工作丢在一边，“专心致志”地忙碌自己的“第三产业”……时间一长，大家都知道张子阳是个“无利不起早”的人，因此，同事们都不愿意跟她一起共事，张子阳慢慢地被边缘化了。谭中玉跟张子阳正好相反，她基本上就是“吃亏”的代名词。平时公司里有什么脏活、累活，肯定是落在谭中玉的头上，而她总是一句怨言没有，爽爽快快地将工作做好。如果遇到加班加点的情况，谭中玉肯定是被排在第一个；而遇到什么好的福利待遇，谭中玉又是被排在最后的那一个。老板在不在，谭中玉都是一个样，因为她每时每刻都在努力工作……慢慢地，同事们不再抵触木讷的谭中玉，不仅如此，她们还喜欢上了这个总是吃亏的小伙子。一段时间过去了，谭中玉成了同事中的“香饽饽”，而张子阳则成了“狗都嫌”的人。在接下来的一次人事调整中，谭中玉在众人的推举下得到了晋升，而张子阳则“不负众望”地被辞退了。

那么，在交际中该如何把握好度，避免自己做一些过于精明的事情呢？

1.难得糊涂

事实上，揣着聪明装糊涂才是真正的聪明。如果你是一个才能出众的人，要学会有意无意地卖点儿“傻”，学会隐藏自己的光芒才是最重要的。这样才使人觉得亲近，更容易让人接受，更是让自己生存下去的重要方法。

2.低调做人

低调做人，高调做事，是一代富商李嘉诚的为人处世态度，他为那些雄心勃勃的人树立了一个榜样：即使学富五车、才高八斗、富可敌国也要低调做人。飞扬跋扈，不可一世不仅不是成功者的品质，而且是职场大忌。大家一定要谨记这一点，不断修养良好的品质。

3.吃亏是福

做人一定要记得，不要太过精明，适当地吃一些小亏、让一些小利，适时地装一下糊涂，我们可能会得到一片更广阔的天空。所谓“吃亏是福”，如果你总是斤斤计较，那么你的名声就会越来越差，你的交际圈子早晚会被自己封锁住。

有心犯点小错，让人更亲近

通常人们喜欢有才能的人，但是，何事都应有一个度，如果你的能力过强，过于突出自己，强到足以使对方感到了自己的卑微，事情就会向相反的方向发展。相反，一个犯小错误的能力出众者则降低了这种压力，缩小了双方的心理距离，因而也就赢得了更多人的喜爱。

程琳琳和汪可盈是某电器公司的销售副经理，两人表面上关系融洽，但却暗中较劲，因为双方都想在公司获得晋升的机会，得到更好的发展。年底的时候，公司的销售总经理离职高就，总经理一职出现了空缺，公司决定从程琳琳和汪可盈两人中挑选一位担任总经理。但令领导为难的是，不知该把这个职位留给谁。因为这两位女士业绩不相上下，工作能力都很强，领导一时陷入了两难，实在不知该选谁更为合适。后来，公司决定采用竞选演讲的方式来选拔人才。程琳琳和汪可盈都明白自己是提升的候选人，自此汪可盈开始更加拚命地攻人际关系中的心理策略，不允许自己有任何一点失误，而程琳琳除了一如既

往地良好表现外，还做了一些小小的准备。竞选演讲开始了，汪可盈的演讲十分精彩，用词准确，激情四射，还提出了一些相当不错的想法。但一贯以讲话声音洪亮而著称的程琳琳，却在开场白时突然声音嘶哑，在场的人面面相觑。在程琳琳喝了一小口水，润了润嗓子后，又恢复了以往的洪亮声音，她借机调侃了自己一番，然后才开始了风趣幽默的演讲。最后的结果是，程琳琳获得了大家的一致好评，顺利晋升为总经理。

朋友们，让对方更加崇拜你、喜欢你，并非一定要高高在上、做个完美无缺的人，有时犯点无伤大雅的小错误，反而更可爱，会让对方更加喜欢你，更加信任你，更喜欢你的真实。

其实，一个善于处世的人，常常会故意在明显的地方留一点儿瑕疵，让人一眼就看见他“连这么简单的都搞错了”。这样一来，尽管你出人头地，木秀于林，别人也不会对你敬而远之。一旦他发现“原来你也有错”，反而会缩短与你之间的距离。

那么，对于犯点小错拉近距离的交际手段，需要注意的有哪些呢？

1.放低姿态

谦虚就会显得平易近人；朴实和气，对方就愿意与你相处；恭敬顺从，对方就会与你合得来，这种心理状态对你非常有利。相反，你若以高姿态出现，处处高于对方．给人一种咄咄逼人的气势，对方内心里就会感到紧张，而且容易产生逆反心理。

2.要有针对性

在人际交往的过程中，对于主动暴露的小缺点的内容要有所选择，有所变通。针对不同人群采取不同措施。比如，如果你是公司高管，那在你下属面前你不妨跟她谈谈你自己多年打拼的过程，让下属知道你跟她一样都是普通人，也会遭遇挫折；对于那些膜拜你长处的人面前，你不妨说点自己遇到的不伤大雅的小尴尬，让人感觉你很亲近。其实，自曝缺点，目的只有一个，就是主动向对方展示自己的不完美，让对方情绪放轻松。

3.不做高冷的人

高冷的人难以让人接近，在交际中容易被孤立，所以还是亲近点较好，毕竟社会是一个普遍联系的整体。不管你地位多高，能力多强，想要与人亲近一点，想让自己的人际关系更为和谐，请给人留下一种亲切感，这样你的人缘才会越来越好。

4.展现你的可爱

一个懂得把握技巧犯点小错误的人更可爱，因为它能让人展现出一种轻松愉快的形象。在交际中，缺乏真实感的人际关系会给人一种不安全感。举例来说，在严肃沉闷的职场中，看惯了千篇一律的职业化脸孔后，你的精灵可爱会给人清风拂面的感觉，加深老板对你的印象。

5.适当出点丑

有时候适当让自己出点丑，不仅会赢得他人更多的好感，还能在暗中获得竞争的胜利。毕竟，没有人愿意跟一个哪方面都比自己强的人在一起，人们更愿意和那些能力不如自己的人待在一起。所以说，适当出丑既是人际交往的常用法则，也是富有智慧的竞争之道。

学会装傻，做真正聪明人

“你好，杨经理。”艾拉对领导说，“昨天给您的那份策划方案您看了吗？需要您签一下字。”杨经理思考了一下，在他的办公桌上大体搜寻了一下，摇了摇头，对艾拉说：“艾拉，可是我这里没有你的策划方案啊。”假如回到三年前，艾拉会斩钉截铁地说：“不是吧？我昨天明明已经交给了您的秘书，而且我亲眼看到她拿过来的，是不是您不小心把他丢弃了啊！”但是现在的艾拉是不会这样说了。既然杨经理在这里有模有样地说没有看到自己的策划方案，自己何必跟他翻脸争执呢？计较这些不过是浪费时间罢了！于是艾拉平

静地说："那行，您先忙，我去问问您的秘书，看看是不是在那里。"走出杨经理的办公室，艾拉就直步走向自己的工位，艾拉从电脑中找到自己的方案然后再次进行打印。随后，艾拉带着自己的稿件再次来到经理办公室。当艾拉再把文件放到杨经理面前时，杨经理连看都没看就签了字，其实他比她还清楚文件原稿的去向。

面对冲突，你是怎么解决的呢？相信艾拉的巧妙化解值得我们思考。在职场中，要懂得聪明办事，但不要过于精明，要学会适当地让步、装傻，否则吃亏的就是自己。艾拉大智若愚的表现，不仅解决了问题，也给自己的形象加了分。

"大智若愚，大巧若拙"，这是古人留下的话。这句话的意思是拥有大智慧的人往往都表现得很愚钝，身手很灵敏的人往往都表现得很笨拙。其实，这是一种境界。人生中适当的"傻"是一种智慧，也是一种美德。在生活中，善于"装傻"的人做起事情来往往会有比一般人更多的机缘，糊里糊涂却总能笑到最后。善于"装傻"要求人们不要太执着，凡事要想得开，看得开，该糊涂的时候就糊涂。如果能够做到这一点，自然就能活得逍遥自在。

王刚和他的前女友张文在大学期间是一对甜蜜的恋人，可是毕业之后因为各种各样的现实问题而分手。结婚之后，王刚的妻子小娇知道他们那段回忆是自己做再多努力也抹不了的，因而明智地装糊涂，一点也不提。有一天，王刚说和他们大学的一群好友要组织一次聚会，而小娇却碰巧在去和公司同事吃饭的时候，看到在饭店的一个地方王刚和张文在有说有笑地吃着饭。小娇当即随便找了一个借口带着同事去别处吃饭了。回家的时候，小娇的内心其实打翻了五味瓶，但小娇知道王刚是个单纯的人，不会太出格，就此假装糊涂，没有提及此事，待他如昔。在王刚过生日的那天，小娇为他准备了丰盛的晚餐，就在那晚上，王刚坦白了他去和张文见面的事。小娇原谅了丈夫当时的谎言，夫妻依然和平幸福地过日子。从那以后王刚再也没有与张文见过面，他对小娇越来越疼爱。

小娇是个聪明的人，如果当时她愤然去跟王刚吵闹，相信事情就会闹得非常不愉快，而彼此之间的矛盾也会加深。她了解丈夫的人品，不吵不闹，装作不知道一般平静地过日子，她赢得的是幸福的婚姻、丈夫越来越多的疼爱。朋友们，学会大智若愚，及时放弃、忘记那些生活中使你曾经不快乐的东西吧！要知道，爱情与婚姻是不能斤斤计较的。一个学会适当装傻的人更幸福。

精而不露，才有任重道远的力量。这就是所谓“藏巧守拙，用晦如明”。人们不管本身是机巧奸猾还是忠直厚道，多半喜欢傻呵呵不会弄巧的人，这并不以人的性情为转移。所以，要达到自己的目标，没有机巧权变是不行的。要学会装傻，懂得藏巧，不为人所识破。

那么，在交际中，适当装傻有什么好处呢？

1.逃避危险

在强大的对手高压下，在面临危机的时候，采取藏巧于拙、装糊涂，扮作“诚实”的样子，往往可以避灾逃祸、转危为安。面临险境或遇到突发事件时，装傻卖呆，这比临危不惧和视死如归要安全得多。

2.显示风度

面对别人的攻击和恶意，装装糊涂、一笑而过、装聋作哑、不予理会，这样不仅可以显示你的风度，更让人对你束手无策。在你受到攻击的时候，顾左右而言他也许是最好的办法，这样可以引开他人的注意力。

3.获取更多利益

在生活中，表面上看起来很傻的人，往往是最精明的，因为他们懂得装傻，懂得在危难处保护自己，懂得在选择中让自己获得最大利益。而那些看起来精明、事事为自己算计的人，常常得不偿失。

装傻并不是人人都能达到的，它是一种人生境界。当你具备了相当的品性，有了一定的修养，才能达到那种境界。装傻不等于真傻，有很多外表看上去聪明，做事也很精明的人实际上是真傻，因为她已把自己的优劣长短暴露得一览无余了。

适度伪装，更好地保护自己

萧何协助刘邦平息了韩信、陈稀、英布的叛乱，尤其是他使用计谋帮助吕后诛杀了淮阴侯韩信，除掉了刘邦的一块心病，使刘邦格外高兴。刘邦立即派使者封萧何为相国，增加食邑五千户，还派了一个由五百卫卒、一名都尉组成的卫队，护卫萧何。群臣见萧何升官加爵，都来庆贺。唯独邵平忧心忡忡，他替萧何捏一把汗。邵平是秦朝的东陵侯，秦亡之后，他成了贫穷的布衣，住在长安城东，以种瓜维持生计。他的瓜种得好，闻名遐迩，人们称为“东陵瓜”。邵平也随着“东陵瓜”而出了名，他与萧何也因此成为莫逆之交。萧何见邵平满面愁容，大惑不解。当宾客散去以后，他便问道：“我升为相国，群臣来拜贺，你为何不快？”“唉！”邵平心事重重，“灾祸开始找你了。你想一想，现在既然没有战事，圣上为何给你派卫队？他并非宠爱你，而是防范你呀！我劝你辞谢封赏，并且把家私财产捐出来，以解除圣上的怀疑……”萧何依邵平计而行。刘邦果然欢喜，不再怀疑萧何。第二年，刘邦率军到外地平叛，因不放心朝政，经常派使者回京探视情况。萧何为此忧心忡忡。邵平和一些门客提醒萧何说：“你遭受灭族之灾的日子不远喽，你身为相国，居百官之上，功劳又名列第一，难道功名还能复加吗？你入关中，已经十余年了，军民都归顺于你，你的力量能够颠覆关中，所以圣上对你放心不下呀！”“既然如此，我该如何是好？”萧何有些忐忑不安。“你多买田地，广置房舍，故意败坏自己的名声，羞辱自己，这样圣上就会心安了……”萧何觉得有道理，就按照邵平所说，认真地为自己预留退路。刘邦了解到真相后，表面上非常气愤，说要拿问萧何，安抚民众，内心却在窃喜，他以此认为萧何胸无大志，根本不足为虑，从此便放松了对萧何的戒备，萧何也得以从容地全身而退。

大家一定要注意，有些时候，不懂伪装，就会伤痕累累。适度伪装一下自己是一种人生智慧，也是一种交际策略。在现代社会中，无论是在哪个领域，总会存在激烈的竞争，人人都在绞尽脑汁为自己谋取更大的利益，在竞争的过程中，就会用到各种出奇制胜的计策。在关键的时刻，故弄玄虚，伪装自己也不失为上策。

那么，在交际中适当地伪装自己有哪些好处呢？

1.自我保护

中国古代大哲学家荀子在论人性时说：“人之性恶，其善者伪也。”这句话的意思是说：人性是恶的，而善则是后天人为的。这就是著名的性恶论，同时也告诉人们做人要有“心机”，必须适度地伪装自己，以防被恶人所害。

2.韬光养晦

“装疯卖傻”是一种临危之时收敛锋芒、韬晦待机的应变战术。它既能有效地隐藏自己的真实意图，又能出人意料地获得成功。运用这种战术的分寸在于“装假”必须“成真”，必须做到天衣无缝，才能真正起到欺瞒对方，保护自己的作用。

3.获取人缘

莎士比亚说：“最好的好人，都是犯过错误的过来人；一个人往往因为有一点小小的缺点，将来会变得更好。”人不犯错，本身就已经是最大的错误了。在适当的时候，犯一些无关紧要的小错误，伪装自己的优势，能让对方安心，还可以更好地融入人群之中。

兵书上总说兵不厌诈，在必要的时候，用伪装来迷惑别人，可以有效避免很多麻烦。而且还可以引诱对手做出错误的判断，从而能够给他致命一击。在人性丛林中，这实在是一个必备的生存技能。

第14章　交际场上，熟谙规则让你左右逢源

交际场上有许多与人交际成功的技巧，如果你懂得挖掘与利用，那么你的生活可以说是左右逢源。比如说，如果你想为自己与他人的关系开一个好头，那就记得留下一个好的印象；如果你想让对方欣赏你的个性，就学会收敛自己的那些让人反感的臭脾气；如果你想让人脉不断扩大，就请你多结善缘……技巧很多，关键是看你如何发掘、运用，希望大家能从本章中学到自己需要的交际智慧。

好的开始，离不开美好的第一印象

事物的第一印象是在人脑中的烙印，是非常深刻的，如果对某一事物的第一印象不好，可能需要很长的时间才可能纠正过来；有时候，甚至无法得到纠正。这个道理在人际交往中又何尝不是呢？“第一眼”的印象并非总是正确的，但却是最鲜明、最牢固的，并决定着双方交往的进程。一定要重视人家看你的第一眼，只有第一眼留下好印象，才会给人留下难忘的好印象。懂得培养“第一眼”让人喜欢的人，会在社交中获得成功。

王琛在一家软件公司任人事部经理，这两天，他为了招聘的事忙得焦头烂额。说实话，要想招到德才兼备的员工并不容易。王琛在桌子上一大堆的简历中挑了又挑，选了又选，最终决定让其中的几个人来面试。李敏被叫进了面试间，很友好地跟王琛相互点头一笑，王琛示意她坐在靠近门口的沙发上。王琛眼前的这个女孩看起来很秀气，很文静，眼神里有几分的羞涩和紧张，但这仍旧遮挡不住她的自信。李敏对王琛提出的问题回答得非常得体，

王琛频频地点头微笑，决定让秘书小高带她去隔壁实际操作一下，目的是考核一下她的计算机技术是否过关。趁李敏去隔壁的空当，陈宇被请进了面试间，陈宇先是不耐烦地一屁股坐在了沙发上，开口的第一句话就是抱怨让自己等得太久。然后他靠在沙发背上跷起了二郎腿，开始对他的名牌大学、出身豪门信口开河。慢慢地，他似乎早已经忘记自己是来面试的了，王琛几次正在讲话的时候都被他打断。不过，唯有一点值得肯定，那就是他比起李敏来，所学的专业跟公司的要求更对口，而且技术方面也很过关。可是，他却让王琛感到很别扭。最后，陈宇还是被王琛客气地请出了面试间，出门前，陈宇还不忘很“自信”地问一句：“行不行啊？如果不行，你直接告诉我，我还要忙着面试，没那么多时间。”“回去等通知吧！”紧接着是“哐”的一声关门声。这时，秘书进来告诉王琛，李敏的技术尽管还有待提高，但是，总体来说还可以，感觉是个可塑之才。王琛笑着点了点头，并嘱咐秘书给李敏安排工作岗位。接下来，他在陈宇的简历上画了一个大大的红色的“×”。

卡耐基说：“良好的第一印象是登堂入室的门票。”因此，在和他人交往的时候一定要注意自己的第一印象，从外表到内在的素质，给人一种愉悦的感觉，让别人愿意和你交往，甚至主动和你交往。反之，如果给人的第一印象不佳，就可能遇到莫名的障碍。上面李敏和陈宇的例子就恰恰证明了这一点。

人们常说：“不要以书的封面来判断其内容。”但是，全世界的人都是首先以书的封面来判断其内容，包括你和我。我们不可能读完一本书后再决定是否去买它。人际间的第一印象也是如此，往往几分钟就会形成偏见。

那么，应该如何塑造自己良好的第一印象呢？

1.学会运用肢体语言

大量研究表明，在人际交往过程中，肢体语言所透露出来的信息要比有声语言的内涵更加丰富。在现实生活中，大多数人习惯以直观、迅速的方式对他人的肢体语言进行理解，有时候，这种理解方式对于发现积极或者消极信号有

一定的帮助作用。

2.制造话题，“粘”住对方

正所谓“物以类聚，人以群分”，每个人的社交圈，实际上都是以自己为圆点，以共同点（年龄、爱好、经历、知识层次等）为半径，从而构成无数的同心圆。共同点越多，圆与圆之间交叉的面积就越大，共同语言也越多，也越容易引起对方的共鸣。

3.注意自己的姿态

有一些行为是初次见面的时候绝对要避免的：打招呼的时候左顾有盼，眼睛盯着别的地方；自顾自地先坐下；说话的时候不直视对方的眼睛；说话喜欢抖腿或者晃动身体；坐着的时候分开双腿或者是斜坐。

大家应该记住这样一句话“形象就是名片”。心理学中有一种心理效应叫做“首因效应”，即第一次交往中给人留下的印象在对方的头脑中形成并占据着主导地位，也就是我们常常说的“第一印象”最重要。第一次见面给对方的印象会根深蒂固地留在对方的脑海里，所以大家对此一定要多加注意。

伸出援手，就是帮助未来的自己

在开始经营自己的人际关系的时候，我们需要了解的是，有很多成功人士一直都秉持这样的信念：不管所交往的人地位高低，尽量帮助他们。这些成功人士总是能说到做到，从而给人一种值得信赖的感觉。其实，帮助别人就是帮助未来的自己，当你给予他人帮助的时候，对方一定心存感激，当某一天你需要帮助的时候，将会有一双热情的手向你伸出。

陈晓晓是一名策划，她是一名上进心很强的女孩，最近她费了很大力气制定了一份策划书，内容很有价值，但是不合经理胃口，被打回重写。办公室不少人对此冷嘲热讽，见到陈晓晓就挤眉弄眼，为此，陈晓晓心里感觉相当郁闷。下班后，同事王姐过来帮他看了看策划书，为陈晓晓提了一些合理的建议。陈晓晓进行了一定的修改之后交给了经理，结果这个项目策划被经理采纳了，还给陈晓晓加薪奖励。陈晓晓将王姐的帮助牢记在了心里。后来，王姐想申请配一台笔记本电脑。按照惯例，这个申请十有八九会被打回来，但笔记本电脑对经常出差的王姐来说又很必要。王姐在办公室一直没好意思提，她觉得自己跟陈晓晓关系不错，就私下里问陈晓晓，希望他能帮自己想一个好办法。自从上次王姐帮助自己以来，陈晓晓一直希望有机会能报答王姐，这次王姐来求助自己，陈晓晓感到非常高兴。于是陈晓晓就给王姐出了一个点子，让王姐在申请书上注明："这台电脑将在与我们有业务往来的那家公司以最低价格购买。"结果王姐的申请被批准了。

拓展人际关系的最高境界就是互利，而非总是希求得到别人的帮助。我们对人一分好，对方自然会涌泉相报。懂得分享的人，最终可以获得更多。因为，朋友都愿意与他交往，他的机会也就越多。

在公司，董海珍是一个热心肠的人。不管是在工作中还是在生活中，她对同事、朋友们的求助一向有求必应。虽然这会在一定程度上影响自己的工作，但董海珍总是在下班或者休息的时间把耽误的事情弥补回来。这些都被同事们看在眼里。前不久，董海珍在与一家客户接洽时遇到了麻烦。原来，这位客户是俄罗斯人。他本人不懂英语和汉语，在语言沟通上存在着巨大困难。在前一阶段的接触中，他们都是通过客户随身带来的俄语翻译进行沟通的，可不巧的是，在接洽最关键时刻，这位俄语翻译病倒了。俄罗斯客户在中国没什么人脉，无奈之下，帮助客户请翻译的事情就落在了董海珍身上。可问题是，董海珍所在的城市不大，她又能去哪里找俄语翻译呢？得知董海珍陷入困境后，同事们第一时间就行动了起来。有的人主动与认识的俄语翻译联系，有的人帮助董海珍用翻译软件翻译文件，还有的人给董海珍出主意，叫她先带客户参观工厂，说不明白的不代表看不懂。在大家的共同努力下，三天以后，谈判又恢复正常了。不久好消息传来，董海珍拿下了这个大订单。董海珍在帮助同事的时

候，已经为帮助自己埋下了伏笔。

帮助别人，就是帮助未来的自己，在人际交往中，一定要记住这一点，只顾自己的人是难以在社会上长久立足的。那么，在他人需要帮忙的时候，你该如何伸手帮忙，主动做些什么呢？

1.对他人情况有所了解

没有真正了解别人的需要，怎么能帮助他人呢？想要帮助别人，我们就要懂得用智慧来判断对方的心理状态，看看对方需要什么。还要花一段时间研究、观察对方的反应，这对了解他人、增加慈悲而言，是非常重要的。

2.发自内心，不居功自傲

在人际交往中，当我们帮助了他人时，不必以此沾沾自喜，自鸣得意，更不能摆出一副救世主的面孔，因为我们的帮助应该是无私的、诚恳的，不存在半点恩赐的感觉。如果老记得自己有恩于他人，这样活着岂不是很累吗？另外，老是有此类思想的人，即便是付出了很多，也不会收获多大的好人缘。

3.学会鼓励，给予精神支持

认可、赞美和鼓励，能使白痴变天才；否定、批评和讽刺，可使天才成白痴。请永远不要否定、不要批评、不要讽刺，请相信所有人都重要。如果你身边的朋友遇到了困难，即便你真的无能为力，那么你也不要置之不理，因为我们每一个人都能给予对方鼓励及赞美的话，这些都能让别人调整状态，一扫往日不好的情绪。一个懂得赞美和鼓励的人一定会是朋友圈中的暖心姐妹。

要注意，生活中，我们不但要勇于帮助人，也要学会怎样帮助人。这其中，最重要的一点就是，给人家留面子。如果你高高在上，像施舍一般帮助别人，不但别人不领情，还可能会恶化你们之间的关系。

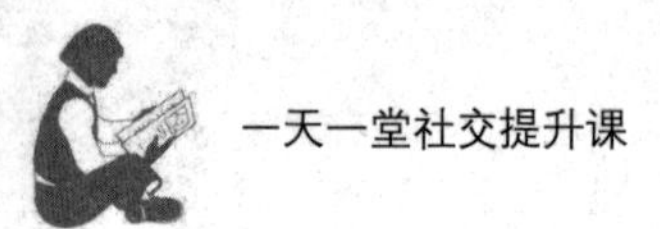

学会保护自己，远离损友

“在家靠父母，出门靠朋友”，在人的交际过程中，朋友的影响可以说非常大。与正直的人交友，可以使自己积极向上；与颓废的人交友，可能会使自己不思进取。可见，交友不慎，就很可能导致人生偏离航向，甚至成为引发灾难性后果的起因。所谓“害人之心不可有，防人之心不可无”，分清朋友的良莠，才能远离损友。因此，交友要仔细，千万不要把损友视为好友，让自己陷入困顿和苦恼中。

在交友的过程中一定要懂得把握好社交尺度，学会保护自己，下面这个案例就是要告诉大家交友不慎的危害。

凌凌怎么也没有想到，如今自己竟然住进了戒毒所，花样的年龄，自己却遭遇着这样痛苦的事情。在戒毒所的这些日子，凌凌的头脑才逐渐清醒，她终于认识到交友不慎的后果了。一开始的时候，凌凌热情开朗，可爱清纯，无论走到哪里总能交到贴心的朋友，好姐妹不计其数。其中一些好姐妹是在迪厅结识的。那天，凌凌跟着一个室友去迪厅体验生活。在那里，凌凌意外地结识了一群活泼的女孩子，并被她们身上的叛逆劲儿给深深吸引了。毕竟在这之前，凌凌从来都没有接触过这样的人，看着她们在迪厅里舞动身姿，跳得那么投入，凌凌真的是被她们吸引了。于是，她不顾室友的提醒，毅然地走进了她们的圈子。在凌凌看来，和这些叛逆的女孩子交往也没什么不好。活得很潇洒，至于被她们带坏，那是不可能的事情，她相信自己还是有原则的，只不过是想跟她们在一起寻开心罢了。就这样，凌凌经常参加她们的活动，和她们一起唱歌、逛街，甚至一起吃饭、睡觉。刚开始，听到她们说着粗野的话，她就在一边偷笑，觉得很好玩儿，渐渐地她就被传染了，也开始不自觉地说起脏话来，原本说话细声细气的她现在不亚于高音喇叭，她的这些变化让室友很吃惊，提醒她不要再和那些人来往，可是她哪里听得进去，还劝室友不要把人想得太坏。终于有一天，凌凌受她们的诱惑开始吸毒了。刚开始，她只是觉得好奇，

看着她们把白粉吸进去之后那舒服劲儿，她就忍不住想试试，谁知很快就上瘾了。从那以后她对毒品的依赖程度越来越严重，最后居然开始注射毒品，要不是及时被警方发现，送去戒毒所强制戒毒，她现在恐怕已经被毒品折磨得不成人形了。

凌凌的遭遇真让人痛心，因为交友不慎，一个好端端的女孩子居然走上了吸毒之路，断送了自己的前程。大家应该明白，社会上形形色色的人有很多，并非接触到的所有的人都能成为自己的朋友，如果自己分不清善恶，那么终有一天自己也会遭遇像凌凌一样的处境。朋友是人生命中的一个重要组成部分，对人的一生有很大的影响。交上什么样的朋友，就会有什么样的命运。所以，在对待朋友的问题上，必须谨慎。

那么，怎样分清身边的朋友是善还是恶，尽量少打交道呢？下面几点可供大家思考。

1.喜欢搬弄是非的人

每个人的身边都会有一些搬弄是非的人，他们唯恐天下不乱，到处东拉西扯制造矛盾，这样的人其实是非常可怕的。有句话说的好，“说人是非者，必为是非人”，这种人热衷一切八卦事件，喜欢在背后搬弄别人隐私。如果你跟这种人交朋友，就会卷进“是非”旋涡。这个时候，最明智的选择就是逃离是非之地，远离是非之人。

2.待人别有用心者

这种人善于包装和伪装自己，在交往过程中察言观色投其所好，以漂亮的语言施以恩惠迷惑对方，一旦时机成熟就会露出真面目，利用事小，最终带来经济和情感的损失就大了，那种别样的伤痛或许一生都难以愈合。

3.基本道德有问题的人

缺乏基本道德和礼貌的人，不管学历有多高，资历有多深，缺乏道德和基本的礼仪，当身边的朋友遇到困难的时候，缺乏帮助的基本修养，公共场所乱丢垃圾，公共汽车不给老人让座，捐款捐物的时候没了人影等，缺乏基本道德的人还是不要与其交朋友好。

4.无休止索取的人

“你还是我的好朋友吗？这点忙都不帮吗？”有人很难一口拒绝这样的要求，问题是要求、索取成了习惯，朋友成了自己的仆人。要知道，朋友的帮助本出于一颗无私、友爱的心，但不意味着人家就无所不能、有求必应，专门为你一个人提供私家服务。如果你身边有这样总是无休止地索取的人，那请你学会拒绝，远离他们吧。

一个人的身份的高低，是由他周围围的朋友决定的。朋友越多，意味着你的价值越高，对你的事业帮助越大。善于发现别人的优点，转化成自己的长处，你就会成为聪明人；善于把握人生的机遇，把它转化成自己的机遇，你就会成为优秀者。多交一些益友，这样你才会不断进步。

学会包容，让周围的环境更和谐

肯尼斯·库第在他的著作《如何使人们变得高贵》中说：“暂停一分钟，把你对自己事情的高度关注，跟你对其他事情的漠不关心，互相做个比较。那么，你就会明白，世界上其他人也正是抱着这种态度！这就是，要想与人相处，成功与否全在于你能不能以同情的心理，理解别人的观点。”其实，换句话说，就是理解、包容。一个懂得包容他人的人在交际中定会收到极好的回馈。我们看一下下面这个故事：

在一片大草原上，所有的动物都为如何才能更容易捕获食物而绞尽脑汁，费尽心机。只有野驴和狮子聪明，它们选择了合作。它们约定：野驴负责寻找食物，因为野驴有耐力，跑得远；狮子负责捕捉食物，因为狮子的爆发力好，天生就是捕获猎物的料。它们在一起互相扶持，各取所长。因为狮子是草原之王，所以野驴同意由狮子来实施分配捕获到的食物。它们在一起捕猎，分工协作。果然，它们总能比其他动物更加迅速地捕捉到肥美的食物。这样，它们的

合作让双方都尝到了甜头。然而，时间一长，双方就暴露出了各自的缺点：野驴脾气很倔，不把狮子放在眼里，经常顶撞狮子；狮子禀性霸道，每次野驴顶撞它，它就感觉自己的权威受损。这一次，它们通过合作，又满载而归，狮子继续行使着分配的职权。可这次，狮子却把食物分成了三份，并且霸道地说："我拿第一份，因为我是草原之王；而且我还应该拿第二份，因为这是我们合作中我所应得的；第三份，我们可以公平竞争，不过我还是劝你赶紧滚开，把它让给我，否则你就要大祸临头了，你将成为我的第四份美餐。"野驴忍无可忍，终于离狮子而去。狮子把野驴赶跑后，食物很快就吃完了，狮子不得不开始独自狩猎。因为缺少了野驴的帮助，狮子再也不能轻松捕获肥美的食物了。每当狮子饥肠辘辘的时候，它都会想起野驴。可以说，狮子和野驴本身就性格不同，一开始它们知道，即使自己再怎么不喜欢对方，但是为了生存，为了不饿肚子，它们也要包容对方，互相合作。可是时间一长，狮子就不耐烦了，狮子忘记了它们当初在一起合作的初衷，它不肯包容野驴，最终赶跑了野驴，从而也让自己又开始过上了饥肠辘辘的日子。

相信各位朋友已经看明白了上面的故事，故事中野驴和狮子不正是现实生活中各类人群的影射吗？在与人交际的过程中，如果我们事事由着自己，没有一点包容意识，那么我们自己的道路也会走得非常艰难。包容，是与任何一个人沟通的必备素质。一个懂得包容的人，更能打造出一个出色的自己。

1.互换角度，让心更明了

把自己当成别人，站在对方的角度去感受对方的情感；把别人当成自己，感同身受，用亲身去体验别人的感受；把别人当成别人，我们无法强求别人改变，只能去理解体会别人；把自己当成自己，我们的一切理解和包容并非为了别人，而是为了自己。为他人着想，有时候其实是为你自己着想。

2.远离抱怨，拒绝消极

抱怨就像思维的一种慢性毒药，在我们的大脑中毒的同时，我们的人生态度、行动被"抱怨"这种强烈的毒性感染。在抱怨的生活中，我们的意志不断受到消磨，就像可以"溃堤"的蚂蚁一样，精神之堤瞬间被生活的洪水击垮。

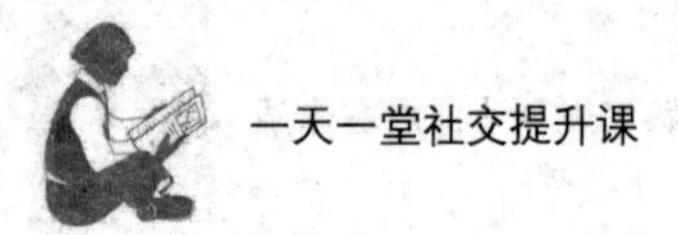

3.适当忽略对方的缺点

忽略对方的缺点，可以消除交际的“阴影”。我们都是凡人，食的是人间烟火，谁也不可能完美无缺，只要不是原则性的大问题，就不要求全责备。对方无意间带给你的小小伤害或不悦，打个哈哈就过去了。我们应该多看看对方的优点，不要抓住对方的缺点不放，否则自己就被限制在自己微小的交际圈子里无法迈出大步。

朋友们，不要事事认真，为了一些鸡毛蒜皮的小事进行计较。在漫长的人生道路上，我们会遇到许许多多的挫折和困难，也会遭遇许多的误解和不快，这时生活要求我们学会宽容。宽容别人，便是善待自己；宽容别人，才能让自己拥有更多轻松与快乐。

好脾气，交际成功的必备武器

冰冰在公司办公室任职，是个能干的姑娘，工作也认真负责。但她的脾气不好，总是容易急躁发怒。有一次，冰冰正专注地打一份报告，人事部的小娟来盖章。冰冰的工作被打断了，很生气，于是她就一边看着需要盖章的报表，一边打开抽屉，嘟哝着：“上午不是盖过了吗，又来？你不会把报表凑到一起拿来盖章吗？真烦人！”说着，赌气似的把章往报表上一盖，就扔桌了上了。这时，策划部长宇来了，他告诉冰冰他们要用会议室，让她把门打开。可是，冰冰刚坐下，一听就来气了：“我说过多少回，想要用会议室得提前打招呼，怎么就是记不住！”说着把登记簿一扔，自己拿着钥匙去开门了。小娟和长宇对视了一下，然后望着冰冰的背影摇了摇头。到年底评比的时候，冰冰的分数比较低，也就是说几乎所有跟她有过接触的人都给了她差评。公司看到她如此不讨人喜欢，自然就将她开除了。

好脾气的人具有一种独特的魅力，就像一杯浓郁的佳酿，让人百看不厌，

尝了更会赞不绝口，因此，纷纷想与之亲近，欲罢而不能。好脾气的人就是这样具有魔力，让人不得不爱。好脾气的人对人、对事都是包容和接纳的态度，好脾气是一种难得的品质，是精神的成熟和心灵的丰盈，更是看破了人生之后所获得的那份从容、自信和超然。一个拥有好脾气的人，在交际中一定备受欢迎。

艾女士自认是一个坏脾气的人，她常年在外地工作，这么多年来，她将在外地受的委屈和痛苦、遭遇的不顺和烦恼，一股脑儿地洒给了家人。有时候，妈妈做的饭菜不可口，她要嘟囔抱怨好半天，爸爸没能帮她办成事情，她就给爸爸黑几天脸，妈妈心疼外孙女多给了零花钱，艾女士也会毫不留情地大声数落。即使是面对朝夕相处的老公阿海，艾女士也没好脸色。阿海拖地不干净，艾女士会瞪大了眼睛斥责；阿海应酬晚归了，她会堵在家门口教训他；女儿作业没认真写，她气得将孩子的作业本甩在地上；女儿成绩下降，艾女士就暴跳如雷。这么多年，家里似乎没有安宁的日子，艾女士也疲惫了。妈妈常常对艾女士说："你这孩子，人能干，心地也善良，就是脾气不好。"老公阿海也说："你这人，一辈子全是脾气害了你！"女儿也多次表示抗议："妈妈呀，啥时候改改你那坏脾气，我就少流几次眼泪。"因为艾女士的脾气，一家人都不太敢招惹她，慢慢地就没有了家的温馨，彼此的情感也慢慢疏远了。不管是孩子还是父母、老公，他们都不太想与艾女士打交道，艾女士的生活越来越不好。

在人际交往中，要磨练自己的脾气，懂得收敛自己，否则就像艾女士一般，连家人都不愿与她沟通。那么你如何改掉环脾气，培养好脾气，从而获得一个好人缘呢?

1.学会尊重别人

你如果能尊重、礼貌、友好地对待你的同学以及朋友，并能做到诚实、守信，那么你的人际关系一定不会太差。相反，如果你总是自命不凡，待人苛刻，不懂得尊重和体谅他人，那她的人际关系也必然会紧张。所以说，在与人相处的过程中我们一定要做到尊重对方，一个不懂得尊重他人的人是不会有好人缘的。

2.不迁怒他人

现实生活中，我们会由于工作的压力过大出现焦虑不安，烦躁等情绪，变得易怒暴躁，恨不能脸上写着“生人勿近”，这种情况下坏脾气的人会迁怒到他人身上。这时候你一定要沉住气，耐心听听他人的想法，不要过早地施加批判。为了改善这种状态，就要自主地调整自己的情绪，让自己的浮躁沉淀下来，化为一种平静。

3.用商量的语气与人沟通

心理学家告诉我们，要想让别人对你有好印象，你就必须表现出温和的态度。所以，在与人沟通的时候，我们就应当采用一种商量的语气，让别人感受到你的理智。长时间下来，大家都会觉得你是一个好脾气的人，也都愿意与你沟通，你的人缘也会越来越好。

做人没有诚信，你何谈交际

邸小芸是程旭初中时的同学，她不但聪明活泼，而且能说会道。后来，邸小芸一心想赚钱，放弃了继续学习进修的机会，在高中毕业后就来到了公司上班。邸小芸应聘到一家空调公司进行家用空调的推销工作。凭着灵活的头脑，邸小芸很快地掌握了一定的空调技术和推销技巧，并渐渐地在公司站稳了脚跟。一天，邸小芸找到程旭，要程旭在大学里帮她多联系一些客户，以便提高自己的业绩。基于对老朋友的信任和支持，程旭一口答应了她，并在两天后就介绍了一位想买空调的朋友给她。双方见面的时候，邸小芸充分地表现了自己推销的天赋，大方得体的谈吐、诚恳实在的推销很快就打动了客户。两个小时后，他们就谈妥了一单六千多元的空调生意。拿到了一半的订金后，邸小芸高兴地离开了。程旭为自己一下帮助了身边的两个人而感到高兴，并认为这是

一个双赢的交易。可是事态的发展出乎程旭的意料。首先邸小芸应诺的空调一拖再拖，没有及时送货。经过客户多次催促，总算是在一个多星期后送来了，但是空调质量有严重问题。只用了几天，空调就出现了各种问题！经检查，发现邸小芸用了同型号中的次品，电源质量也不好。客户认为邸小芸的空调质量有问题，要求退货。邸小芸一口拒绝，认为空调的型号是由客户自己选择的，现在坏了可以拿回去保修，但不允许退货。同时，她还拿出了当初两人签订的合同书来验证，大玩文字游戏。权衡之下，客户没有办法，只好把空调送回去修理，这又是半个多月的时间。客户与邸小芸因此反目成仇，再也没有任何联系，而夹在他们中间的程旭更是左右为难，非常尴尬。本来程旭还有几个朋友想购买空调，程旭也想介绍他们到邸小芸那里购买，但是程旭看到邸小芸不是很讲信义，便打消了这个念头。这件事的结果是：邸小芸赚取了一笔小钱，却永远地失去了朋友和客户的信任。

“诚实守信是成大事者的关键。”一个人要想赢得大家的信任，一定要下极大的决心，花费大量的时间，不断努力才能做到。人与人的交往，是建立在诚实守信的基础上的。成功者信守承诺，珍视这合作的基础，以诚实取信于人。如果你总是投机取巧，终有一天你的道路将难以走下去。

做一个有诚信的人，你需要注意以下几点：

1.诚实一点

为人诚实，就是要诚实地对待朋友，当朋友真诚地与你交往，关心你、爱护你的时候，你也以同样的真诚，甚至更多的真诚去回报朋友，滴水之恩，当以涌泉相报。这样以心换心，朋友之间的友情必然是根深叶茂。

2.严于律己

人生活在这个社会中，就像是一条锁链紧紧相扣，如果其中有一环松动，那么它就会从锁链中脱落下去。任何人不能脱离社会而孤立存在，你诚信待人而没有得到别人诚信待你时，请继续律己，否则你就是脱落的那一环。

3.远离欺骗

要做一个真诚的人，切忌平时欺骗他人，欺骗也许能得一时之利，却不能维持长久。如果你的谎言被人看出，即使以后你真的有诚意，仍会被认为是另一种姿态的虚伪。

人们一定要树立诚实守信的观念，应该使诚信贯穿在自己的所有行为中，用诚信要求自己，让诚信成为自己的习惯。当这种习惯形成的时候，也就是人格魅力增加的时候，也是我们无形资产增加的时候。

第15章　人情早储备，及早扩大圈子积攒贵人

交际圈子的大小对一个人的见识与成就有着很大的影响，很多时候你的人际关系能够决定你的未来。一个人的眼光如果放的足够长远，那么他就懂得去建立好自己强大的人际关系，并且不断去拓展延伸，迎接更有利的资源。生活是个大舞台，每个人都在其中扮演着不同的角色，同时进行着广泛的社会接触和人际交往。人脉就是生活中的一张关系网。假如你想在这张网中活得轻轻松松，自由自在，并有所成就，那就开始蓄积人脉，储备人情吧！

热情待人，让更多人喜欢你

有些人总认为人际交往十分神秘，不可捉摸，其实只要掌握了交际的秘诀，就能游刃有余地处理好与他人的关系。除了举止要得体大方、待人接物要礼貌之外，我们还要学会热情待人。热情就像是一团火，它能迅速融化对方的心，让彼此的关系更为亲近。

周一中午，店里的人稀稀松松，比较清闲。陈女士绷着脸来到糕点柜台前，店员小李含笑迎上去："姐，您想买点什么点心呢？""什么也不买，看看还不行吗？"说完，这位陈女士连看都不看小李一眼，毫无表情地从柜台身边走过去。小李也随着陈女士走过去，边走边想：这位大姐是遇到啥不开心的事情了，越是这样的情况，我更应该热情一点，这才是正确的选择。小李一边走，一边还是那样态度和善地说："这段时间我们新研制出了几种非常诱人的糕点，味道真的是超级好，您想看看吗？您可以尝尝喜不喜欢，我给您介绍一下……"陈女士被小李那火一般的热情感动了。陈女士抱歉地说："小姑娘

啊，刚才我冲您发火，您没见怪吧，我家儿子不听话，每次还没来得及吃饭就跑出去跟他的小伙伴打球去啦，气得我真想揍他。这不，刚进来逛的时候，我还正在生气，所以就委屈你了啊！”“大姐，您教育孩子是应该的，可要注意方法，不能打孩子，这样会引起孩子的叛逆心。”陈女士感动地说：“姑娘啊，你真是好人，刚才我无故对你发火，你不仅不生气还愿意跟我交流……”自从那次与小李交谈之后，陈女士每次买糕点都去小李的店里，在陈女士看来，小李的糕点就像她的态度一样让人喜欢。不仅陈女士喜欢小李，还有好多顾客也都慕名来她家买糕点。有一天，一位心烦的大哥来大楼里买东西，因为刚喝了酒心烦，就和一位售货员吵了起来。他带着气又来到对面的糕点柜。这时满面笑容的小李迎了过来，主动和他打招呼。这位大哥怒气未消，连让小李称了几种糕点，每种都是只要两三个。小李非常麻利地给这位大哥称了糕点，包装好。这位心烦的大哥被感动了，脸上露出歉意。从那以后他常来买糕点，还说：“我来看小李姑娘，是因为他对客人太好了。在小李那儿买东西心里总觉得很舒坦、很高兴，回到家里也总是忘不了。”

在心理学家看来，人们喜欢热情的人是因为热情的品质具有很多特质，它令人想起其他有关联的优良品性，这体现出了“光环效应”。人是否热情，是他是否受欢迎的关键。受欢迎的成功者有个共同点，即他们热情待人处世。要想胜利就要有热情。

那么，热情对一个人来说有哪些好处呢?

1.让沟通更顺利

热情是一种令人感觉愉快的、既悦己又悦人的发挥正面作用的情绪。热情是人际交往中的一种润滑剂，它能够有效缩短双方的心理距离，为进一步深入沟通与交往创造良好条件。

2.给自己带来力量

热情是一种振奋剂，它可以使人们乐观、勤奋、向上，对工作充满希望和自豪；热情是一种精神状态，可以鼓励人们更好、更愉快地完成现有的工作，保持旺盛的精力，以锲而不舍的精神开展工作，实现自己的人生价值。

3.让人生更青春

热情永远是人们生命中最正面的能量。热情是一种年轻的体征越年轻的人越有激情。反过来说，是热情让人年轻，保持热情就保持了年轻。你经常迸发热情，就能保持和升华热情，做人才容易成功。

热情是高情商的表现之一。高情商的人对生活和工作都保持热情或者激情，她们知道调动自己的积极情绪，让好的情绪伴随每一天，不让那些不良的情绪影响到生活或工作。热情是一个人拥有无穷魅力的源泉，从现在起抛开你心中的冷漠，做一个热情的人吧！

结交新朋友，建立新人脉

平时大部分人都有将钱存入银行的习惯，以备不时之需。其实人脉就像金钱一样，需要提早进行“储存”，否则等到以后有需要时想提取，账户空空，解决不了眼前的难题。马克·吐温曾经在谈到朋友的时候说过：“结交朋友最恰当的时期，是在你感到需要朋友之前。”所谓“朋友多了路好走”，试着去结交一些新朋友吧，相信总有一个人会成为你最可靠的友人。

王晓慧今年二十七岁了，她性格比较活泼，也喜欢跟人聊天，甚至是陌生人她都能很快与对方熟悉起来，特别是她在旅途中无聊的时候。有一次，王晓慧去北京出差，在高铁上，和一个素昧平生的人聊了起来，这位朋友待人非常热情，又是给点心，又是一起吃水果。在攀谈中，王晓慧了解到，原来这位朋友是一名高校教师，从事教学已经很多年了，长时间从事一项工作对于他来说有些倦怠，于是他就离职并经过几年的努力自办了一个公司，自任这家公司的老总，现在这家公司发展得非常红火。他们聊得很投机而且非常愉快。到北京火车站后，王晓慧和这位朋友互相留了联系方式，其实他们只是聊得来而已，谁也没有想到今后可能会用到谁。天有不测风云，人有旦夕祸福，没想到过了两个月之后，王晓慧所在的单位倒闭，她只好重新找工作，但是找了几个月仍无满意合适的，房租也到期该缴纳了，工作还没着落，她急得像热锅上的蚂蚁。有一天王晓慧正心烦，忽然想起了那位在坐火车的过程中遇到的朋友，于是就给那位朋友打电话，说明了自己的情况，问他们那里有没有适合自己的岗位。那位朋友回答说，目前他的公司不缺人，但是，他有一个好朋友开的公司正在招人，可以介绍王晓慧过去试试。就这样，王晓慧很快找到了新的很满意的工作。就这样一个普通得甚至还不能称其为朋友的人帮她渡过了难关。

好莱坞流行一句话："一个人能否成功，不在于你知道什么，而在于你认识谁。"正如这句话所言，这是一个人脉大行其道的年代，谁都不可能成为孤胆英雄，不管你是商界的领军人物，还是普通的公司职员，都不能逃脱一张关系网。人脉是需要不断积累的，即便是当下对你的人生并无多大干系的人，也许有一天会给你带来意想不到的希望的，就像案例中的王晓慧。

那么，该如何结交朋友，建立自己的关系网呢？

1.把握现有资源

每个人的成长过程中都会遇到很多人，比如我们的亲戚、朋友、同学，这些都是我们的现有人脉，所以我们一定要把握好自己拥有的朋友，多联系、常沟通，不要有了新朋友忘了旧朋友，要相信这些才是陪伴我们更为长久的人。

2.通过他人关系认识新朋友

通过第三者来传达自己的心情和愿望，在拓展人脉中是常有的事。人们会不自觉地发挥这一技巧。比如："我听同学老张说，你是个热心人，能够认识您非常荣幸。"等。但要当心，这种话不是说说而已的，也不能太离谱，有时有必要事先做些调查研究。

3.自己创造机会

开拓人脉资源，要善于把握机会，抓住一切机会去做。比如，参加婚宴，你可以提早到现场，那是认识更多陌生人的机会；参加活动，要多与他人交换名片，利用休息的间隙多聊聊；在外出旅行过程中，要主动与他人交流……我们要充分准备，找机会恰当地表现自己。

世界上没有人是你无需交往的，只是因为你对他不够了解，或对他的态度不够诚恳，你绝对是一个想成功的人，但你首先必须先建立好人脉，只有建立好人脉关系，你才能成功。人脉网络是人与人之间传递信息的捷径，许多信息由于这个网络得以在最短的时间从你的朋友那里传到你这里，假如你总是封闭自己，那你的道路将会越走越窄。

提升自我价值，扩大吸引力

如果一个人觉得自己是个不合格的、不重要的、低下的或者无能的人，你就会根据你的思想去支配行为。你觉得自我价值低，你就会觉得自己生来就是失败者，该被淘汰，不值得被人爱和接受。既然你自己都这样觉得，那在交际中谁还愿意与一个如此消极的你来往呢？所以说，想要获得更好的交际效果，就要懂得提升自我价值，吸引更多的人来到自己的身边。朋友们可以看一下下面这一则故事：

在一座寺庙里，住着老和尚和小和尚。老和尚每天都在读书念经，小和尚则每天砍柴挑水。有一天，小和尚忍不住跟老和尚说："师父，我想读书……"老和尚拿了一块石头来，说："这样吧，今天你把这块石头拿到山下的集市里去卖，不过无论别人出多少钱你都不要卖。"小和尚不明白老和尚的意思，为什么让自己去卖石头却又不准卖出去呢？但这是师父的命令，小和尚不得不听。小和尚带着石头在集市里待了一天，直到日落时分，才有一个人愿意出六文钱买它："因为它的样子很别致，我想买回去给我女儿玩。"小和尚心想，一块石头能卖六文钱啊！可是，师父叮嘱过他不能卖啊。因此小和尚没有答应那个人的请求，带着石头回到了庙中，并将这件事告诉了老和尚。"你明白了吗？"老和尚听完后问。小和尚感到很奇怪："明白什么啊？" 老和尚笑了笑，什么也没说，拿起石头回房了。小和尚只好再去砍柴挑水。 一个月后，小和尚又耐不住寂寞了，又对老和尚说：“师父，我不想砍柴，我想读书！”老和尚像上次一样，又拿出了那块石头：“这次你把石头拿到山下的布庄老板那里去卖，不过还是和上次一样，不能卖出去。”小和尚百思不得其解，为什么让我去卖还不让卖出去呢？但为了读书，小和尚压下了内心的疑问，带着石头来到了布庄。布庄老板拿着石头看了好半天后说：“这样吧，我没有多少钱，我出500两银子买你这块石头。”小和尚吓了一跳，一块石头怎么这么值钱啊！ 布庄老板笑着对小和尚说：“你不要看它是一块普普通通的石头，其实，它只是外面包裹了一层石头，里面是一块无价的宝玉。这就像古代的‘和氏璧’一样，只是外表被掩盖了而已。”小和尚连忙摆手，连说：“不卖了不卖了！”然后抱着石头就往寺院跑。师父问他：“明白了？”小和尚回答：“明白了……”老和尚接着问：“你明白什么了？”小和尚回答：“师父要我卖这不能卖的石头，是在教我一个道理：要想认识世界，先要认识到自身的价值，挖掘内在的宝藏。”老和尚满意地点了点头，从此按照老和尚的教导做事，最终成了有名的禅师。

如果一个人不懂得认识自我价值，不断努力提升自己，那么她怎么可能有所改变，又怎么可能优秀到吸引他人的注意力呢？人生就是这样，一个人如果能够做到不断提升自我，让自己永远具有吸引力，就不怕没有人发现。与其四处找船坐，不如自己修一座码头，到时候何愁没有船来停泊。所以说，想要有一定的吸引力，那就先发掘自己的价值，不断提升自己吧！

那么，在提升自我价值方面需要做些什么呢？

1.切记莫自卑，看好自己

每个人都有属于自己的独特价值，我们应该接纳自己：而且，自身价值的大小并不在于他人的评价，而在于我们给自己的定价。一个人的价值是绝对的，坚持自己，重视自己的价值，给自己成长的空间，每个人都会成为“无价之宝”。

2. 注意自己的口碑问题

每个人都有自己的圈子，为了工作赢得更多的人际资源，首先就要经营好

自己现有的社交圈，把自己的价值传播出去，在相关的职业圈子里，形成一种有利于自己的口碑，通过口口相传，使自己的价值为越来越多的人所知。

3.学会反省，不断提高

进行积极地自我反省能够让你在受到他人攻击之前，先发现自己的不足与缺点，从而做好受攻击的心理准备。同时，反省还能让你看到自己与他人之间的差距到底在哪里，从而坚定地克服自己的弱点，不断提升自己的能力。

当一个人失去价值的时候，没有人愿意继续与他交好，尽管是朋友也不例外。朋友会在你一朝落难的时候扶你一把，会助你重拾信心和勇气，那是因为他们对你有信心。如果有一天你真的一蹶不振了，自暴自弃了，大部分的人都会远离你，因为你已经没有价值了。

圈子越大，身边的贵人越多

良好交际离不开人脉，人脉的力量不可小觑。人脉资源是一种无形的资产，如果人脉网络广大，做起来事就会方便许多。如果你想开创事业，在自己一无所有的情况就下就需要借助他人的力量，也就是需要人脉的帮忙。可以说，人脉是决定事业成功与否的关键。

下面我们为朋友介绍一下唐朝窦公的故事，看看他是如何扩大圈子成就自己的。

唐代京城中有位窦公，聪明伶俐，极善理财，但他财力绵薄，难以施展赚钱本领。没有办法，他先从小处赚起。他在京城中四处逛荡，寻求赚钱门路。某日来到郊外，却见青山绿水，风景极美，有一座大宅院，房屋严整。一打听，原来是一权贵官宦的外宅。他来到宅院后花园墙外，但见一水塘，塘水清澈，直通小河，有水进，有水出，但因无人管理，显得有点零乱肮脏。窦公心想：生财路来了。水塘主人觉得那是块不中用的田地，就以很低的价钱卖给了他。窦公买到水塘，又凑借了些钱，请人把水塘砌成石岸，疏通了进出水道，种上莲藕，放养上金鱼，围上篱笆，种上玫瑰。第二年春天，那名权贵官宦休假在家，逛后花园时闻到花香，到花园后一看，直馋得他流口水。窦公知道鱼儿上钩了，立即将此地奉送。这样一来，两人成了朋友。一天，窦公装作无意地谈起想到江南走走，该官员忙说："我给您写上几封信，让地方官吏多加照应。"窦公带了这几封信，往来于几个州县，贱买贵卖，又有官府撑腰，不几年便赚了大钱。而后又回到京师。他久已看中了皇宫东南处一大片低洼地。那里因地势低洼，地价并不贵。窦公买到手之后，雇人从邻近高地取土填平，然后在上面建造馆驿，专门接待外国商人，并极力模仿不同国度的不同房舍形式和招待方式。所以一经建成，便顾客盈门，连那些遣唐使们也乐意来往。同时又辟出一条街来，多建妓馆、赌场甚至杂耍场，把这条街建成"长安第一游乐街"，日夜游人爆满。不出几年，窦公挣的钱数也数不清，成了海内首富。窦公为了钓到官宦不惜血本作钓饵，又耐性极好，鱼儿上了钩竟然浑不知觉。他的这种技巧乃"放长线，钓大鱼"。

人脉是需要不断积累的，人脉也是需要努力扩大的，圈子越大，你的路才会越走越宽，就像故事中的窦公一样。那么，在扩大交际圈的过程中，需要注意点什么呢？

1.信念要坚定

有句话说得好："只要心够决，成功不遥远。"很多公司老板在发展企业人脉的过程中抱定差不多的心态，就是因为决心不够。因此，这些公司老板们最应该做的就是增强决心，坚定意志去扩大人脉圈子。

2.注意信息的收集

为了你的现在和将来，你应该多收集一些联系方式和值得了解的信息。这些信息会使你的生活空间更广阔，人脉圈更大。要想做到这一点，在与他人的谈话中，就要仔细而且积极地倾听，通过提问，你可以收集到一些信息，并且能让谈话朝自己希望的方向发展。

3.与朋友互换人脉

在与他人，尤其是朋友互换人脉时，朋友就是你结交新的人脉的介绍人，他所起的作用是很大的。因为朋友的介绍相当于信用担保，朋友要把你介绍给其他人时，就意味着朋友是为你做了担保，那么对方会对你多一份信任，也更愿意与你交往。

努力与自己毫无关系的其他行业人员接触，并学习其他行业的知识，是取得胜局的基本保证。如果只固守在自己的同行之中，无法建立多层面的人际关系。虽然你具备了完整的专业知识，但在这复杂的社会中，只具备自己工作领域中的知识是不够的。因此，我们要尽可能地扩大自己生活的圈子，多学点东西，这样将会大大有利于我们未来的发展。

巩固感情，有事没事常联系

有这样一则寓言故事：黄蜂与鹧鸪找农夫要水喝。鹧鸪许诺它可以替葡萄树松土，让葡萄长得更好，结出更多的果实；黄蜂则表示它能替农夫看守葡萄园。农夫并不感兴趣，对黄蜂和鹧鸪说："你们平时都哪里去了，没有口渴时怎么没想到要替我做事呢？"

这个寓言告诉我们这样一个道理：平时不注意与人联系，帮助别人，等到有求于人时再提出替人出力，就未免太迟了。

大家应该知道，不管是自己还是周围的人都曾遇到这样的经历：有时候自己出现了一点麻烦，突然觉得自己认识的某个人可以帮助自己渡过难关，本想马上去找他，但后来想一想，过去有很多时候本来应该去看人家的，结果都没有去，现在有求于人了就去找他，是不是太唐突了？甚至因为太唐突了而担心遭到他的拒绝？但是这有什么办法呢？

杨小乔最近由于生意失败，亏了一大笔钱，而且眼看着银行的贷款也要到期了，她急得像热锅上的蚂蚁。有人建议她向身边的朋友借一借，缓缓燃眉之急。于是杨小乔便拿起了电话，打给了朋友圈中几个条件不错的朋友。可是一圈电话打下来，杨小乔一分钱也没借到。朋友们拒绝的理由各种各样，有的说最近把钱都投入了股市，有的说最近刚买了房子，有的说自己也是捉襟见肘，总之，说来说去，就是不想把钱借给她。

没借到钱的杨小乔很郁闷，于是便找到好朋友肖潇诉苦。本想着可以从肖潇那里得到一些安慰，没想到肖潇却对她说："其实这件事也不能全怪朋友们不帮忙，你自己也要负很大的责任。"杨小乔对肖潇的话很不理解，忙问为什么。肖潇接着说："你想过没有，这几个朋友你多长时间联系她们一次？一个月，半年还是一年？不用想，已经有很长时间了吧。换个立场，如果一个已经很长时间没联系的朋友突然开口向你借钱，而且还不是小数目，你会立刻就答应吗？肯定不会，而且你心里多半会这样想——这么长时间都不联系我，一联系居然就借钱，不靠谱！你的朋友也会这样想你的。"听了肖潇的话，杨小乔虽然有些丧气但也不得不承认，自己在人脉的维护方面确实做得很不周到，不仅很少去主动联系朋友，有时候，即使朋友打来电话邀请她参加一些聚会，她也总是以各种借口推脱。

每个人的生活中都有很多朋友，有的保持联系，有的却音讯全无。大家要懂得常联系朋友的道理，不管是现在在一起共事，还是曾经在一起共事，都要去掉功利心，真心交往。保持联系的方法很多，不会浪费很多时间，却大有好处，何乐而不为呢？每个人心中都是有底的，谁是自己真正的朋友，谁只不过在利用自己，谁可帮谁不可帮，如果一个人平时跟你来往不多，有事才来恳求你，你会甘愿做他的工具吗？可见只有真心地结交朋友才可能带来真正的回报。

要想与好朋友之间保持经常联系，可以试试以下方法：

1.平日多见面

好朋友如果与你生活在同一个城市，那么经常见面是最好的联系方式。不妨在下班后、节假日约三五个好友小聚一把，喝喝酒、吃吃饭、聊聊天、叙叙旧、诉诉苦，不但可以给心灵一个停泊的港湾，还能加深彼此的感情。

2.电话连情

要学会时常打个电话，多听听朋友的声音。如果隔着很远，电话可以为我们传达彼此的情谊，我们可以互相说说彼此的现状，这样即便是身在远方也能让对方感受到自己的牵挂。

3.想念之语，短信传递

短信比电话的好处是能表达出不方便亲口说出来的话，尤其是在对方伤心的时候，发一条短信，对方会更加感激你，这样你们的感情联系就会更加紧密。

4.利用网络

如今社会，互联网科技飞速发展，人们之间的距离已经不是距离，你可以在闲暇时间和朋友发个语音、开个视频，互相谈谈彼此的现状，这样双方之间不会因为距离而变得生疏。

5.寄点礼品

可以时常给朋友发个快递、寄点小礼物，这种突如其来的惊喜定会让对方非常欣喜。礼物不在于是否贵重，全在于自己的心意，你可以在平日里送点当地的特产让对方感受你的情谊，也可以在对方生日的时候寄点小礼物，这样对方就会觉得你是一个时刻惦记着他的人。

距离远见不了面也不能认为彼此再联系没有意义，偶尔打个电话或发个邮件，多关心关心对方的生活，尤其是在对方生病或遇到困难的时候，会使彼此的友情长青。这样，当我们遇到不顺心的事情时，对方也会发自真心地关心我们。

分享人脉，收获多倍资源

林梦竹是一名汽车推销员，而她的同学杨海燕是一名保险推销员。一次，林梦竹向一位地产大亨王总成功推销了一辆汽车。几天后，王总突然接到了一个陌生电话："王总您好！我是林梦竹的同学，非常感谢您一周前从她那购买了一辆汽车。林梦竹说明天您要开车回车行检查是吗？我和梦竹可以在您查车的一个小时里，与您吃顿便饭吗？"杨海燕知道，但凡老板都非常繁忙，一般不会随便接受别人的邀请。所以，就借他检查车的时间里请他吃饭，王总觉得不好推却就答应了。 第二天，王总如约来到订好的餐厅，杨海燕和林梦竹已经等候在那里了，一见面，杨海燕就说："王总，为感谢您对林梦竹的支持，我请您坐一坐，顺便聊一聊如何更好地维护您的爱车。我想您不会拒绝我的请求吧？"本来王总只是打算见个面就走人的，但是眼下的情况盛情难却，只好接受了邀请。席间，杨海燕说："像您这么成功的人士，一定会非常注意生活的品质，一定需要一份完善的保障计划。我这里有一份非常适合您的保单，请您看一下。"王总接过保单，心想：刚买的车反正是要上保险的，向谁买都一样，那就签了吧。就这样，林梦竹的客户也成了杨海燕的客户。

你可以注意一下身边那些受欢迎的朋友。他们身边时刻有人围绕，他们从来不寂寞，走到哪里都闪闪发光。他们好像没有解决不了的问题——就算自己解决不了，还有人帮他们解决，并且帮得心甘情愿。他们到底有什么样的魔力呢？他们凭什么能成为交际达人？其实，是分享成就了他们。他们在交际中懂得分享各自的资源、分享彼此的快乐、分享做事的技巧，更重要的是共享各自的人脉。所以，他们拥有的一切永远比那些自私的人多得多。

想一想，目前你的人脉网有多大，你想扩展你的人脉资源吗？这个世界上没有人可以限制你的人脉网到底有多大，唯有你自己可以决定。它可以无限大，也可以无限小，这要看你的努力程度了。甚至于你的人脉网可以是这个星球上的总人口。

你的快乐和他人的快乐交换，那么你们彼此就多了一份快乐；如果你有一个人脉关系，朋友也有一个人脉关系，你们相互分享，那么，你们的人脉线路图就会更加宽广。可见，与朋友分享你的人脉资源，也是有效扩建人脉的方法。那么，对于个人来说，想要分享自己的人脉，需要做到哪几点呢？

1.走出自我封闭的小圈子

每个人都有属于自己的人脉圈，人们总是喜欢在自己的圈子里兜兜转转，但转来转去还是这一个圈。其实，你的人脉圈子没有扩大，并不是因为你不懂得扩展人脉。而是因为你没有踏出这个“圈子”。

2.为人要大度、不小气

仔细想想，我们是否也有吝于分享的毛病呢？小时候有好玩的玩具，我们只是自己玩；有了好吃的，自己偷偷藏起来；买了一件漂亮的衣服穿给朋友看，朋友也想买一件我们却谎称卖完了；老板给了我们一个“肥差”，我们想自己独自霸占……越是小气，你的朋友就会越少；越是小气，你的能力越有限。朋友们，大度一点，学会分享，相信你收获的不仅仅是交换的那一份资源。

3.多给他人恩惠

俗话说“成大事者，必先学会做人”，而所谓的“学会做人”，就是学会积累人脉关系。若能一直秉持着先对别人施恩或先为别人打开方便之门，为别人提供人脉资源的信念，那你就能左右逢源，你的人脉线路网也会更加完善。

4.目光看长远

聪明的人，目光一定是向远处看的。你要有耐心，慢慢积累那些值得与之分享并且对方也愿意与你分享的人脉。分享是最好的交流方式，学会并习惯于分享，懂得怎样分享，你的气场将会大大不同。

在这个世界上，有些东西是越分享越多的，更重要的是，你的分享将会使更多人愿意与你在一起。懂得积极与人分享的人，会获得越来越多的人脉，人脉广了，自然会获得更多的机会。

第16章　人情留一线，给别人留面子也是给自己留退路

有句话说的好：“人有脸，树有皮。”所谓的脸，就是面子，是一个人的自尊。“面子”是一件很重要的事，“士可杀，不可辱”就是这样一个道理，面子在有的场合甚至重于性命。如果你处处不给人留面子，别人就会对你心存怨恨，也不会顾及你的情面，暗中堵你的门路。所以说，在交际中一定要懂得一些重要的人情世故，千万别让对方下不来台，否则你就会自断后路。那么，对于面子问题，是否有什么需要注意的技巧呢？对于这个问题，本章将会为大家进行详细讲解。

太刻薄，没人愿意与你做朋友

古语说：“喜时之言多失信，怒时之言多失礼。”愤怒，让我们像闻到血腥的猛兽一样冲动，行为失态、失礼，说话偏激、绝情，结果对自己和他人造成不可弥补的伤害。朋友们，如果你总是因愤怒说一些尖酸刻薄的话，那你真的应该改一下自己的脾气了，否则你身边的人就离你越来越远。

太刻薄，这是一种不礼貌的行为，也是一种心理上的缺陷，它会让你前方的路寸步难行，你想要远离这种行为，需要做到以下几点：

1.说话温柔一点

温柔的人更让人喜欢，因为她能让对方感受到一个人的亲切与和善。如果需要指正他人的错误，语气要委婉一点，以能够说服人为最佳。不要搞人身攻击，要针对事不要针对人，要懂得维护他人的自尊，哪怕是他犯了错误。

2.把自己当作对方

换个角度去想，如果你看到对方对你动怒，并且言语尖酸刻薄，恐怕你就

不乐意了吧。孔子曰：“己所不欲，勿施于人”就是这个道理，如果每个人都能对别人多一份谅解，这个世界可能就美好得多了，别人也会因此对你多一份尊重。

3.问题不大，放对方一马

其实，不管对方是无意的还是有意，既然错误已经发生了，再说那么多的话也于事无补，所谓“得饶人处且饶人”，批评的话也见好就收吧，别不留情面，他日对方若有了出头之日，定会向你讨这旧耻雪恨。

4.提升自身的修养

这实际是最关键的一点，一个人只要眼界宽了、境界高了、知识丰富了，他也就变得更加宽容、善良了，不再以出语伤人为乐，不再把刻薄当成自己的本事。许多人只是随着岁月徒长了年岁，却没有增长任何与其年岁相称的成熟，实在是一件令人感到遗憾的事！

相信每个人都愿意和有教养的人交往，而不是那种不积口德、总是出言不逊的人。因为他的气场会让周围的人都觉得轻松、觉得安宁，能感受到清爽、踏实。而刻薄、对人不留口德的人，会让人觉得他身上似乎安装了一个定时炸弹，似乎随时会炸，因此大家都自觉地敬而远之。

争一争，行不通；让一让，六尺巷

“六尺巷”的故事相信很多人都曾听说过：据说当朝宰相张英和姓叶的一位侍郎都是安徽桐城人，他们的祖居毗邻。一年，他们的家人都要起房造屋，为争地皮发生了争执。于是，张老夫人便修书上京，想要张英出面干预。宰相看完了来信，马上作诗劝导老夫人：“千里家书只为墙，再让三尺又何妨？万里长城今犹在，不见当年秦始皇。”张母见书明理，马上把墙主动退后了三尺；叶家见到这样的情景，深感惭愧，也把墙让后三尺。这样，张、叶两家的院墙之间就形成了六尺宽的巷道，成了有名的“六尺巷”。

争一争，行不通；让一让，六尺巷。事情很简单，只要一方让一下，对方也不会过于与你过不去，所以说，一点小事，何必闹得满城风雨呢？生活中，每时每刻都在面临着选择，进和退、利和弊、远和近、好和坏、得和失，是经常挂在人们心头的难题。聪明的人，能够以独特的思维方式，见人所未见，知人所未知，随机而动，适时进退，总能立于不败之地。

董宁是某学校的一名老师，她也是学校里有名的老好人，从校长至校工没有一个不夸奖他的。有人问她怎么这么有人缘，董宁说：“现在的人啊！谁都想得理再咬三分，因此我就大度一点，遇事忍耐退让一步，这样做别人心里岂会不明白？人敬我一尺，我敬人一丈，再遇到我时他们自然就会客气一些。表面上看我是吃了点亏，实际上我却得到了一个人情。你算算我这样做值不值！”董宁确实是从退让中受益不少。有一次，董宁腿摔伤了，休假三个月，等她回学校后发现一位新调来的女教师代替她教了两个月政治课。这时学校的政治老师太多，数学教研组却缺人，学校领导就有意把新来的女教师调去教数学，可这位女教师似乎是颇有背景，说什么也不答应，还说学校领导欺负新人，背地更是对董宁冷嘲热讽。女教师的做法使许多人都看不下去，但董宁却没发火，她主动找到校领导要求调去数学组，见到新来的女教师还是笑呵呵的。对董宁的退让，校领导既满意又感动，那位女教师也是满心惭愧。几个月后，学校分房时，领导优先考虑了董宁，董宁一家终于结束了“三世同堂”的生活。

董宁的忍耐退让，换来了好人缘，换来了真正的实惠，看来忍让一时，并不是吃亏而是在占便宜。咄咄逼人的人，得理不让的人很难得到别人的喜欢，有时甚至会惹起祸端。所以，做人不妨大度一些，这对你有百利而无一害。

总之，在生活中，适当让步亦是一种维系彼此之间关系的一种调和剂。所以说，大家应该把眼光放长远，不要一味地坚持己见，若有必要，适当地退让和妥协反倒是能使你进步得更快。

懂得退让并不是说没有自己的原则，退让也是有所讲究的，那么你知道怎么做一个谦让有礼的人吗？以下几点大家可以参考：

1.别太计较小事情

生活在这个世界上，要想不为小事烦恼，就应该看淡小事。别人出现了一点失误和过错，我们没有必要计较太多，尤其对于别人无意间犯的过错，我们更应该给予充分谅解。这样做，不仅仅是道德的要求，也是保持好心情的一种重要方法。

2.让自己的心胸宽阔一点

人对事需要有一份宽让的心态，这是一种为人的气度。这句话看似简单，做起来却很难，多数人宁愿像闭紧壳的蚌一样，不给别人退路，也不给自己空间。他们的行为并不能让别人折服，只会将矛盾扩大，将问题激化。

3.让步也要有底线

有些事情可以退让，但是涉及到原则的问题是不可以退让的，否则那就失去了自己做人的底线。此外，对于那些不识抬举、咄咄逼人的人，我们没必要一味地妥协，因为他们并不懂得你的心意，对他们妥协就是对自己的不负责。

适当的让步不仅不会使我们有什么损失，反而更能促进人与人之间的关系，收获人与人之间的温暖。学会让步，就在无形中为你开启了更多通向真善美的大门。“忍一步风平浪静，退一步海阔天空。”学会让步，会使你收获更多。

主动化解干戈，避免引起仇恨

如果你和你的朋友发生了矛盾，你会怎么做呢？是任由事情恶化下去，还是主动做一个胸怀宽广的人去化解这一干戈呢？大家要明白，感情是需要经营的，我们要懂得用心去维护，情感不是说放弃就放弃的，能有多大的仇恨让彼

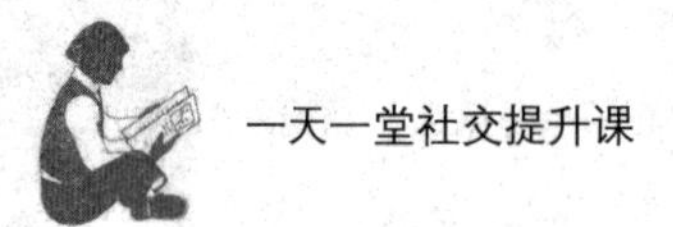

此老死不相往来呢？天下没有解不开的疙瘩，没有打不破的坚冰，没有过不去的火焰山，只要真诚地付出，主动示好，你会发现，化解误会、重拾友情并不是一件难事。希望大家能够战胜自己的心理压力，做一个胸怀宽广的人。

王晶晶是上海某家化妆品公司的部门主管。因为生性多疑，平时爱猜忌，所以，常与同事闹矛盾。有一天，王晶晶因为工作问题被经理批评了一顿，心中十分不痛快。一怒之下就对经理说："反正你怎么看我都不顺眼，这个主管我不干了！你爱让谁干让谁干去！" 听到王晶晶说话如此无礼，领导勃然大怒："你爱干不干，你不干我还找不到人干了？我看李月就不错，她当上组长，保证比你强！"听到经理如此说，王晶晶心里又犯疑了："一定是李月在经理面前说了我的坏话，不然为什么把我撤职好让她来当这个主管？"从经理的办公室出来，王晶晶就怒气冲冲地找到李月说："你要是对我有意见可以直接跟我讲，别到领导那里去打小报告，行吗？咱们一个办公室，你想坐这个位置，我让给你就可以了，干嘛要干这种下三烂的事！"说完气呼呼地转身离去。对于王晶晶的指责，李月感到莫名其妙，她不知道该如何解释才好。看着气呼呼的王晶晶，李月坐立不宁。她想去解释，又觉得自己什么都没做，又不知如何开口。但是，这个问题不解决，与王晶晶天天在一个办公室里，太别扭了，何况让其他同事知道，也不利于自身的发展。想到这里，李月站起身，来到王晶晶的办公桌前，心平气和地对她说："王晶晶，同事之间以'和'为贵，我想咱们之间可能出现了误会，咱们可以去问问经理，看看他有没有让我做主管的意思。这样一切就会真相大白的。"当她们一起走进经理办公室时，经理不好意思地说他刚才在气头上，说的是气话。听完经理的话，王晶晶也感觉到，自己刚才的表现太失态了。于是，连连对李月说"对不起"。就这样，两人一笑泯恩仇。其他同事知道了此事，都认为李月是个值得结交的人。

人生活在这个社会上就避免不了与他人打交道，打交道的过程中出现误会和矛盾也是常有的事情，所以大家一定要放宽心，不要给自己心理压力，自己需要做的就是尽量把问题解决，别让自己前方道路出现太多的绊脚石。无论什

么原因得罪了他人，自己一定要弄清问题的症结所在，找到合适的解决办法，让自己与他人的关系重归于好。

朋友们，如果对方因为某种原因对你充满了敌意，你知道该怎么化解吗？

1.在背后多夸赞对方的优点

良好的沟通，可以帮助人们化解人际交往中的矛盾问题。面对矛盾，你只要能够做到态度诚恳，及时主动，相信再大的矛盾也能冰释前嫌。如果你也想拥有良好的人缘，千万别忘了这一招哦！

2.主动向他示好

既然他对你的敌意十分明显，那在这种情况下，你就不能佯装不知了，而应当主动向对方示好。你可以在没有其他同事在场的情况下问他："我究竟有什么不对呢？"一般情况下，他会冷冰冰地回答你"没什么不妥"。此刻，你也许觉得自己是自找没趣，不知该如何是好，其实你完全可以巧妙应对。

3.用你的宽容谅解对方

很多时候，我们都需要宽容，宽容不仅是给别人机会，更是为自己创造机会。如果你的同事做了伤害你的事，那么，你只有忘记仇恨，宽宏大量，才能与人和睦相处，才会赢得他的友谊和信任，才会赢得他的支持和帮助。

4.有空记得常联络

虽然与翻过脸、生过气的朋友重新建立了联络，但关系终究大不如前，还处于脆弱阶段。所以，应适度保持联络，而且重建的联络基调以控制在比翻脸前联络稍低的程度上为宜。

"人非圣贤，孰能无过"，每个人都会犯错。对他人犯下的错误念念不忘，就会形成思想包袱，既不利于自己的身心健康，对双方的关系也会带来不良影响。事情过去了就算了，最好将不愉快的事淡忘，谁对谁错，就不要深究了。

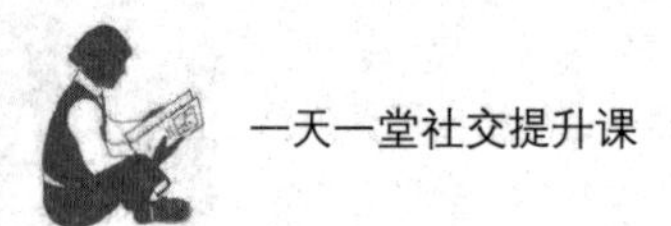

看破别说破，友情才能长留

观人下棋时，最常听到的话就是：“看透莫说透，说透非朋友。”这是劝诫人们不要道破迷局，交际应酬中更是如此。没有哪一个人愿意被别人直言否定，这是人性使然。因而，与人应酬时，要懂得话不说破的真理。

童芸芸是某公司的一名普通职员，她刚刚毕业，是一位非常活泼可爱的姑娘，平日里总是嘻嘻哈哈的，逗得大家非常开心。但是，童芸芸发现，不知为何最近却总挨她的上司李总的批评，这让她非常郁闷。前不久有一天，童芸芸加了整整一个夜班，第二天，她早早地就来到了公司，在进门的时候，正好碰到了李总。李总二话没说，把她叫到办公室里劈头盖脸就是一顿狠批，无论童芸芸怎么解释，李总就是不领情。没办法，童芸芸就只能怀着满肚子的委屈低头认错。之后她请教了公司的一些老员工王敏，王敏悄悄地给她说：“你是不是以前对李总言语上有什么不恰当的地方啊？”这时，童芸芸才如梦初醒，平日里她看着李总脾气非常好，说话又和蔼，她经常想说什么就说什么，李总也很欣赏童芸芸的坦诚和实在。可是她的口无遮拦却给她带来了麻烦。曾经，李总来公司的时候，穿了一套非常笔挺的西装，大家都在一边不断地称赞李总穿西服多么好看，只有童芸芸在一边笑着说：“样子不错，不过好像是去年的款式啊。”当时，把李总弄得非常尴尬。最近几天，李总和客户谈了一笔生意，签完合同后，客户不断地称赞李总的签名非常漂亮，这时，正好童芸芸进来了，笑着说：“是呀，您是不知道，这几个月我们李总可是一直在练字的啊！”当时李总的脸色特别难看。现在想起这些来，童芸芸真是后悔莫及啊。由于平日里自己口无遮拦，让李总尴尬、难受，怪不得自己工作做得最好，却总得不到提拔，还经常挨批。

童芸芸把事情说破了，直接让李总的颜面扫地，所以自己被批评也是难免的事情。有些话可以直说，有些话需要委婉地说，而有些话是万万不能说的，只可惜童芸芸不明白这个道理。说话要有技巧，要懂得维护别人的面子，照顾

别人的感情，别人才会因此而感激你，觉得你靠得住。

其实，人在犯错时，也许会对自己承认，但如果被人直言不讳地指出来，则往往很难接受，甚至会为维护自己的尊严而展开反击。试想，如有人硬将鱼刺塞进你的咽喉，你会作何反应？话，有时不必说得太明白，即使事实摆在那里，也不该由你去揭破。想一下，自己主动去得罪人，这种行为也太傻了吧？

一个人要做到暗藏智慧，要求有真才实学和良好的心理素质。看破不说破，这是一种人生智慧，也是一种心理战术，做到这一点，需要注意以下几点：

1.适当装装糊涂

有些时候，谁是谁非并不重要。装装糊涂，找个台阶给对方下，也许你会得到意想不到的收获。其实，这世间本无绝对的对与错，更无绝对的公平。有时候要想活得更好，就必须要适当地让自己糊涂。

2.点到为止不啰唆

点破之言应力求简短，最好一两句话就能使对方领悟，然后再自然地转到别的话题上。千万不能多次重复对方的错误，否则就极容易让对方觉得你在紧抓他的错误不放，使对方陷入窘境而产生抵触情绪。

3.谦让对方一步

一般在人际交往中千万不能伤害别人的自尊。在无关得失的小事中，总要让对方一步，这当然不是为了博得对方的欢心，而在于获得对方的好感，给人面子，给自己多留一些余地，使自己不会因小事而受到不必要的损害。

每个人都有自己的交际圈，都会将自己的形象展现在众人面前，因此人们会塑造自己良好的社交形象，在公众场合表现出更为强烈的自尊心和虚荣心。在这种心态支配下，你刁钻地戳穿别人的小伎俩、小把戏，嘲讽别人的小缺点、小错误，会对别人造成加倍的伤害。

主动化解矛盾，解开心灵的“疙瘩”

在人际交往中，我们往往会在有意无意间因为各种各样的原因与他人发生矛盾，导致彼此的友谊受到伤害，造成不愉快，甚至产生感情上的疙瘩。冤家宜解不宜结，如果问题不大，我们可以主动一些，所谓“退一步海阔天空”，向对方表达出你内心深处真诚的歉意，主动化解往日的不愉快，相信你收获的不仅是一段友谊，更是内心的释然和愉快。所以说，不要置气，也不要记恨对方，多一点宽容，你内心的疙瘩就会越来越少。

彭凯和办公大楼的管理员吴小刚发生了一场误会，两个人谁都不肯先低头，矛盾愈演愈烈，甚至演变成激烈的敌对状态。吴小刚为了表达对彭凯的不满，遇到整栋大楼只剩彭凯一个人的时候，就干脆把整栋大楼的总电源关掉。这样的事情连续发生了几次之后，彭凯终于忍无可忍了。转眼又到了周末，来公司加班的彭凯刚在办公桌前坐下，电灯就灭了。他气得直跺脚，一口气奔到楼下的锅炉房。看到正若无其事地边吹口哨边添煤的吴小刚，彭凯气不打一处来，不由地破口大骂，直到把能想到的所有脏话都骂完了才停下来。这时，吴小刚放下了手中的铁锹，直起身，转过头来，看到双手扶着膝盖在那里喘气的彭凯，他笑着说：“呀，你看起来有点激动过头啦。”看着吴小刚的笑脸，彭凯什么都没说，而是走回了办公室。坐在办公室里，他反省了一下自己，终于想通了。他觉得很不好意思，重新回到锅炉房，吴小刚吃惊地看着他：“你到底有什么事，怎么又来了？”彭凯挠挠头说：“我来向你道歉，不管怎么说，我都不该开口骂你。”听到这里，吴小刚也不好意思起来：“不用向我道歉。其实我刚才并没有听见你讲话。而且我做的也不对，我只是泄泄私愤而已，对你这个人我其实并没有恶意。”两个人又在一起聊了一个多小时，过去的矛盾和误会自然也解开了。

可能有人说，那些人曾经伤害了我们，我们怎么可能做到主动去结交呢？然而，你需要明白的是，最高境界的爱和宽容，就是宽容那些伤害过自己的

人。这不是一件容易的事，但是如果你这样做了，就会从中体验到我们的富有和强大。

天下没有解不开的疙瘩，没有打不破的坚冰，没有过不去的火焰山，只要真诚地付出，主动示好，你会发现，化解误会、重拾友情并不是一件难事。希望大家都能够战胜自己的心理压力，做一个胸怀宽广的人。

那么，如何才能说服自己主动去化解生活中的矛盾呢？我们不妨从以下几点入手：

1.有错就要主动承认

如果朋友对你的敌意是由你的不当而引起的，你就应勇敢地承认自己的错误。这样不仅可以有效地防止对方对你的进一步攻击，避免你们之间的关系进一步恶化，同时还可以挽回你与对方之间的合作，迅速扭转不利。

2.不要有心理偏见

例如，可能你会认为，与不喜欢的同事合作，这种想法不是太功利性了吗？而其实，你想过没有，你之所以不喜欢这个同事，是谁的问题呢？如果他的人际关系很好，而唯独你不喜欢他，那么，这很可能就是你的问题了。因此，在与之合作前，你最好能消除对他的某些偏见。

3.为人谦和宽容，学会忍耐

为了维护良好的关系，和谐地和对方相处，必须学会忍耐。我国历来崇尚谦让和忍耐，但这并不意味着无原则地去委曲求全，也不是让我们去一味地忍耐，否则的话，某些人将被长期放纵下去，而越发的为所欲为。这里指适当地忍耐和节制，并正确掌握和运用这一手段。

得理也饶人，日子就会一团和气

“得理不饶人，无理搅三分”，这是一些人常犯的毛病。如果在职场中喜欢把一件不足挂齿的小事复杂化，不仅会把上司或同事搞得下不了台，还会给人留下固执、小心眼的印象。所以，对一些非原则性的问题，即使得理也不妨饶人，这样不仅可以化解矛盾，更可融洽人际关系。

在杂志社里，黎贝贝算是很能干的员工，工作能力很强。但是，每年同事对她的综合评分却并不高。究其原因，是黎贝贝不被同事所喜欢。主管陈康一直不理解是为什么，直到有一次，陈康才明白其中的原因。一天中午休息的时候，李磊和同事王勇在办公室里追赶着，用水杯向对方身上泼水打闹。李磊一不小心将一些水正好泼到黎贝贝的文案上，他见王勇正向自己发动“反攻”，于是顾不得那么多了，掉头就跑。黎贝贝刚做好的文案被弄湿了，顿时火冒三丈，怒冲冲地向李磊追去，一把拉着李磊：“你看看，我做了好久，刚写好，就让你弄成这样，这让我怎么交给经理呀？”一些同事也都说李磊和王勇在办公室里打闹太不像话。李磊也意识到了自己的错误，连忙放下水杯向黎贝贝道歉，黎贝贝哪肯接受，依然火气冲天地说：“一开始你为什么不主动向我道歉？”“当时王勇追我追得很紧，我……”“我没兴趣知道你们的事，我问你当时为什么不向我道歉！”黎贝贝打断李磊的话说。被黎贝贝这么一说，李磊窘得满脸通红，很小声地说：“那我现在再次向你道歉还不成吗？”“你的道歉就那么值钱？你也不看看我的文案，被你糟蹋成什么样了！这可是我加班赶出来的呀。”黎贝贝指着文案对李磊吼道。看到黎贝贝得理不饶人的架势，场面整个都僵住了。这时，李磊说：“要不，我帮你，重做一下吧。”“谁要你帮了，让别人帮我不习惯！再说，这是我的工作，你能做得好吗？”黎贝贝仍然不依不饶。听黎贝贝说罢，李磊一句话都说不出来。一旁的王勇出面主持公道：“黎贝贝，李磊弄湿了你的文案没有及时向你道歉，是他不对，可人家现在不是向你赔不是了吗，而且他想帮你重做，我看都是同事，就算了吧。”这时旁观的同事也附和着。但黎贝贝还是觉得心理不平衡，于是又要拉李磊去拿陈康那儿说清楚。无奈，两个人来到了主管陈康面前。了解情况后，陈康按照不准在办公打闹的公司规定，给予李磊一百元罚款。事后，王勇愤愤不平地说：“一点道理都不讲！”其他同事也觉得黎贝贝太过分了。就连平时和黎贝

贝相处不错的同事都说黎贝贝“太小心眼了”。后来，因为不能和同事和睦相处，黎贝贝向老板辞职了。

切记，给对方一个台阶下，少讲两句，得理饶人。否则，不但消灭不了眼前的这个“敌人”，还会让身边更多的朋友疏远你。得饶人处且饶人。放对方一条生路为对方留点面子和立足之地。这样做并不是很难，而且如果能做到，还能给自己带来更多好处。

在社交中，如何才能做一个有修养、有道德，怀揣道理但不蛮横的人呢?我们可以从以下几点来要求自己：

1.为自己的粗鲁而羞愧

从提升气度的角度来说，得理不饶人是一种粗鲁的行为。遗憾的是，在我们身边，总是有很多人觉得这是一种理所当然的行为，甚至这些人还得寸进尺、变本加厉，要求对方按照自己的要求来做一些事情。所以说，我们要从心理上鄙视这种行为，不要把事情做得太绝，要懂得自己是一个有修养的人，而不是蛮横无知的粗人。

2.以大局为重，不斤斤计较

“将要取之，必先予之”，这也是一种高明的处世哲学。凡事以大局为重，不去斤斤计较。什么事，大度一点，糊涂一点，想开一点，也就不是委屈了。如果想不通，太委屈了，就去拼命地做一件事，全神贯注地，甚至是拼命地去做，一切烦恼也就弃之九霄云外了。

3.尽量与对方委婉沟通

即使是在比较严重的问题上．也尽量用委婉一些的方式跟对方沟通，以防止矛盾再次激化，隔阂继续加深。得理也要饶人，退让并不是逃避，批评也要能让人接受，这样才能达到一种大事化小、小事化无的双赢效果。

话说“有理走遍天下，无理寸步难行”，固然没有什么不对。但有的时候，有理也得让一步。所谓“退一步海阔天空”，只要我们肯让一步，相信对方也不会胡搅蛮缠。如果我们总仗着有理，非要将对方逼人绝境的话，那么最终可能损及自身的利益，这样就得不偿失了。

第17章　职场潜规则，了解上下级用点心机助自己

在职场当中，由于人与人之间的关系罩上了利益的光环，所以变得复杂了很多。每个人心里所想的你都不知道，即使是平日里要好的同事，或许日思夜想的都是取代你的位置。因此，身处职场一定要留点心，熟识职场潜规则，否则你很难站稳脚跟。那么这里面有什么生存技巧吗？相信看完本章的内容，你一定会恍然大悟。

把成绩归功于上司，获得上司好感

乔飞飞是一名重点大学的研究生，她非常能干，可以说是一名很有头脑的人才。毕业之后，乔飞飞来到了一家知名律师事务所工作，由于平日表现出色，刚来事务所没多久，她就受到了领导的器重。后来，领导就直接让她带领着同事们主攻一个非常难办的案件。乔飞飞凭借着扎实的基本功，在所里同事的大力配合下，短短两个月的时间，就拿下了原计划要半年才能完成的一项任务。乔飞飞的卓越表现着实让领导们刮目相看。

紧接着，事务所决定举办一场庆功宴，在宴会上，领导安排乔飞飞上台讲话，谈谈经验和感想。乔飞飞站在台上，她所说的内容让在场的所有领导和同事都感到非常的惊讶。她所说的全是自己如何在这个案子中尽心尽力，自己如何利用闲暇时间来搜寻资料，如何拼命地加班加点……她说了半个多小时，可是，对于在这个案子中同样付出辛劳的顶头上司及同事，她只口未提，在她看来，好像所有的一切都是她一个人完成的。讲话还在继续，同事们就在下面开始窃窃私语，连她的顶头上司也在一边说：“乔飞飞这样做真不合适，这让

我们当领导的脸往哪里搁啊？她这么有才，那我们全是饭桶了？”宴会结束，乔飞飞的同事兼好友程颖找到她，程颖说：“飞飞啊，你疯了吧？你怎么能当着所有人的面把功劳都揽在自己身上呢？你的顶头上司和同事们在此期间起的作用你怎么不提呢？你这样说让他们的脸往哪放啊！”乔飞飞不以为然地说：“他们帮了我什么忙，要不是我，怎么会有这个成果呢？我付出了汗水，自然要收获果实。”从此之后，乔飞飞的同事们都开始疏远她，甚至与她作对。乔飞飞让小林复印资料，小林给她冷冷的一句：“您是整个事务所的大人物、大功臣，我可不敢高攀给您打下手。”她让小陈去派送一份文件，说了好几遍了，小陈就是不去。无奈，乔飞飞去找领导诉苦，领导不冷不热地说：“你乔飞飞的能耐与功劳在事务所无人能及，你要是都安排不下去，那我更不行了。”事实上，从那之后，乔飞飞再也没有办成功过案件。

看完乔飞飞的案例，相信大家们明白了很多。获取功劳后的赞赏和肯定是每个人的心理需求，但是我们的心理获得满足的同时，是否应该估计到别人的这种心理呢？否则你如何在人际场合立足？我们在职场中亦应如此，切莫贪功念利，不知进退。你要记住，你的光芒永远不能盖过上司，有心智的人应该懂得忘记功劳，急流勇退、见好就收。

肖敏是一家公司的采购员。某一天，公司总部下达了一个采购命令，预计用三百万人民币购进一批原料，正当肖敏的顶头上司王经理去提货时，聪明的肖敏竟然突然想到另外一种采购方法，可以节约将近一百万元人民币，因为前段时间，子公司倒闭前还剩下了一大批刚进的原料。而刚好，这次需要购进的是同一种原料。王经理听完，很感激肖敏。但是，肖敏并没有把功劳记在自己名下，而是以领导名义申报的。在年终奖励大会上，肖敏面对领导和广大员工说：“这主要是王经理的功劳，他的智慧不得不让我们佩服。”因为肖敏的名言是：“领导第一，才有利益。”最后结果是王经理得了荣誉，肖敏悄悄得了奖金。两人的关系因此更拉近了一步。

肖敏的做法是明智的，她把功劳给了王经理，为王经理争到了面子，从心理上满足了王经理的需求，王经理自然会感激她。

其实，学会适时推功是从心理上满足上司荣誉感的一种策略，这其间还有很多门道，并不是大家所认为的恭维那么简单，需要注意的还有很多。

1.风头多让给领导

作为下属，你要清楚，在说话的时候要注意好比例，少说自己，多说领导，让领导多出风头。很多人往往一说起自己来，就没完没了。结果自己高兴了，让领导却不高兴了。实际上并没有把功劳归给领导，相反让领导跟在你屁股后面受尽了冷落。

2.分寸要把握好

你的领导的智商绝不可小觑，推功也不可赤裸裸，而应该巧妙。另外，当你把功劳让给领导的同时，万不可到处宣扬。否则，会让人误以为你别有目的。

3.多表达感激之情

不管功劳是谁所获得的，这其间的成就一定离不开你领导的栽培与教导，所以说，即便是你取得的直接成就，那你也不能忽视了领导的影响力，于情于理，表达感激都是你应该做的事情。不要觉得吃亏或者是减弱了自己的光芒，眼光放得长远，你的路才能走得更顺。

好的东西，每一个人都喜欢；越是好的东西，越是舍不得给别人，这是人之常情。要是你有远大的抱负，就不要斤斤计较成绩的取得究竟你占有多少功劳，而应大大方方地把功劳让给你的上司。这样上司以后会给你更多建功立业的机会，从此你的职场之路也会越走越顺。

以讹传讹讨人厌，不做职场广播站

颜真真今年二十八岁，在一家杂志社工作，是一名活泼过度的“话唠”，她待人的确很热情，不管谁有事，她总是第一时间出现，问这问那，在杂志社

人称“无敌广播站”，上上下下没有她不说的事。杂志社的一位女摄影师小米无意中说讨厌公司的某某领导。没有多久颜真真就到处传播说小米受到了这位领导的性骚扰，闹得全单位人心惶惶的，关系都很紧张了。有个领导被上级纪检部门找去谈话，颜真真就把话传播出去，说领导有严重问题，要被判刑了。杂志社的编辑小艾哭着来上班，大家都忙着工作，颜真真就凑过去打听。小艾数落了她老公一大堆的不是，讲了婆婆的很多坏话。颜真真听了以后，传播说是因为小艾的老公外遇的问题，气得小艾与她几天不说话。杂志社的晴晴辞职了，颜真真听了大家的议论，不加思考，没轻没重地传播了很多花絮，涉及到单位的很多人和事，闹得大家对她意见很大。

现在颜真真一上班，杂志社的人都离她远远的，没有人愿意与她交流。杂志社没有说话的机会了，就在家里乱传播，闹得家里亲戚关系紧张起来，颜真真的老公气得不爱和她说话了。她感到很苦恼，觉得生不如死。

像颜真真这样的人在职场中不在少数，他们平时不是把精力放在工作上，而是放在打听别人的隐私，传播别人的闲话上，最后却落个人人离他远去的结果。这种人是办公室谣言的集散地，是茶水房里的大红人，以制造、传播谣言为乐。她们具备做间谍的本领，有捕风捉影、锲而不舍、不怕白眼的决心，还兼具做主播的天分，能把看来的、听来的，甚至编来的故事讲得头头是道，惟妙惟肖。

工作场合，有些话一定不能说，如果你的嘴巴上没有个“把门儿”的，那么你早晚也会像颜真真一样，最后连自己的老公都不愿与她接近。

职场中同事之间的关系有时也很复杂，因为处在同一个利益共同体中。此外，同事每天见面的时间最长，交谈内容可能还会论及到工作以外的各种事情，但说话不当经常会给你带来不必要的麻烦，故与同事相处时，语言交流必须要把握好分寸。朋友们，千万要记得改正以讹传讹的毛病，否则早晚有一天你就会栽在上面，后悔都来不及。

朋友们，你知道如何对待以讹传讹的职场问题吗？

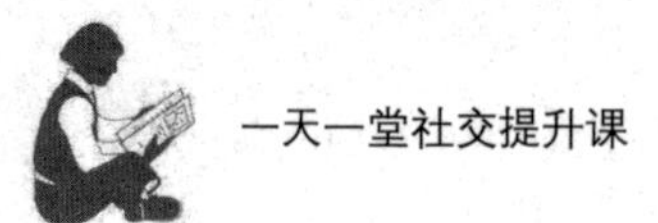

1.有心事，不在办公室谈论

当你的生活出现危机，如失恋、婚变之类，最好不要在办公室里随便找人倾诉；当你的工作出现危机，如工作上不顺利，对老板、同事有意见或看法时，更不应该在办公室里向人袒露，任何一个成熟的职场高手都不会做出这样“坦诚”的事情的。

2.守口如瓶，保护他人隐私

有些人很注意隐私权，不喜欢让人知道个人的私事，哪怕是要好的朋友，所以我们可别轻易侵入对方的私人“领地”。在他们看来，“你最近怎么样啊”，或“你的男（女）朋友，或老婆（老公）怎么样啊”这类话题，是没有修养的窥探别人隐私的行为。要记住一点，即便是对方跟你交心而谈论了很多自己的隐私，那你也记得守口如瓶，否则一旦出现问题，你就脱不了干系。

3.没事少闲谈，多用心于工作

如果有闲暇时间，大家应该多学习，多看书，多从事一些与工作相关的事情，不断提升自己才是职场中需要做的事情，切忌到处瞎谈话招惹是非。在工作中相信大家永远都有着无限的提升空间，我们应该做好自己分内的事，加强自身修养，这样我们不仅耳根清净，也会得到更多人的尊重。

4.背后少说闲话，特别是批评之词

不要背后批评别人，也不要听别人批评别人。这句话看上去有些拗口，其实，这个世界上，特别是在职场里，很难说有永远的朋友，或者永远的敌人。当本来的“互利”变成“五害”时，在利益上有了冲突，原来的朋友可以变成敌人。反之，敌人也会变成朋友。到时候你说的话想必就会流传开来。

要记住，千万不要贪图一时的冲动和热情，肆无忌惮地表达自己听到的关于某同事的流言。更不要在别人背后议论对方的工作方法和技巧，这样做的结果只能够伤害自己，损害自己与同事之间的关系。当你的话语传到了对方耳朵里，你的好形象也会大大降低。

团结同事，但也不要忘记保持距离

在职场中，人际关系是一种非常复杂而微妙的关系，人际关系处理的好坏，决定了你是否能够取得成功。其实，要跟身边的人搞好关系，首先要与他建立一种恰当的关系，这样做既可以获得别人的尊重，同时也能与其保持最合适的心理距离。那么，怎样才能让彼此的距离处于恰到好处的位置呢？其实，这并不难做，关键的是看你如何在交际中把握好说话做事的分寸。

王梓文是一名非常优秀的服装设计师，因为能力突出，频繁地被一些服装公司挖墙脚，也就频繁地跳槽。后来，王梓文进了目前这家公司。来到新公司，就连总经理也给她几分面子，她在公司的地位也就可想而知。很快，王梓文也和公司其他同事打成一片，最重要的是，她认识了好姐妹章雨娇。然而在这样的公司里，人际关系却非常复杂，王梓文并没留意太多，因为她一直是一个比较简单的人，不懂得私底下跟人玩手段，她满心装的是自己热爱的服装设计，平日里只是和大家一起工作，一起开玩笑。王梓文觉得章雨娇人很好，非常懂得体贴人，两人下班后经常泡在一起。周一早上，王梓文和平时一样进总经理的办公室汇报工作，可是，王梓文在陈述完以后，却惊奇地发现总经理办公桌上已经有一份和自己设计的服装设计图纸，王梓文明白了，只有章雨娇看过自己的构思。这时候，总经理的脸色已经很难看："我本来很看重你的才华和敬业精神，一直觉得你很有创意，是一个不可多得的人才，所以公司很器重你。做这个时间久了，一时间没有新点子也没什么，但你不应该急功近利去该抄袭其他同事的创意，看来我看错人了。"王梓文当时就急了，和上司吵了起来："你凭什么这么说我，你调查清楚了吗？你什么都搞不清楚就这样侮辱我的人格，你这算什么领导？这明明是我努力了很久、考察了很久才用心设计出的创意，怎么成了别人的了？""你喊什么喊，这是办公室，你要搞清楚你的位置！我告诉你，你王梓文能在各大公司间跳来跳去，这点抄袭的能力也不是没有吧。职场上的这点事谁人不知道！"总经理的言中尽是鄙夷。王梓文当时很生气，也脱口而出说了一些不该说的话：“你说的对，我王梓文，既然能跳槽，就有本事，犯不着在这受你这种没心眼的领导的气！”话一说出口，王梓文感觉自己好像说错了，但已经晚了，不到一个小时，她就被通知离职。王梓文没想到，她那么信任的好朋友章雨娇，竟然如此不堪，她只恨自己不懂他人的心理，只恨自己与他人走得太近。

相信看完上文大家会为王梓文感到委屈。但从她的职场经历中，我们得出一个教训，身处职场，应当与同事搞好关系，关心同事，但同时也应与同事保持好一定的距离。如果你与同事走得太近，关系太亲密，那么，最后你可能会受伤害。毕竟面对炙手可热的权益，激烈的竞争，人们首先会考虑自己的利益。毕竟，我们是同事。

朋友们，距离产生美，不论如何，我们一定要在职场中学会保护自己，妥善处理好彼此的距离，否则我们就会极易受伤。以下几点将会告诉我们如何把握好距离，与同事和平相处：

1.公私一定要保持分明

公私分明是很重要的一点。同事众多，总有一两个跟你特别投机，可能私底下成了好朋友。但不管你职位比他高或低，都不能因为关系好而进行偏袒纵容，一个公私不分的人，是成不了大事的，更何况，上司对这类人最讨厌，认为这是不能信赖的人。

2.分清楚敌我双方，有所防备

只有分清了敌友，才能够在职场这样一个利益混合体中躲避明枪暗箭，从而保护自己。职场中既有纷争，也有结盟，尤其在同事与同事之间，这样的情况十分普遍。但斗争也好，结盟也罢，都要视利益大小而定。

3.说话或做事，都有谨慎而为

工作之余，有的人喜欢与同事开开玩笑，活跃一下办公室气氛，但玩笑不能开过头，切忌伤及他人自尊或带有侮辱性质的嘲讽或歧视。在做事时也要谨慎行事，避免引起他人的不满或误会。

凡事都有一个“度”，如果你超过了这个“度”的话，就会产生严重的后果，

在职场中也是如此。如果你掌握不好与同事之间的这个“度”，就有可能会自食其果，但是这个“果”有多严重，是不是你真的能够“吃”得下，就不得而知了。

注意察言观色，别撞到领导枪口上

王晓悦是某公司的一名策划人员，她准备将最近设计的这个方案的修改稿向她的顶头上司杨总汇报一下。于是，王晓悦在上班没半个小时的时间段就走进杨总办公室，不顾杨总一脸的倦容，王晓悦就开始叙述这个方案的新的修改理念。当王晓悦将自己的思想说给杨总时，杨总很烦躁地让她再说一遍。王晓悦又说了一遍，杨总气冲冲地问道：“你是怎么弄的，之前不是说了你不要太主观，要从多个角度来着手处理吗？你之前到底有没有认真听我说？”原来，杨总并不清楚，王晓悦修改的内容是按照杨总要求来的，只不过里面某处需要自己阐发一下个人观点，这个观点在上次的时候杨总已经认可了，这次杨总由于不在状态所以忘记了。正当王晓悦要解释时，杨总不耐烦地朝她挥了挥手，示意她出去。王晓悦的心里很不痛快，和同事在休息时谈起这件事。好心的同事告诉她：杨总最近连续加夜班赶工作，一般不喜欢上午有人打扰他。

朋友们，如果你对你的领导没有一定的了解，那么你就极易像王晓悦一样，不知不觉就撞到了领导的枪口上。所以说，与人交往，你一定要懂得看明白对方的脸色及情绪，甚至是个人习惯，否则你就很难与对方沟通顺利。

韩熙毕业之后来到一家医疗器械厂家做销售，转眼半年，虽然时间不长，但是韩熙已经成为了销售主管。其实，韩熙的升职并不是因为业绩优良，因为很多人比她做得更好，之所以提升，是因为她懂得巧妙运用职场技巧，那就是察言观色。有一天早上，公司召集所有销售员去会议室开会。会上刘总要对前一段时间销售员的业务状况作分析和讲评。当刘总对韩熙的情况作分析的时候，却将韩熙两个客户遇到的不同情况混淆了起来，事实上，韩熙前天晚上提交的业务总结单上已经写得非常清楚了，刘总也不是真的迷糊了，而是一时口误给说错了。刘总当时突然意识到自己说错了，突然停顿了一下，然后眉头紧皱，好像有点尴尬。这可怎么办呢？继续分析的话就有点掩耳盗铃，让人笑话，可是不分析呢又没法交代，感觉这是在将错就错……这时候韩熙迅速站起来，说："刘总，实在不好意思，这个地方我弄混乱了，我昨天写业务总结单的时候写错了，实在对不起。"刘总顺势说："韩熙啊，作为一名销售，你怎么还能做这样的糊涂事呢？我们一直强调不管做什么事情，都要认真仔细，你现在立即给我重新填一份表，并写一份深刻的检讨，以后千万不要再出现这样的事情。"说完这话，刘总望了韩熙一眼，眼里充满了感激。这件事情过去一段时间，刘总将韩熙叫进了办公室，对她说："韩熙啊，你做事很灵活，懂得变通，销售业绩也名列前茅，我打算提升你做业务主管，希望你以后好好表现，不辜负公司的期望。"韩熙明白刘总所说的是什么，高兴地点了点头说："谢谢刘总，我能取得进步离不开刘总的教导和帮助，我一定认真做事，不让刘总失望。"一周左右，韩熙真的被提升当了业务主管，所有的销售员都归她管理，一下子当上了领导，这让韩熙还真有点不习惯。当别的同事们向韩熙询问如何当上这个业务主管的时候，韩熙露出了诡秘的微笑。

对一个员工来讲，最重要的人际关系莫过于与上司的关系。在每次交谈中，能否看明白上司的真实意图，是一个员工能否处理好这一关系的重要因素之一。有句话说："出门看天气，进门看脸色。"你有没有观察过领导的脸色，领导脸上的"天气预报"，你能否及时了解？如果还没有或者还做不好，那我奉劝你，你很有必要学好这一堂课。

想要看清楚领导的心理，你就要懂得察言观色，朋友们可以从以下几点来着手：

1.从行为动作入手

一个人的行为动作能够直观地反映出领导的态度，比如在你和领导提意见之时，领导还在忙手上的工作，说明领导并不赞同你的话，切不可强烈要求领导支持你。如果领导抬头关注你，甚至还时不时地点头，就证明领导非常欣赏

你的话，你可以适当提出要求。

2.从说话方式入手

说话方式最能反映出一个人的真实想法，一个人的感情或意见，都在说话方式里表现得清清楚楚，只要我们仔细揣摩，就能看透对方的心理。

3.从面部表情入手

我们不排除很多人喜怒不形于色，但是大多数人还是极易在面部表情上呈现出自己的情绪和心理的，所以说，我们想要明白领导此刻的心情，那就要懂得看他的面色，这样才不会往枪口上撞。

人们常说：细节决定成败。细心观察周围的人、事、物，并非纯粹为了讨好人，或者巴结人，无论是日常交友，还是职场中与同事、领导相处，这都是应该做到的，它令你与他人交往更加融洽。

在工作中，领导与下属只是分工不同，并无高低贵贱之分，要和领导处理好关系，把握好交往的尺度，不要太疏远，也不要走得太近，要保持适当的距离，可以让我们有机会了解领导并采取更加有效的方法去面对领导。

用心爱戴下属，赢取更多人的支持

段小艺是某个公司新来的业务员，她做事勤勤恳恳，但是由于经验不足，所以一直不是很顺利，她的顶头上司董主任总觉得她拖后腿。有一次，段小艺刚办完一个业务回到公司，就被上司董主任叫到了他的办公室。“段小艺哇，这次咋样啊？不会有啥问题吧？” “这次挺成功的，董主任。”段小艺兴奋地说，“我这次提前做了很多的功课，而且在与客户交谈的过程中我非常用心地向他们介绍了我们的产品，他们对此很感兴趣，我们聊了很多，最后客户决定签下了单子，我这次推销出去了五百台机器呢！” “哎呀，不错啊！”董主任赞许地说，“那个，我问一下，你对客户的情况了解的透彻吗？这个单子靠谱不？不会出现什么叉子吧？你知道我们部的业绩是和推销出的产品数量密切相关，如果他们再把货退回来，对于我们的士气打击会很大，你对于那家公司的情况真的完全调查清楚了吗？”“放心吧，董主任，一切安排妥当”，段小艺兴奋的表情消失了，取而代之的是失望的表情，“首先，我从网上对他们的供货信息进行了详细的查询，然后我又去跟熟人打听了一下他们的信息，最后我打电话到他们公司联络。关键是，我是通过你批准才出去的呀！”“你看你这人，怎么还急眼了，”董主任讪讪地说，“我这是关心你，为你业绩着想。”“呵呵，是这样吗？”段小艺不满道，“你应该是不放心我吧！”

如果你是一个领导，那你要懂得用心管理手下的员工，而不能像董主管那样说些过分的话。领导要记得多鼓励和赞许员工，尤其是那些一直很努力但当前业绩不是特理想的一类，千万不要嘲讽他们，这样不仅打击他们的积极性，还会耽误公司工作，最后也没人愿意拥戴你。

一家公司开会时，经理刚宣布员工蔡宁宁由于违反公司制度而要遭受处罚的决定，蔡宁宁就马上表示抗议，经理斥责道：“你违反了公司制度，还有什么好说的？”蔡宁宁大声说：“违反公司的制度当然要按制度处理，这一点我没有任何意见。但我不理解的是，半个月前李主任同样违反了公司的制度，和我犯的错一样，为什么当时你没有处罚他？现在我违反了公司的制度，你却要处罚我，你这是偏袒他啊，叫我怎么服气？”经理听了这话，脸色显得很难看，她稍稍停顿了一会儿，说：“这个制度上个月才宣布，李主任是制度宣布后第一个违反制度的，我当时就说了，念李主任是制度推出后的首犯，所以宽容他一次，但是下不为例，今后谁违反了制度，都要受到处罚，难道当时你没听到我说的话吗？”蔡宁宁更加气愤了，她说：“为什么李主任第一次违反制度可以不接受处罚，而我第一次违反制度却要受处罚？我也是第一次啊，要么每个首犯都要宽容，否则，我不服气！”就这样，一场会议因争论处罚是否公平而中断，搞得经理和员工都非常不满意。

做好领导并不是一件容易事，有时候你的言辞或许让下属当时退步，但他们在心理上并不一定能够对你心服口服。那么，想要在做一个让下属心服口服的好领导，想要你的下属更拥护你，知道该怎么做吗？

1.对下属的进步多加赞美和鼓励

赞美的过程其实也是人际沟通的过程。跟一个与你关系一般的下属单独相处时，你的一句赞美可以瞬间缩短彼此间的距离，让对方感知到你的亲和力以及人格魅力。通过赞美，对方感受到了你的欣赏和尊重，你的心里也多了份自信和愉快。

2.少用命令及批评的口气对待下属

聪明的领导懂得，手中有权未必就要居高临下，采取以权势压人的方式对人呼来唤去，没有人会喜欢的。所以，要想让别人用什么样的态度去完成工作，就用什么样的口气和方式去下达任务。

3.对待下属要一视同仁、不可偏心

或许你并无厚此薄彼之意，但在实际中难免愿意接触与自己爱好、脾气相近的下级，无形中就冷落了另一部分人。因此，领导要适当扩大与下属交际的范围，尤其对那些曾反对过自己且反对错了的下属，更需要经常交流感情，防止有可能造成的不必要的误会和隔阂。

真正有修养的领导，都能够平易近人，与下属平等相处。因为只有这样，才能赢得下属的真心拥护和爱戴。要做到这一点，领导的言行首先必须平民化，待人随和、亲切，不摆架子。千万不要耀武扬威，使人觉得高不可攀。

批评下属，切忌简单粗暴地责骂

如果你的下属犯了错，你会怎么做呢？是劈头盖脸的一顿臭骂，还是问清缘由想办法解决，还是不管不顾自己默默承担？相信不同的人都有着不同的解决措施，但是你是否考虑到，你的解决方法对于自己、对于下属、对于公司，甚至对于以后，影响又是如何呢？所以说，作为一名领导，懂得如何处理下属的错误，如何批评下属，这都是有讲究的。有句话说得好“人非圣贤，孰能无过”，下属犯错误是正常的，作为领导，批评也是应该的。但是，领导在批评前一定要弄清楚状况，不能把批评当成发泄自己不满情绪的机会，否则会适得其反，得不偿失。

有家公司近期要参加一个活动，需要策划人员作出一份优秀的策划方案。随后，经理王琳就找到了公司的主任张继，让他把这个任务安排下去。张继把任务派给了下属的一位骨干员工李明，这位员工忙了整整一天一夜，终于拿出了方案。次日早上，李明不顾疲劳去向主任汇报，不料张继只是略微扫了几眼，就露出一脸的不满意，数落道：“李明啊，这个任务很重要，所以我才交给了你，你看看你这个做的什么啊！能不能认真一点！毛病这么多！拿回去修改，你赶紧的！”李明压抑住满肚子的火气，耐心地问主任：“主任，您能详细指出错误吗？”张继瞪了他一眼，大声回道：“你自己看不出来吗？这么多错误，你到底有没有把工作放心上！”李明一听，再也忍不住了，他气得将方案往张继桌上一丢，怒道：“对！我就是糊弄你！你认真！那就你做吧！”两个人就此大吵起来，最后闹到了经理王琳那里，王琳认认真真把方案看了两遍，拿笔在方案书上勾了好几道，然后对李明说：“小伙子啊，你的方案思路很对，重点也抓得不错，很有创意，要说不足嘛，主要是细节做得还不太到位，我给你标出来了几个问题。还有啊，你挨了批评就撂挑子，这样可不行，作为骨干员工，就得有骨干员工的气度嘛。好了，我知道你为这方案熬了一天一宿，先回家休息一下，然后集中精力将这几处改一改，你看行吗？”王琳的一席话，让李明心里暖烘烘的，李明当即承认了错误，并且当天都顾不上休息，立刻着手修改方案，经过改动后，这份方案书被王琳一字不改地采纳了。同是中层管理人员，张继和王琳的批评艺术有天壤之别。

人人都有自尊心，即使犯了错误的人也是如此。管理者在批评时要顾及下属的情感，切不可随便加以伤害，在批评时要力争做到心平气和，冷静处理，告诫自己不要只图一时痛快而大发雷霆。虽说上司有批评的权力，但在人格上大家都是平等的。

那么，作为一个领导该如何，达到批评下属的目的下又能不伤害到下

属呢？

1.言辞上要妥当

在批评下属时要注意措词，绝不可用粗俗下流的词句。在一个正派经营的企业里，是不宜听到“我怎么知道”、“别开玩笑了”、“笨蛋”等这些词句。另外，有一点必须牢记，每个人必有其优点，我们要爱人、尊重人。该奖一定奖，该罚一定罚

2.不要凭主观臆断来批评下属

当出现问题时，管理人员很少有亲眼看见、当场指责的机会。当下属出现不当行为时，不要立即用经验判断或臆测给予批评纠正，最好先查明错误或违纪真相，否则效果将适得其反，甚至会弄巧成拙，达不到批评的目的。

3.不要当着众人无情批评

如果领导非要批评下属，也一定不要当众进行，可以找一个没有外人的场合，进行说服教育。因为当众责骂，不但容易损伤下属的自尊心，也有损领导的风范。这样的责骂有百害无一利，对谁都没有什么好处，领导们要谨慎行之。

4.领导也要主动承担应尽的责任

领导者把下属的过失做为自己的过失，是激励下属放开手脚工作的最好办法。工作中的许多错误不是由下属主观引起的，而可能是多种因素的综合结果。当管理者批评下属时，也要认真地反省自己应该承担的责任，这样你更能赢得下属的尊重。

5.不要介入下属的私人问题

“你只知打麻将，当然会发生那种错误！”“你和那个女孩子做朋友不好吧？”“你的家庭名声不佳，首先要从家庭整顿做起，怎么样？”此类私人问题应该避免介入，因为那只会引起“那是我家的事，和此事无关”的反感。

作为领导，在批评下属时也要讲究技巧。若是随着自己的性子来，不顾及下属的自尊心，就会让下属产生抵触心理，影响其工作积极性；若是批评的言语太过轻描淡写，又往往达不到批评的效果。因此，领导在批评下属时要把握适度的原则！

参考文献

[1]王富军.受益一生的社交心理学[M].北京：中国商业出版社，2016.

[2]倪丽超.社交心理暗示术[M].北京：中国纺织出版社，2011.

[3]雅芹.做一个有魅力懂心理善交际的聪明女人[M].北京：中央编译出版社，2011.

[4]武庆新.别输在不懂社交上:塑造良好印象,打造社交高手[M].北京：北京工业大学出版社，2012.